U0939568

中国著名大学校长书系

章开沅　余子侠＼主编

忠信笃敬　声教四海

——暨南大学校长何炳松

夏　泉　等著

山东教育出版社

图书在版编目(CIP)数据

忠信笃敬　声教四海——暨南大学校长何炳松/夏泉等著. —济南：山东教育出版社，2011
(中国著名大学校长书系/章开沅，余子侠主编. 第2辑)
ISBN 978—7—5328—6271—9

Ⅰ. ①忠... Ⅱ. ①夏... Ⅲ. ①何炳松(1890～1946)—生平事迹 Ⅳ. ①K825.81

中国版本图书馆CIP数据核字(2011)第056954号

中国著名大学校长书系
章开沅　余子侠　主编
忠信笃敬　声教四海
——暨南大学校长何炳松
夏　泉　等著

主　　管：山东出版集团
出 版 者：山东教育出版社
(济南市纬一路321号　邮编：250001)
电　　话：(0531)82092663　传真：(0531)82092663
网　　址：http://www.sjs.com.cn
发 行 者：山东教育出版社
印　　刷：天津兴湘印务有限公司
版　　次：2019年7月第1版第2次印刷
规　　格：787mm×1092mm　16开本
印　　张：25.25印张
插　　页：24插页
字　　数：241千字
书　　号：ISBN 978—7—5328—6271—9
定　　价：59.00元

如印装质量有问题，请与北京发行中心联系调换
电话：010－86221836

国立暨南大学校长何炳松（1890~1946）

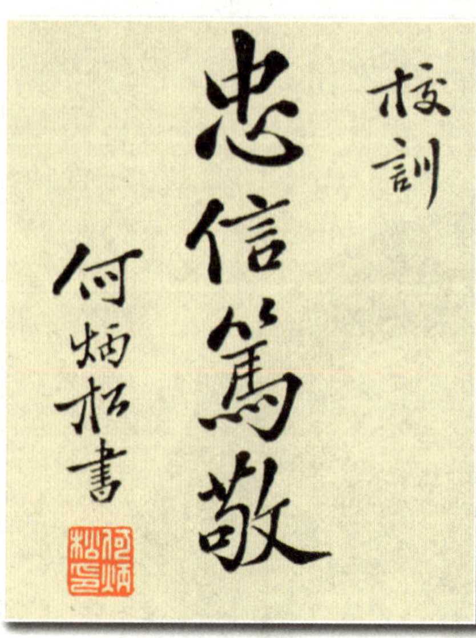

何炳松题写的暨南大学“忠信笃敬”校训，语出《论语·卫灵公》

何炳松留美期间留影

1945年何炳松长校暨南大学10周年留影

身着长衫的何炳松（站立者）在后院花园种花

1936年4月9日，何炳松全家在金华文昌巷22号旧居合影

1936年，何炳松与伯母在金华文昌巷22号院内合影。左为何炳松，中为何炳松大伯母，右为何炳松堂嫂。

何炳松与女儿合影。左为小女儿何淑馨，右为大女儿何淑涟

1936年暨南大学校务会议选举会员合影

1937年暨南大学教务处全体成员合影

1937年暨南大学理学院全体教员合影

1937年暨南大学商学院全体教员合影

1937年暨南大学文学院全体教员合影

1937年国立暨南大学全体学生与教师合影（局部）

1936年春，暨南大学附中顺利改选的第五届学生自治会全体职员合影

1936年夏，高中普三班全体同学欢送爱国救亡运动的17名学生中的刘振东和李超二人北上学习

1937年国立暨南大学附中师生合影（局部）

1938年“孤岛”时期，暨大留沪毕业同学合影

1942年在建阳与暨南大学师生合影。前排：左六卓如，左八周宪文，左九何炳松

1943年暨大毕业同学合影。前排居中者为何炳松

1944年部分同学在建阳童游校门口合影

何炳松校长与学生在建阳童游校门合影

1945年6月2日，在建阳与暨南大学训导处同仁合影。左四为何炳松

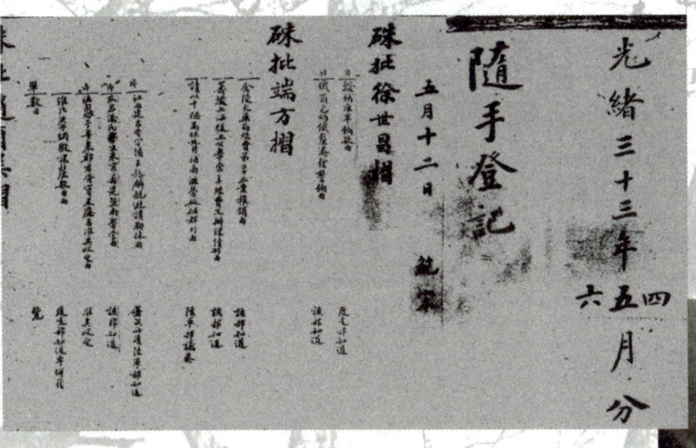

光緒三十三年四五六月分

随手登記

硃批徐世昌摺

五月十二日

硃批端方摺

清朝两江总督端方于光绪三十三年四月上奏《筹设暨南学堂片》

1918年国立暨南学校界碑

1907年，清朝两江总督端方与暨南学堂第一批回国侨生和教职员合影

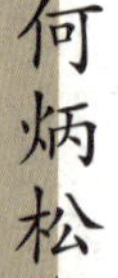

1909年，暨南学堂教职员合影于南京暨南学堂校门

1917年南京时期的国立暨南学校校门

萬有文庫
第一集一千種
王雲五主編
中國地勢變遷小史
李四光著
商務印書館發行

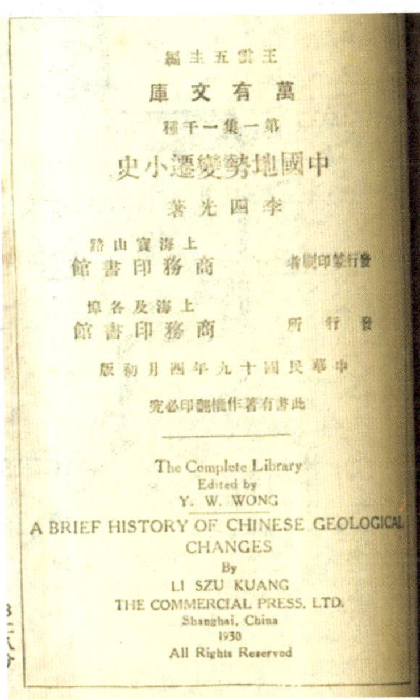
王雲五主編
萬有文庫
第一集一千種
中國地勢變遷小史
李四光著
發行兼印刷者 商務印書館 上海寶山路
發行所 商務印書館 上海及各埠
中華民國十九年四月初版
此書有著作權翻印必究

The Complete Library
Edited by
Y. W. WONG
A BRIEF HISTORY OF CHINESE GEOLOGICAL CHANGES
By
LI SZU KUANG
THE COMMERCIAL PRESS, LTD.
Shanghai, China
1930
All Rights Reserved

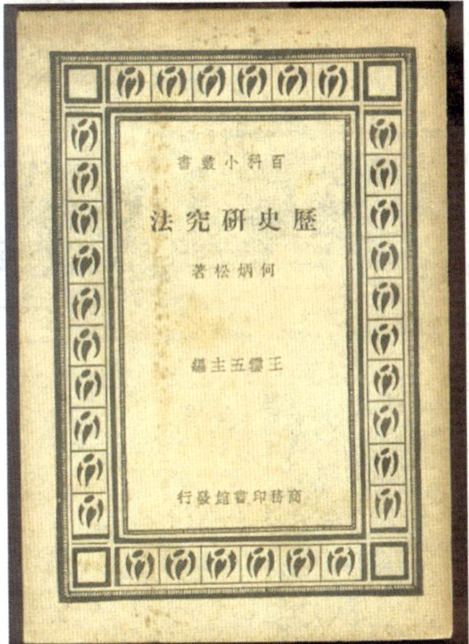
百科小叢書
歷史研究法
何炳松著
王雲五主編
商務印書館發行

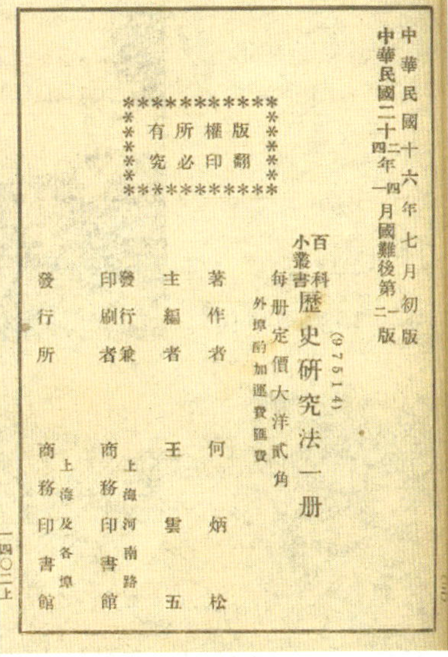
中華民國十六年七月初版
中華民國二十二年四月國難後第一版
中華民國二十四年一月國難後第二版
百科小叢書 歷史研究法一冊 (97514)
每冊定價大洋貳角
外埠酌加運費匯費
版權所有 翻印必究
著作者 何炳松
主編者 王雲五
發行兼印刷者 商務印書館 上海河南路
發行所 商務印書館 上海及各埠

1929~1932年何炳松出任商务印书馆编译所所长时所主持的《万有文库》丛书封面装帧。李四光（仲抃）著《中国地势变迁小史》作为《百科小丛书》第二种入选《万有文库》第一种。

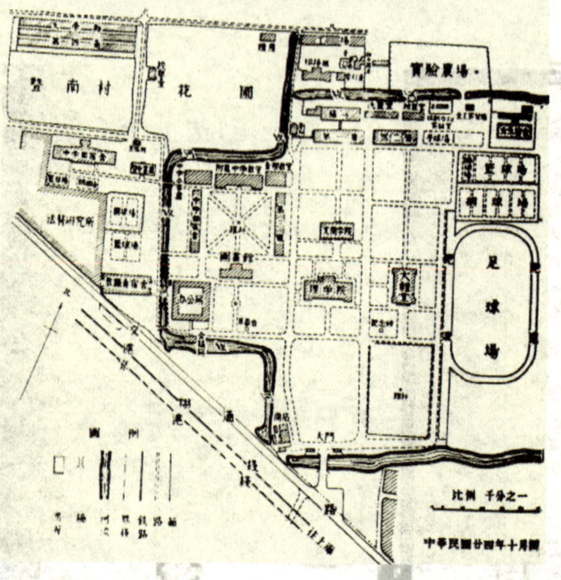

国立暨南大学真如时期校园规划图

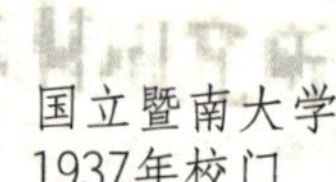

国立暨南大学1937年校门

真如时期校门与暨南河的波光

暨南河

大学部教学楼

1941年12月8日，日军侵入“孤岛”，暨大上完了著名的“最后一课”后南迁闽北建阳。

现仍保存在上海康定路的原国立暨南大学“孤岛时期”的部分校舍

建阳时期的校门

建阳时期竖立在校门前的牌坊

建阳时期的童游文庙校本部

建阳时期礼堂侧影

建阳童游文庙校本部左侧的奎星楼

建阳时期的教工宿舍

建阳时期的学生宿舍

1937年国立暨南大学校徽

1940年国立暨南大学校徽

暨南學報

第一卷第一號

1936年创刊的《暨南学报》封面，何炳松校长撰写发刊词。

真如暨大时期的部分出版物

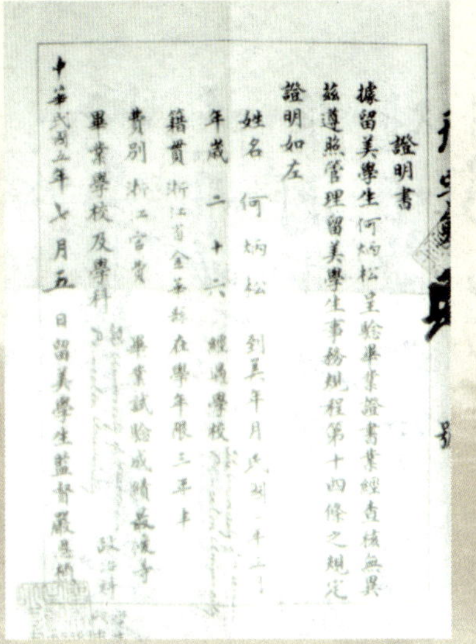

證明書

據留美學生何炳松呈驗畢業證書業經查核無異茲遵照管理留美學生事務規程第十四條之規定證明如左

姓名 何炳松 到美年月 民國 年

年歲 二十六 就讀學校

籍貫 浙江省金華縣 在學年限 三年半

費別 浙江官費 畢業試驗成績 最優等

畢業學校及學科 政治科

中華民國五年七月五日 留美學生監督嚴恩槱

1916年何炳松留美学习证明书

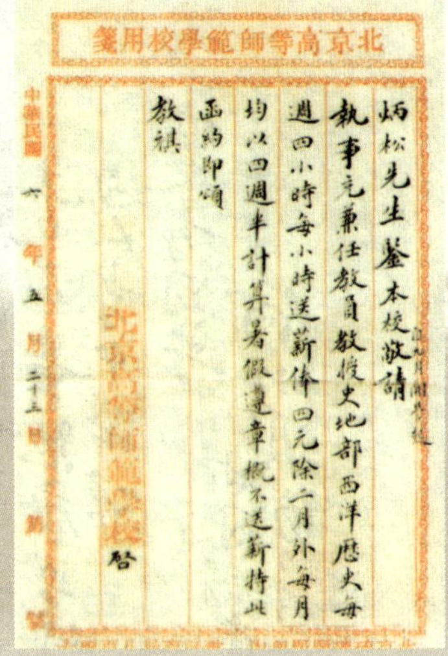

北京高等師範學校用箋

炳松先生鑒本校敬請執事充兼任教員教授史地部西洋歷史每週四小時每小時送薪俸四元除二月外每月均以四週半計算暑假遵章概不送薪特此函約即頌

教祺

北京高等師範學校 啓

中華民國六年五月二十三日

1917年5月，北京高等师范学校发给何炳松的聘书

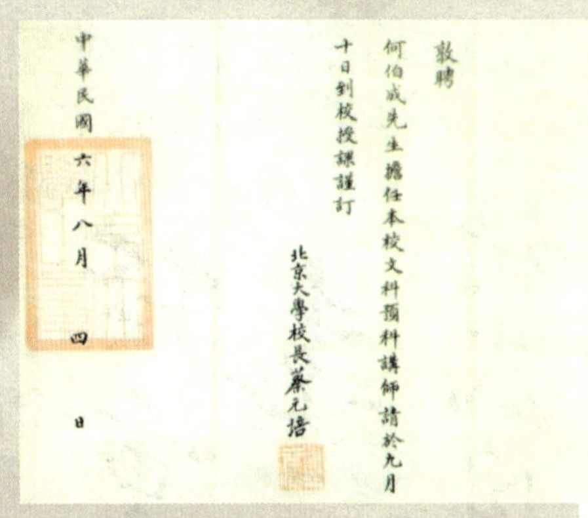

聘書

敦聘

何伯成先生擔任本校文科預科講師請於九月十日到校授課謹訂

北京大學校長蔡元培

中華民國六年八月四日

1917年8月，北京大学校长蔡元培发给何炳松的聘书

含英咀華日新月異知也無涯積久彌粹立校十年規制詳備負笈遠來咸成大器

暨南大學十週紀念

蔡元培題

1936年，蔡元培为国立暨南大学题词

暇日千萬莫廢讀書
士人惟此可以立身不厌
管閒事議論人物
徒生悔吝不若闭门
自修为妙
中華民國卅三年六月
右述黄勉齋先生
与人書中語贈
寳書同学
何炳松时同客建陽

1944年何炳松为学生沈宝书题词

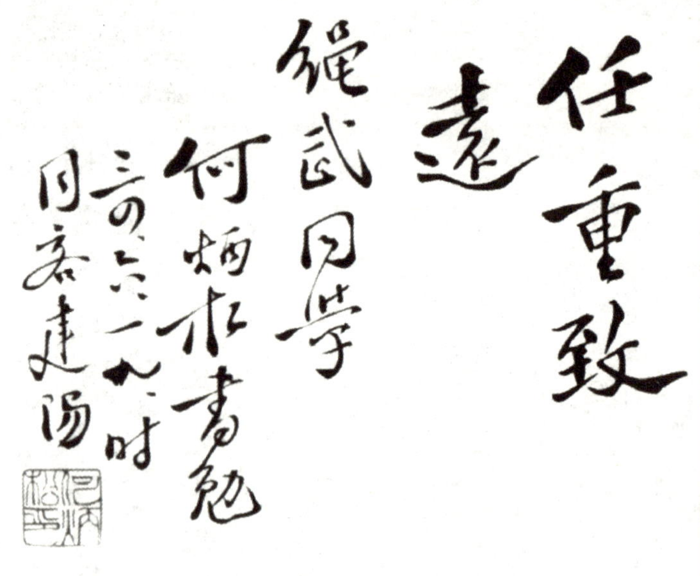

1945年何炳松为学生题词

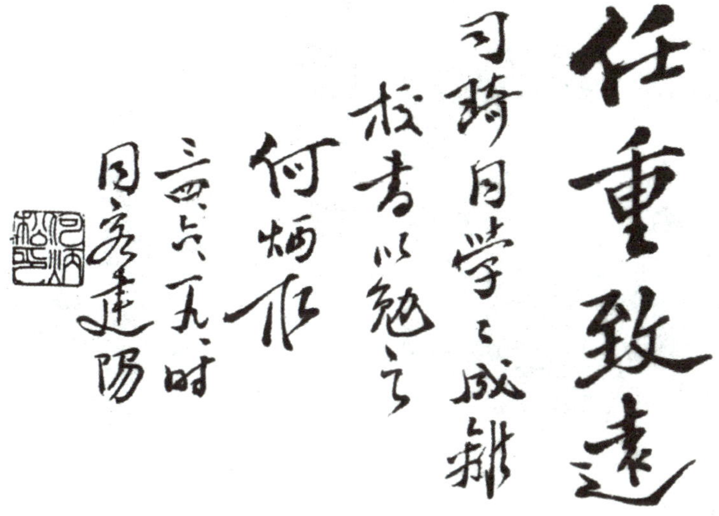

1945年何炳松为学生题词

2008年5月20日，来自京穗沪宁杭的暨南校友为何炳松扫墓。

2006年11月16日，暨南大学百年校庆之际，在图书馆举行六先贤铜像揭幕仪式，图为何炳松铜像。

2008年5月20日，时任暨南大学副校长贾益民教授（左）与作者夏泉博士在浙江金华参加“何氏三杰陈列馆”（何炳松、何炳棣、何德奎）开馆仪式。

2008年5月20日，何炳松次女何淑馨女士（左）与作者夏泉摄于浙江金华。

备注：以上征引照片，主要来源：一是《何炳松与故乡图文集》（政协金华市资料委员会编）；二是《图说暨南》（暨南大学出版社2006年版）；三是暨南大学校史陈列馆收藏的有关图片等。图片由暨南大学党委宣传部梁斌科长整理编辑。谨对图片的提供者、原版权所有者与梁斌老师深致谢意。

总序

中国新式高等教育已有百年以上的历史，这些大学虽然有许多不同的类型、层次、水平，但凡能赓续流传至今者，大多经过漫长的艰苦而又曲折的奋斗历程，并且留下极为丰富的经验和教训。认真总结这些经验和教训，对于当前高等教育的健康发展必将有所裨益。历史同样呼唤人们面向未来，它只为现实提供借鉴与智慧，决非单纯诱使人们沉溺于怀旧之情怀。

在百余年中国新式高等教育发展过程中，有一大批筚路蓝缕、披荆斩棘的先驱者，他们呕心沥血，殚精竭虑，为中国现代大学的奠基与成长做出无可磨灭的贡献。我们应该永远铭记这些先驱者的功绩。特别是其中那些办学有成的著名校长，他们和他们所辛苦经营的著名大学，乃是中国高等教育史上一块块丰碑。他们教育思想的丰富精粹，办学理念的卓越高远，以及实践业绩的泽惠后世，至今仍然受到中外学者的肯定与尊重。可以说，无论是其成功或是错误（甚至失败）之处，都给后世留下一笔极其宝贵的遗产。我们编辑出版《中国著名大学校长书系》，认真总结其经验教训，并给以阐析评论，不仅仅是为了继承这笔遗产，为了纪念逝者，更重要的是为今日高等教育的深刻变革提供参考。

现今的高等教育的整体，无论是从数量、规模、师资、设备、水平哪一方面来说，当然都远远超过了历史上的那些大学。然而，这些老大学毕竟为当代高等教育的发展奠定了最初的基础，它们的校园、师资、学生、图书、设备，不仅是历史的遗迹，而且至今仍然为许多大学的发展做着贡献。历史本身就是一种资产，而某些重要的无形资产的价值甚至远远大于其相关连的有形资产。所以，这些年来，不少精明的高校管理者都极为重视保存本校的历史，除档案文献以外，还努力维护古老的建筑、景观乃至图书、设备，用意在于彰显其悠久而又丰厚的历史底蕴。这些工作当然非常重要，而且迟至现在只能说是亡羊补牢。

其实，更重要的还是应该认真总结这些既往办学者的经验教训，继承与发扬其优良传统，避免其已经走过的弯路，克服其弊端遗留的消极影响。只有这样，历史才能成为财富而不是包袱，而人们也只有在尊重历史的前提下才能实现对于历史的超越。也只有这样，我们才不会重复前人已经走过的路，真正以前人已经达到的高度为起点去攀登新的高峰。我反反复复讲这些老生常谈，决不是无的放矢，更不是因循守旧。在较长的一段历史时期，我们由于不尊重历史而蒙受的损失与走过的弯路已经太多太多，而且这种错误往往是周而复始地出现。真理不怕重复，至少是对于那些不知历史为何物而盲目自信的所谓权威人士，更应该经常忠言直谏(请原谅我又用了一句陈腐话语)。我们这一代高等教育工作者，亲身经历此类弯路太多，因而才有如此深沉的感慨，也才有如此深切的醒悟。

教育史是人类史的重要组成部分，其所以重要，就在于它是着重研究人类如何改造与优化自己，包括相关理论、观念、方式、方法及其实践等方面。现时人们总是片面强调教育必须适应社会的需要，殊不知教育还必须正确引导社会的走向。教育史不仅记载教育如何随着社会的进化而不断发展变化，同时也记载教育如何促进社会进化，特别是具有前瞻性的教育如何纠正时弊乃至推动社会变革。教育并非总是被动地亦步亦趋地随着社会变化而变化，教育的发展具有前后自相延续的相对独立性，而其中恰好蕴含着绵延千年衔接古今的内在规律。如果背离教育的基本规律，任何貌似新奇的变革终将遭到失败，甚至遗留长远的负面影响。这类惨痛的教训，我们经历得还少吗?

20 世纪 80 年代，我曾参与高校管理工作，深知校长责任的重大，不仅其办学理念、谋划决策关系着学校的发展走向，而且其一言一行所体现的品格、作风，也悄然无声地对众多师生员工产生某些影响。甚至在卸职多年以后，偶然

在外地遇见相识的或已忘记姓名的校友，经常可以听到“某年某月某会曾听过你的报告，你说过的某几句话给我印象特深”之类亲切怀旧话语。我给学生做报告一般不带讲稿，往往采用对话交流方式，学生虽然听得兴趣盎然，自己却惟恐口无遮拦而可能给他们以某些误导，所以，每逢听见过去的学生复述我的若干“佳句”时，内心深处往往涌生惶悚之感。也正因为如此，才使我对于历史上这些著名大学校长理解渐深而敬佩日增。他们当年的办学条件比我们差，困难比我们大，可以利用的资源比我们少，却能与众多教职员工同心协力、苦心经营，把学校办得各有特色，培养出一批又一批优秀人才，并且在国内外赢得与日俱增的声望。可以说，他们的生命与学校已经融为一体，而学校的声名正是他们与众多教职员工一起用心血浇铸而成。所以，在人们的心目中，一所名校往往与一位或几位校长的名字紧紧联结在一起，如北京大学与蔡元培，清华大学与梅贻琦，南开大学与张伯苓，浙江大学与竺可桢，金陵大学与陈裕光，金陵女子文理学院与吴贻芳，等等。我想，《中国著名大学校长书系》的出版，当可使读者重温这些著名教育家的音容笑貌，并从他们的生平业绩中吸取许多有益的养分。

他们之所以能把自己的大学办成海内外公认的名校，首先在于他们具有明确的办学理念，并且把人格塑造放在首要地位。在他们看来，知识传授与能力训练只是手段，新型的全面发展的人才的培养才是主要目标。因此，在要求学生努力读书的同时，更强调学会做人，而人格教育遂与通识教育合为一体。同时，他们都具有世界眼光，不仅注意教育与国际接轨，加强对外学术交流，而且关注世界教育改革潮流，瞄准发达国家顶尖名校，以一流标准严格要求自己。此外，他们还善于节约运用有限的资源，决不好大喜功，贪大求全，而是在一定时期集中力量办好若干重点专业和重点学科，以求形成自己的特色，并在某些领域形成优势。当然，他们都是长期工作在教育第一线的科学家，深切理解并极为尊重教育的内在规律，譬如重视基础，循序渐进，学用结合等，因此，才能以较少的资源获致较大的效益，使学校发展蒸蒸日上。

这些校长本身就是全校师生员工的学习榜样，他们的人格魅力、深厚学养、儒雅风貌，如春天的细雨一样润物于无声。言教不如身教，乃是多数著名校长的准则。他们反对哗众取宠，恪守职业伦理，注重行为规范，这些都对学校优良传统的形成产生深远的影响。当代大学校长在国际视野、知识更新与管理能力等方面可能有超越前辈之处，但是，在尊重教育内在规律，恪守伦理行为规范和艰苦奋斗、勤俭办学等方面，恐怕仍然需要向先驱者学习。对于当前社会风气的某些不良影响，并非所有高校主管人员都能高度自觉且富有成效地抵制，大学校园已经不再是一方净土。尽管现在我们大家已把大学的定位从精英教育改为大众教育，但大学（特别是著名大学）就整体而言仍然是培养人才的最高学府。因此，大学校园风气的败坏，乃是最可怕的败坏，因为这必将影响一代新人的健康成长，甚至正如海外某些报纸所直言：意味着社会良心的迷失。我们并非过高期望大学的作用，而是希望大学应该自觉地承受更为重大的社会建设的责任，不仅是物质文明，而且还有精神文明。如果本书系能增强读者在这方面的醒悟，那将是我们最大的欣慰。

回顾前人已经走过的道路，我对现今大学校长任期制的具体运作还有一点儿看法，即千万不可也不必机械执行。因为对一所大学的内部情况与外部环境，需要花费很长的时间才真正有所认识，而制订学校发展的目标与规划，以及相应的制度、条例等，则需要更长的时间才能检验其利弊得失。在短短四五年时间内，是很难实现一个校长的宏大抱负与施政方针的。实践表明，校长与领导班子的频繁更换或更换幅度较大，对于一所大学的发展并不一定有利，有时反而产生负面作用。校长与教职员有一个相互认识过程，其所花费的精力与时间，远远超过对于校园、建筑、图书、设备的熟悉。平心而论，仅仅了解一所万人以上的大学的全面情况，没有三五年也很难形成校长自己的真知灼见。萧规曹随容易被等同于因循守旧，但其中确有合理的成分，即应该尊重前任的经验教训；对于那些行之有效的大政方针，不必也不应轻率加以变更。譬如蔡元培有关兼容并包、择才而用乃至提倡美育等等精彩教育理念，从蒋梦麟到胡适等后任校长都能承续推行并加以发扬光大，这样才能在数十年内形成北大优秀的传统校风——北大精神。如果每逢来一位新校长，下车伊始便哇啦哇啦宣称什么学校发展的新纪元，另提一套未经深思熟虑的新目标、新蓝图、新口号，势必造成师生员工思想混乱，很难形成新的共识与默契。高校颇感痛苦的是缺少相对持续稳定且行之有效的办学准绳，不断地推倒重来，又不断地整顿纠偏，乃至形成周而复始的恶性循环。我期望有更多的人温故而知新，从本书系中汲取若干有益的办学规律。

当然，强调大学校长决非提倡人治，更不是提倡家长制独裁。对于大学来说，民主作风与学术自由具有同等重要意义。每一个办学卓有成效的著名校长，大多具有较高的民主观念，至少是逐步推行教授治校，努力发挥教职员工的积极性。与个人资质相较而言，应该承认制度更为重要。任何优秀的校长总有自己的任期（或长或短）限制，但健全的行之有效的规章制度往往可以延续数十年。我在海外一些名校工作，深感规章制度相对稳定的重要，而严格遵守规章制度更为重要。我每到一所学校，开学伊始接受 Orientation，时间不过两个小时，主要是介绍学校重要规章制度，不像我们对新教职员的岗前培训要花费 3 天乃至 1 周，而且要花费很多时间"务虚"接受思想教育。我常爱说一句话："铁打的营盘流水的兵。"校园譬如军营，师生如同士兵，老师（包括校长）、职工和学生一批一批来了，又一批一批走了，如同连绵不绝的流水，但名校如同铁打的营盘，历经世变沧桑而长盛不衰，靠的就是一套人人必须遵守的合理制度。光靠校长自身的聪明才智，是治理不好大学的。我愿读者认真体味斯言。

我热爱高等教育，尊重前人的劳绩，更关心现今乃至未来高等教育的发展。意大利著名历史学家克罗齐说过："一切历史都是当代史。"中国高等教育从一百多年前走来，它与现今高等教育有着割不断的联系。近代以来大学校长们用美好理想和教育实践酝积形成的适合中国国情的治校经验，以及他们承先启后、发扬光大、舍我其谁的心志，必定对跨入新世纪的人们认识高等教育的历史意义与现实价值提供有益的思考与借鉴。基于这种认识，我们刻意选取了具有代表性的大学校长作为研究对象，编撰出版《中国著名大学校长书系》。

学术研究需要凝结朝气蓬勃的学术力量，发挥团队的智慧。为了保证本书系的学术水平，我们从全国多所大学广泛敦聘专家、学者，群策群力，共襄斯举。我们很高兴，本书系的撰著者，都是多年来活跃在中国教育史、中国近现代史及高等教育管理研究领域术业有专攻的学者。旧友新朋，为了共同目的，坚持历史唯物主义原则，讲究严谨求实的学风，不囿成说，勇于创新，各展学术个性，取得了可喜的收获。两年来，孜孜兀兀，笔耕不辍，对大学校长的教育思想及办学特色作出了新的认识，新的考辨，新的评判，新的结论，这是很可宝贵的，也是本书系可以欣然贡献于学术界和读者朋友的。

本书系得以顺利完成，实赖于各位撰著者的精诚合作，谨表衷心的感谢；本书系终能如期付梓出版，还有赖山东教育出版社的鼎力支持，谨表诚挚的谢忱。此外，我们对本书系所有被征引的资料和图片的著作者一并表示深切的谢意。

章开沅
2003 年 2 月

序二

早在世纪交替之际，为了促进中国高等教育的改革，推动高教事业走上快速而正确的发展轨道，我们结合自己其时正在从事的学术研究，作出了这样的思考：在中国教育早期现代化进程中，高等教育现代化是其中最为重要的一环。从19世纪末京师大学堂开办到共和国人民政府对全国高校实行接管的半个世纪内，中国新型高教事业之所以能够在灾难深重的社会环境中取得相当的进步，在很大程度上得力于一类具特殊身份的新型学人，这就是近代中国高知阶层中的精英——大学校长们。他们对中国新式高等教育的产生、创办、变革和发展，以自己平生的精力、智慧和才干，作出了不可磨灭的历史贡献。在进入新的世纪后，面临着“转型”和“入世”两大时代主题，我国高等教育如何发展，知识人才如何培养，在借鉴国际上他国经验的同时，早被历史证实适合自身国情的近代中国大学校长们办理高等教育的经验，更应该受到人们的重视和总结。缘此，我们组织编撰出“中国著名大学校长书系”，并在山东教育出版社的支持、鼓励和帮助下出版了第一辑。

之所以选择那些在办理和管理高教事业方面较有成就和较为成功的大学校长们作为研究课题，乃是出于下述几点考虑：其一，近代中国的大学校长们是近代中国新型知识分子群的翘楚，加强对他们的研究和了解，无疑为人们认识近代知识分子群体在中外文化冲突交融过程中如何“转型”或“异变”，拓展出一条探究堂奥的路径，同时也使人们从一个侧面认识到近代中国的教育如何适应时局变化与世界教育接轨而完成自身的转型。其二，近代中国的大学校长们有些人又是带有某种政治身份的专家学者（他们不同于一般意义上的“学人”），加强对他们的研究和了解，必定能使人们更加深刻认识到近代一些爱国的高知人物如何在时代主题的感召下，借发展民族高教事业来救国救民的敬业精神和爱国精神，亦借此了解到近代中国高校书斋与政治舞台之间错综复杂的联系或关系。其三，近代中国的大学校长们更是中国高等学府的管理者或主持人，他们用平生业绩积累的历史经验，尤其在强调加快高校教育改革步伐、推进高教事业国际化和提高新世纪高知人才素质的今天，其鉴益当今和指导现实的意义就更加明显。他们适合中国国情的高校管理方式方法，对于今天的高校管理者们如何在新的世纪内实现民主治校、科学管理等，自然弥足珍贵和颇有助益。

根据上述思想认识和研究思路，在新世纪到来的第一个冬月间，我们于武汉东湖之畔举行了一场小型的"书系"编撰研讨会。大家经过讨论，进一步得出了如下共识：全体撰研者在充分地占有史料的基础上，必须重点思考和解析这样几个问题。一是探讨那些在近代中国管理高校取得了成功经验的大学校长们究竟在"想些什么"。他们对大学教育如何定位，如何使高等教育在时代变迁中发挥自身的主导作用和良性功能，充当社会进步的中心和良心。二是探讨大学的办理应该具有什么样的独立性和连续性，为了求得高等教育的正常发展，他们怎样使大学管理实现民主化、科学化和制度化。在适应时代发展积极开拓进取的同时，又能使积极有效的管理措施和方法成为制度得到很好的坚持和贯彻。三是探讨大学校长这一特殊角色，如何在作好一位学者或科学家的同时，当好一个管理者，他们如何在办大学的过程中实现自己的人生抱负，是如何管理校园而不是在享受校园，更不是在利用校园作为个人升官的平台和谋利的资本。同时我们还认识到，对大学校长这一特殊群体展开研究，不仅要以全新的面目、全新的角度来展现被研究者的"大学校长"的风貌，而且要真正能让读者从字里行间"读"出这些大学校长为了民族的独立强盛而致力于中国高教事业发展进步的奉献精神。所以在研究过程中必须注意，既不是一般的人物传记，也不是一般的大学校史，而必须做到与被研究者进行“心灵沟通”，通过科学公允地阐析他的高校管理经验和理念，抽绎出对今后高校改革和发展具有指导意义和借鉴价值的东西。

思路认识的一致，撰研目标的同一，使“书系”第一辑在出版后得到了学界的好评，尤其得到了广大读者的支持和鼓励。有鉴于此，我们坚持第一辑的撰研原则，即在研究的过程中力求史料翔实、去芜存菁、史论结合、客观公允，开始了本书系第二辑的编写和出版。其中对于研究对象的选择，我们仍然认真地考虑到这组人物所在学校的代表性：暨南大学是中国唯一一所为华侨学子开办的高等学府；北京师范大学则是一所完整意义上培养师资人材的高教机构。对四川大学等大学的校长进行研究，无疑为高教事业发展较为滞后的西部地区提供历史借鉴；而研究武汉大学校长则是对中部地区名校进行认真的历史总结。身为私立的厦门大学等高校，其创业艰辛筚路蓝缕，为今日民营高校导乎先路；罗家伦率中央大学千里西迁做到“鸡犬不留”，何炳松领暨南大学万般苦斗由是死里逃生，民族大难中濒临绝境的高教事业如何发展向世人树以楷模。胡适主政北京大学，既循蔡元培等人办学原则之“萧规”，但其办学理念与方法又非照葫芦画瓢地“曹随”；华岗长校山东大学，既是对旧式高等教育的改造，更是展现中国高教事业如何新生，当然后者留下的更多是引发后人们对共和国以来高等教育及其管理的反思……总之，这些学校有其诸多值得后世总结和借鉴之经验及法式，这些校长有其诸多值得今人学习和敬仰的精神与品行！

当然，自近代新式教育产生以来，他们只是千千万万个中国知识分子中的一员，只是数以百计的高校管理者中的“这个”。如果历史不赋予他们特殊的使命——让他们站在“大学校长”这个位置上行事做人，他们虽贤而非圣，也只是一个与你我同样的凡人，因此，他们为人为学为事亦有他的过失和不足。但是，比较今日某些高校管理者将素有“清水衙门”之称的高等学府变成升官发财之阶、争名谋利之所，将本该适应时代需求的科学与民主的“管理”一词质变成欺瞒广大师生的“管你”而言，他们献身高教事业进步，他们从事高等学府管理，绝对拒绝将高校变成社会风气败坏、道德沦丧、官场腐败的温床和渊薮！他们以民族脊梁的精神，展显出一种高尚的社会良心！历史早已说明“人不能两次跨入同一条河流”（赫拉克利特语），对于这些远去的“斯人”，我们进行研究，既非仅仅为了发思古之幽情，也非要求不同时代不同环境下的后来者对他们亦步亦趋，而是为了唤起中国历史上曾经有过的“精神”、曾经有过的“良心”！

收笔时顺带说明的是，本辑书名亦即长校者们的排序，按设于内地省区和沿海省区的高校分置，其中除有“北雍”、“南雍”之称的北京大学与中央大学名列班首外，其他人物按其出任各大学的校长职位先后来排列，由此人们也可大致了解到近代中国高等教育发展变迁的整个历程。

余子侠
己丑年重阳

目　录

第一章　学兼中外

何炳松（1890—1946），字伯臣，又字柏丞，浙江金华人，20 世纪中国著名教育家、历史学家、编辑出版家。1911 年毕业于浙江高等学堂，次年以优异成绩由浙江省官费送赴美国留学，先后就读于威斯康辛大学、普林斯顿大学，攻读史学、经济学和国际政治等，分获学士、硕士学位。学成回国后，曾在多所著名高校与商务印书馆等机构任职。何炳松是一位在历史上留下深深印记的著名学者、教育名家，让我们一起追本溯源，探寻其在 20 世纪上半叶中国近现代教育的时空留下的足音。

一、家学开蒙

(一) 家世源流

地处浙中的金华是旧金华府的府治，素有“小邹鲁”和“东南文献之邦”之称。“水通南国三千里，气压江城十四洲”，著名女词人李清照的诗句生动地概括了金华的重要位置。金华为浙江中心，两浙要冲，素为兵家必争之地，历来人文荟萃，文化昌达，名士辈出，形成了“浙东学派”，又称“金华学派”。古有骆宾王、张志和、贯休、宗泽、吕祖谦、陈亮、宋濂等，近有黄宾虹、邵飘萍、陈望道、严济慈、冯雪峰、吴晗、千家驹、艾青、施光南等。可谓一方充满灵秀之气的热土。

1890 年 10 月 18 日(清光绪十六年九月五日)，何炳松出生于金华城内文闻巷 22 号(后改为文昌巷 6 号)。何炳松祖上世居金华罗店后溪河村(今婺城区罗店镇)，因为有小溪流经村旁，而村民又皆姓何，所以就叫后溪何，谐音后溪河。先世南宋何文定公基实开北山学派之宗，世称北山先生。自祖父志远开始，才创业于金华城中，居于城里。

其父寿铨，笃守朱(熹)学，宁愿在金华城里当一名教书先生也不乐仕进，是一位非常迂阔的书生。清晨起床后，即要到双亲房中请安，晚上则要记下一天的功过，并且亲自把父亲用过的便壶倒掉后才去睡觉。在与堂兄弟分家时，他一定要替 6 岁即已夭折的大哥立嗣。临终时，他勉力支撑，正襟危坐，等妻子走出房才肯咽下最后一口气。他的书房取名“随安书室”，并以“安遇”两字作为分家后自己房屋的堂名。① 其母为南宋名臣义乌宗忠简公（宗泽）之后裔，为人忠厚仁慈，是一位善良的母亲和孝顺的儿媳，生有二子，即何炳松和何炳文。

何氏一门人丁兴旺，名士辈出。何炳松、何炳棣、何德奎同为金华名人，被誉为“何氏三杰”。金华人民为纪念他们，同时为金华这一国家历史文化名城增加文化内涵，对青少年进行历史文化、爱国爱乡的教育，于 2008 年 5 月设立了“何氏三杰陈列馆”，以表彰他们对家乡的贡献。何氏一家共四房，何炳松属第二房，其堂弟何炳棣（1917—）属第三房（已远迁至天津）。何炳棣是史学界泰斗级人物，为美国芝加哥大学历史系教授，曾任台湾“中央研究院院士”、美国艺文及科学院院士、中国社会科学院荣誉高级研究员、美国亚洲研究学会会长，其著作《明初以降人口及其相关问题（1368—1953）》、《中华帝国成功的阶梯——明清社会史》堪称研究明清史的经典之作。何德奎（1896—1983）为何炳松堂侄，他曾于 1938 年 11 月利用职务之便（时任上海租界工部华人总办）帮助何炳松（时任暨南大学校长）租得公共租界康脑脱路 528 号为暨大校舍，使身处“孤岛”的暨大得以办学不辍。抗战胜利后曾任上海市副市长等职，1949 年上海解放前往香港办苏浙公学，1974 年回沪后为上海市政协委员。

---

① 何炳松：《随遇而安》，刘寅生、房鑫亮：《何炳松文集》第二卷，商务印书馆 1997 年版，第 657 页。

何炳松家世详见何氏世系略表：①

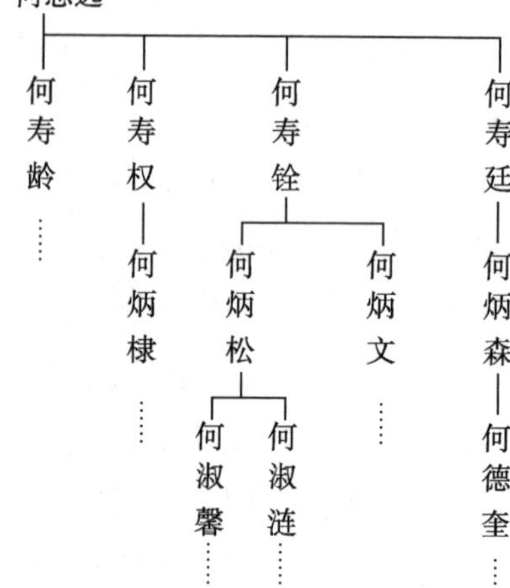

（二）发蒙识字

儿时的何炳松与其他孩子一样，活泼、开朗，但又“聪颖异常儿”②。整日徜徉于金华的山山水水，无忧无虑、自由自在，似乎已被家乡的灵秀之气深深吸引。对他来说，金华的一切都是那么的美、那么的诱人，仿佛置身在天堂之中。出生于书香门第的何炳松，由于受到家里环境的影响，耳濡目染于程朱理学氛围中，加上父母的殷切希望和谆谆教诲，5岁时，即发蒙识字。父亲是金华城里有名的塾师，以严厉著称，对自己寄予厚望的孩子尤为严格。自幼熏陶于书声

① 房鑫亮：《何炳松年谱》，刘寅生、房鑫亮：《何炳松文集》第四卷，商务印书馆1997年版，第661页。

② 金兆梓：《何炳松传》，刘寅生等：《何炳松纪念文集》，华东师范大学出版社1990年版，第224页。

中的何炳松似乎也明白了父亲的用意，勤奋、踏实、“以习于庭训尤笃于学”①，学习较为认真。可是何炳松只习惯父亲授课，而并非喜欢读书。作为一个孩子，天真、好玩本来就是其天性，渐渐地何炳松对学习有点厌烦，只要有机会就设法重归大自然，试图在无拘无束的大自然中找寻快乐。何炳松这一行为引起父亲的极大不满，也使对他寄予厚望的父亲极度担忧。这样的状态一直持续到何炳松 7 岁，父亲看到何炳松实在不肯用功，就将他送到金华城里的一位先生家寄读，目的是想通过这位先生来教育何炳松，使他将心思放在学习上，收住贪玩之心。②

经过三天的外出学习，何炳松贪玩之心有所收敛，他的心思渐趋转到了学习上。在父亲的严格教诲下，何炳松勤学、慎思，“很快读完了四书五经，对程颐、朱熹等宋代儒学大家的学说也耳熟能详，尽管当时并不完全了解其中深奥的含义。及至稍微长大一点，他已经十分习惯于成天读书、写字、背诵、串讲、作文等等一整套封建社会文人的日常生活了，言语举止也中规中矩，渐渐失去了孩子的童真，变得少年老成起来”③。

（三）县试中第

1903 年，何炳松 14 岁。父亲对儿子的学习成绩较为满

---

① 金兆梓：《何炳松传》，刘寅生等：《何炳松纪念文集》，第 224 页。

② 何炳松：《随遇而安》，刘寅生、房鑫亮：《何炳松文集》第二卷，商务印书馆 1997 年版，第 657 页。

③ 房鑫亮：《忠信笃敬——何炳松传》，浙江人民出版社 2006 年版，第 4 页。

意，认为他具备了秀才考试的能力，就在这年春天让他参加县试。主考官考虑到部分幼童年纪较小，特意在试院的桃李轩中开设了一个单独考场，让应试的幼童使用。何炳松穿着盖过足尖的竹布长衫，外面罩着一件黑马褂，头戴一顶瓜皮小帽去参加县试，他是所有考生中最年少的一个。考堂威严肃穆，由于坐凳过高，他不得不由人扶持才能上座。考官注意到他的一些童子举止，便把何炳松叫到台前提问。当何炳松回答年岁，父亲是塾师，祖父系开磨房为业时，考官们竟一个个仰头大笑，讥笑何炳松是个乳臭未干的无名小子，当场要他在一张纸上作出一篇三千字的文章。他稍加思索，举笔挥毫写罢“三千徒弟子，七十二贤人”十个字后，就愤愤离去；不料因长衫缠足而在跨门槛时摔了一跤。他匆匆爬起，说“槛者，卡也，亦欺吾幼小，何也?”然后一口气回到家里。① 据当年一同参加考试的金兆梓回忆：“余之始识君，君年方十四，余十五，时首次参加县试与君同以幼童别试于试院之桃李轩也。吾辈以年幼，类多跳踉酣嬉，君年最少，独沈坐构思，固已心仪之矣。”②这是何炳松和金兆梓的初次见面，在金兆梓脑海中留下了深刻印象。不久，到了发榜的日子，据说这一天正好是立夏，按照金华乡俗，这一天要吃猫耳朵大的馄饨，而且一定要长工们先吃。何炳松饿了，吵着要先吃。正吵着，打锣报喜讨红纸包的人到

---

① 何德樟：《静夜追怀我的叔父》，政协金华市委员会文史资料委员会：《何炳松与故乡图文集》，金华文史资料第十七辑，第120页。

② 金兆梓：《何炳松传》，刘寅生等：《何炳松纪念文集》，华东师范大学出版社1990年版，第228页。

了，分秒之间，何炳松的举止就判若两人，他不得不立即结束部分具有嬉游特权的儿童时代，硬是提前跨进了成人阶段。①

不久，县学用大锣开道在噼啪的爆竹声中把一副金光闪闪且名列前茅的喜报贴在何家堂前。稚气未脱的何炳松以优秀成绩考中秀才。这时何家上下一时忙得不可开交。报喜的人、讨红包的人、前来祝贺的人及看热闹的人把何家围得水泄不通。消息不胫而走，整个文昌巷沸腾了。何炳松的父母更是露出了久违的笑容，心里倍感欣慰。

二、新学之路

（一）就读府中学堂

何炳松的父亲并未沉浸在一时的喜悦中，因为在对儿子的教育问题上，他更多的是理性的思考。当时好多中了秀才的学子或继续走科举之路，连捷登科，或东游日本。为了让何炳松继续深造，他多方寻找、颇费周折，想给儿子找一理想的去处。最后他选择了只有秀才才能入学的金华府中学堂。该校原名丽正书院，1903 年秋金华知府海福始改旧丽正书院为金华府中学堂，取生员 20 名入学，分甲乙两班教授，何炳松被分在乙班。自此，何炳松“戴起小爵顶，穿

① 何炳棣：《堂弟记忆中的何炳松》，政协金华市委员会文史资料委员会：《何炳松与故乡图文集》，金华文史资料第十七辑 2006 年版，第 101 页。

起小蓝衫，在城里名噪一时了”①。何炳松在学堂犹如往日，完全秉承其家族吃苦耐劳的传统，刻苦学习、顽强拼搏。据金兆梓《何炳松传》记载：“君读于金华府中学堂，先君子实为其总教习，激赏君之学业，时为余称道以相勖。”②加上学堂良好的学风，经过两年学习，何炳松于 1905 年顺利升入甲班。次年冬，因学习成绩优异，何炳松尚未毕业即被金华府中学堂保送入浙江高等学堂③预备科学习。这年，何炳松 17 岁。

（二）求学杭州

清末，受欧风美雨的浸润，文化思想领域掀起了一轮又一轮的教育救国思潮，各种新式学堂和新式学校涌现。浙江高等学堂是当时浙江最高学府，是一所新式的学校，许多浙江的优秀人才云集于此。邵飘萍、陈布雷、邵元冲即是该校的学生，比何炳松高一届。

初来乍到，何炳松面对全新的环境，自然有一个适应过程。自幼受父母的影响和天生对学习的渴望使得何炳松很快进入了学习状态。他畅游于知识的海洋中，汲取精神营

① 傅东华：《与我相处大半世的何柏丞》，刘寅生等：《何炳松纪念文集》，华东师范大学出版社 1990 年版，第 243 页。

② 金兆梓：《何炳松传》，刘寅生等：《何炳松纪念文集》，华东师范大学出版社 1990 年版，第 228 页。

③ 浙江高等学堂于 1897 年 5 月 21 日由杭州知府林启利用被查封的蒲场巷普慈寺创办，初名求是书院。求是书院不仅是国内创办较早的新式高等学校之一，也是派遣学生出国留学较早、较多的一所学校。《奏定学堂章程》颁布后，定名浙江高等学堂，后改名为浙江高等学校（详见杭州市教育委员会：《杭州教育志（1028—1949）》，浙江教育出版社 1994 年版，第 161～162 页）。

养。经过两年学习，何炳松于1909年升入浙江高等学堂正科。后又经近四年学习，于1912年冬从浙江高等学堂（时该校已改为浙江高等学校）毕业（系该校第二届毕业生）。当时毕业生分一、二两类，每类按成绩分最优等、优等与中等。何炳松名列第一类最优等六名学生之首，毕业分数为89.8分，第二名郑宗海为86.8分。因何炳松毕业成绩为全校第一，加之平时成绩优异，在1910年到1912年还三次获得第一名奖，遂由浙江省以公费资送美国留学。① 此时的何炳松已于10月20日与同乡曹绿芝结婚。

经过在浙江高等学堂6年的学习，何炳松全面掌握了基础知识，为后来进一步求学和人生事业打下了坚实基础。此外，在杭州求学期间，何炳松还结识浙江籍的一些名人，这对以后何炳松事业的发展有很大帮助。他与一些人士，诸如邵飘萍、金兆梓等人的友谊甚至是终身的。据金兆梓《何炳松传》记载："综余两人，生同闬，出同业，游同踪，道同术，嗜且有同好。"②可见两人关系之亲密。据金兆梓的侄子金永礼在《记金华两位史学家——柏丞先生与家叔子敦先生》一文中记载，何炳松与金兆梓同出生于双溪之侧。两人均生而颖异，金兆梓年十二即应童子试（考秀才），以榜首名闻全县；何炳松年十四即以高第补博士弟子员（中秀才），

① 房鑫亮：《何炳松年谱》，刘寅生、房鑫亮：《何炳松文集》第四卷，商务印书馆1997年版，第666页。

② 金兆梓：《何炳松传》，刘寅生等：《何炳松纪念文集》，华东师范大学出版社1990年版，第229页。

亦轰动当时。后何炳松入金华府中学堂，以优异成绩保送入浙江高等学堂预备科，而金兆梓亦于是年入杭州府中学堂，在杭州留下了两人共同探讨学业的踪迹。① 这是对两人亲密关系的形象说明。

何炳松与其他人一样对故乡充满无限眷恋和热爱之情。在出国留学前回金华省亲期间，何炳松受母校金华中学（即金华府中学堂）时任校长金兆梓临时聘请，教了一段时间英语课。该校学生杜佐周日后在《我与何柏丞先生》一文中深情回忆了当时何炳松授课的情景：

> 差不多三十五年以前，当我方在金华中学读书的时候，有一天早晨，我们抱着很热烈的希望和很兴奋的情绪，等待一位新聘英文教员的来临。上课的钟已经敲过了，这位年轻隽秀的先生，就出现在我们这一群静肃而愉快的学生前面开始他的教学。他的仪表，他的风度，他的清晰正确的发音，他的扼要动听的说明，以及他的和蔼可亲的态度，使我们都感觉着得到一位昔未曾有的优良教师教学的幸运。这是我初次见到何柏丞先生的深刻印象。而今回想起来，还历历如在心目中，我从少就欢喜英文这一科，我的成绩亦从来没有使先生们失望过。故何师亦对我特别看待。平时奖誉我，鼓励我，而且给我许多将来的期望。我们师生

① 金永礼：《记金华两位史学家——柏丞先生与家叔子敦先生》，刘寅生等：《何炳松纪念文集》，华东师范大学出版社 1990 年版，第 370～371 页。

间的深厚感情，就在这个时候树立一种坚强的基础。①

何炳松扎实的英文功底和独特的教学风格，给学子们留下了深刻印象。纯洁的师生友谊从此伴随两人的终生。在何炳松出掌暨南大学时，杜佐周曾任大学秘书兼总务长，辅佐何炳松多年，为暨大的发展作出了重要贡献。后来杜佐周任国立英士大学校长时，何炳松非常关心，并根据自己丰富的治校经验致函提供办学建议：

(1) 校务繁杂，似宜多採分层负责制。古语所谓“明主劳于求贤而逸与任人”(即信任之谓)，确是主持公务机关者所宜服膺之格言。古人又云：“水清无鱼，人察无徒。”意谓主管者宜主持大体，而委其细目于部属；否则部属反得袖手旁观，而主管者反成为众矢之的矣。一遇风波，即难收拾，且亦不合于劳逸分配之原则也。

(2) 大学同事人多，性情不一，主管者宜取“用人勿疑，疑人勿用”之格言。唯其能任人，故逸；而所劳者，仅在求贤之一事。吾人果能开诚布公，推心置腹，则虽异己者亦将有所感动而为我效力矣。如果不能任人(即信任之意)，则虽知友亦将离心离德，不愿尽力矣。

(3) 大学青年多富感情，主持校务者宜以家

① 杜佐周后成为著名教育家。详见杜佐周：《我与何柏丞先生》，《何炳松纪念文集》，华东师范大学出版社 1990 年版，第 248 页。

长自居。凡有请求（不论有理与否）总宜以同情考虑为主。可能而合理者允之，合理而不可能者说明而婉却之，不合理者指导而拒绝之。如此既不伤情，又不害事，而所谓教育之意义可藉以发挥。此间许君等之招怨，即纯在对付同人同学态度之过于冷酷而缺乏热情，殊足为吾人反省参考之。

(4) 闻贵校大多数新同学，均远离大学本部，而吾兄又无暇与之接触，此点最宜注意。盖新生最无成见，且颇易陶铸；而学风之改进，尤宜从此辈入手，方为得力。否则感情淡薄最易受人利用。尤其如果多数学生与校长难得见面，流弊更大。一旦有事，即易群起参加，如果左右无得力负责之同人为我臂助，则狼狈情形，必有不堪设想者矣。如何能与全体同学（至少要多数）常常谋面，谆谆训导，想吾兄必筹之熟矣。①

师生情之深之殷，于此可见。

三、负笈美国

（一）初入加利福尼亚州立大学

短暂的省亲时间过得很快，虽然有点依依不舍，但是谁

① 刘寅生、房鑫亮：《何炳松文集》第二卷，商务印书馆 1997 年版，第 769～770 页。

又能阻止意志坚毅的何炳松实现留学的梦想？民国初年，科举已被废止，留美放洋成了时尚，不少学子想去大洋彼岸寻梦。家人虽然有点舍不得何炳松长时间离家远行，但由于对何炳松充满了期望，只好忍受离别之苦。其堂弟何炳棣后来追忆了何炳松赴美留学时的情景：

> 记得我天津私立第一小学毕业，准备投考南开中学的那个夏天，父亲曾广泛地和我谈"志"。他说当柏丞兄留美前夕叔侄话别的时候，他对柏丞兄说："虽然家里替你老早早地就结了婚，你到美国之后，不要儿女情长，急急忙忙地就想回国。最好你要设法读到两个最高学位，一个文学博士，一个法学博士。回国后要在上海大地方立足，结交金融实业界钜子，劝他们出钱办个中、英文两种文字的报，不妨把它定名为《太平洋时报》，由你做总主笔，中国不民主则已，如民主政治开端，你可能扮演类似美国威尔逊这样的人物，由名教授而竞选成为总统，再成为一位有抱负有远见的政治家。"……先父的话虽未免有点天真，但充分反映叔叔对侄子期望之高而且殷。由于先父长我四十七足岁，而我又是独子，所以我自幼就了解出洋留学早已代替科举成为晋身最重要的一步阶梯。伯丞兄既是何氏全家第一个留美学成归国，先后在杭州、北京、上海成为知名人物，所以这位"阿松哥哥"(金华话哥哥读成 GaGa)一直是我青少年时代

家族中的“英雄”。①

1913年,何炳松坐上前往美国的渡轮横渡太平洋,于2月初抵达美国。由于历史和地理等原因,美国东西部经济发展不平衡,东部经济明显走在西部前面。当时的留学生大多前往美国中东部,前往西部的则寥寥可数。何炳松此行的目的地是位于美国西部伯克利的加利福尼亚州立大学。该大学创办于1868年,当时有学生5000人,教职员600人。它对本州居民身份的学生不收学费,外州或外国学生则半年收10美元的学费。中国学生凡在国内高等学校毕业者,可以不经考试直接入学,并允许以中文代替希腊文或拉丁文。全校中国学生仅二十余人。② 何炳松入学后,选修了法语、政治学、经济学、历史、哲学等课程。可开学不久,即请假离校。假期自2月13日至3月12日,且从此未再返校。③

(二) 考入威斯康辛大学

何炳松为什么离开加利福尼亚州立大学?因为他是官费资助,所以肯定不是经济原因。限于史料,我们只能做出种种猜测。或许何炳松离开加利福尼亚州立大学并不是为了放弃学业,而是为了寻找更适合的大学。在他的内心深

① 何炳棣:《堂弟记忆中的何炳松》,政协金华市委员会文史资料委员会:《何炳松与故乡图文集》,金华文史资料第十七辑2006年版,第101～103页。

② 房鑫亮:《何炳松年谱》,刘寅生、房鑫亮:《何炳松文集》第四卷,商务印书馆1997年版,第666页。

③ 房鑫亮:《何炳松年谱》,刘寅生、房鑫亮:《何炳松文集》第四卷,第667页。

处，加利福尼亚州立大学并不是理想之所在。当年夏天，何炳松通过考试，被位于美国中部的威斯康辛大学政治系录取，并于秋季入学。在威斯康辛大学一年级上学期，何炳松选修了两门政治学课程、一门地质学课程和两门德语课程，共计五门。威斯康辛大学是美国名校，有很多优秀的学生。该校良好的学风和浓郁的学习氛围，使何炳松感到学习压力较大，心理负担很重。正在这时，大洋彼岸传来了长女在金华出生的消息，顷刻，何炳松初为人父，这个消息一下子给他增添了一种沉甸甸的责任感，也更促使何炳松将心思全部放在了学业上，因为毕竟多了一个令自己牵挂的人。一年级下学期，何炳松选修了两门政治学课程及法语、地质学、德语。二年级上、下学期，分别选修五门政治学课程，并开始撰写毕业论文。同时，他还应聘兼任该系助教，负责搜集有关远东和中日关系的史料，借此机会得以对日本有深入了解。

在搞好学业的同时，何炳松还积极参加各项活动，通过这些活动来愉悦身心，从而提高学习效率和锻炼实践能力。刚入威斯康辛大学，何炳松就开始向《留美学生季报》投稿。该报是留美学生会会刊，初名《美国留学报告》。出版数期后，于1914年3月改名《留美学生季报》，不定期刊行。历任主编为胡彬夏、朱起蛰、任鸿隽、张贻志、胡适、张宏祥、蔡正、陈达、沈鹏飞、高宾寿、傅葆深、罗隆基、潘光旦、邱昌渭、梁朝威。以介绍西方的学术和思想，讨论中国问题，描写留学生生活为宗旨。分设论著、译丛、记载、调查、文苑、丛谈、留学界记事等栏目。内容包括中美文化交流、美国社会剖析、留美学生动态、中国与欧美政治、经济现状比较等。主要撰稿人有陈鹤琴、胡明复、陈衡哲、杨铨、陶行知、洪深等。1917年后改由商务印书馆印行，1928年6月停刊。1914年5月，《留美学生季报》选举任鸿隽为总编辑，过探先为干事部总干事，何炳松为编辑兼干事，任期一年。同年，何炳松被选为威斯康辛大学中国学生会副会长。被选为副会长的何炳松延续了往日组织学生活动的激情，1915年6月，威斯康辛大学中国学生会在本校格致室举行了第一次辩论会，题为"男女应享有同等参政权"。正方主辩为杨永清，助辩苏鉴、余日宣；反方主辩柴春玲，助辩马名海、郑宗海。何炳松与盘珠祁、熊遂为为裁判员。最后，正方获胜。

在向《留美学生季报》投稿时，何炳松与该报编辑胡适成了笔友。自此，他们的关系一直持续到后来。据何炳松《增补章实斋年谱序》记载："我和适之先生的文字交，始于民国二年的夏季。我记得当时他是《留美学生季报》的编辑，我是一个投稿的人。民国四五年间我和他才在纽约常常见面谈天，成了朋友。民国六年以后我在北京大学教了五年的书，又和适之先生同事，而且常常同玩。他和我不约而同而且不相为谋的研究章实斋，亦就在那时候。结果他做成一部很精美的《年谱》，我做了一篇极其无聊而且非常肤浅的《管见》。我的翻译《新史学》亦就是在这个时候受了他的怂恿。民国十一年后我到杭州办了两年最无聊的教育，受了两年最不堪的苦痛。可巧这时候适之先生亦就在西湖烟霞洞养他的病，而且据我所知，这次的修养是他平生最长的一期。现在我们两人又不期而然不约而同的同在上海过活了。我以为就十七年来行止上看，我们两人的遇合很有点佛家所说的‘因缘’两个字的意味。”①

何炳松身在海外，始终不忘自己是金华人，金华人那种特有的“怀乡病”在他的身上表现得较为明显，有时为了金华的人和金华的事甚至形诸梦寐。他与同乡傅东华的关系就是一个生动的例子。在毕业前夕，他与傅东华书函往来频密。据傅东华回忆：

他为什么要跟我通信呢？……这疑问的唯一可能解释是：我当时那种自我教育的苦斗生活使他感动了，这才他不断以书信给我鼓励，给我安慰的。这就是他那毕生献身教育精神的一种表现。他决不因为自己有受教育的机会而轻视那些没有受教育机会的人；反之，他正因为自己曾有机会受教育，可以竭力谋使别人都有受教育的机会。原来孔子所谓“己欲立而立人”，那句话，在这位熟读过四书的幼童秀才是早已身体力行的了。

他给我的许多信里也曾谈起他在美国的生活：他难得颂扬美国生活怎样怎样的繁华，却常怨恨自己吃不惯那种以面包白脱为主的食物，常说他怀想家乡风味，竟至形诸梦寐的。象这样的怀乡病，我不晓得别处的人怎么样，在我们金华人里面是一向流行的，柏丞兄在外国害这种病，大概也

① 何炳松：《增补章实斋年谱序》，刘寅生，房鑫亮：《何炳松文集》第二卷，商务印书馆1997年版，第223页。

就因为他是金华人的缘故吧。不过这就显得他跟那种饮食起居乃至性情、习惯一律彻底洋化的留学生们不同一个类型了。也就为了这一种脾气，所以他一回国之后，就立刻脱了西服而改穿中装（他的堂侄何德奎也是这样的），而且在教室里从来不听到他说"兄弟从前在美国……"。这在他是完全出于自然的。他觉得家乡风味好，所以他怀念家乡风味；他觉得中装舒服，所以他改穿中装。这只是由于惯不惯的关系，原可完全依顺情感的倾向，用不着根据理性或风气加以矫揉造作的。①

19 世纪末 20 世纪初，资本主义国家相继完成向垄断阶段的过渡，各国发展的不平衡使争夺世界霸权的斗争日渐尖锐，并在 20 世纪初的欧洲逐渐形成了德、奥、意三个同盟国及英、俄、法三个协约国两大军事集团。1914 年 6 月 28 日的萨拉热窝事件，成为大战导火索。第一次世界大战由此爆发。中国也卷入了这场旷日持久的战争。何炳松在威斯康辛大学留学期间，正值大战爆发。这使得何炳松更加关注祖国命运，残酷的现实和多年知识的积累，引发何炳松对祖国问题的思考。在这种情况下，1915 年，何炳松在《留美学生季报》第一号上发表《课余杂录》。该文通过分析当时中国所处的形势，揭露了日本企图瓜分中国的狼子野心，告诫国人若要挽救民族危亡，必须自强，他写道：

---

① 傅东华：《与我相处大半世的何柏丞》，政协金华市委员会资料委员会：《何炳松与故乡图文集》，金华文史资料第十七辑 2006 年版，第 124～127 页。

租借地一日不归还，吾国国耻，终一日不能洗尽。香港、台湾，永远割据无论矣。广州湾为期九十九年，去今尚远。盖归还之期，当在民国八十五年也。胶州湾风雨飘零，未知谁属。国人当留意者，则在辽东半岛及威海卫两区。辽东半岛租期二十五年。威海卫租借期之修短，準（zhǔn）诸辽东，归还期当在民国十二年，事在指顾间耳。十年生聚，十年教训，卧薪尝胆，今其时矣。近日胶澳一役，东邻屡犯吾国中立，国人憾焉。弱国无公理，如是如是。然吾国未能尽固有义务，即不能责他人之攘我权利，此自强不息之可贵也。日本胜俄后，对我方针一大变。时露瓜分吾国之志。英、日同盟，实束缚之。当知他日黄皙两种，定难免有争雄之日。吾辈同种人，正宜协御外侮。果中国竟亡，日本纵取得神州一抔土，即可长保其雄视亚东资格耶？或曰：试读美国宪法成案，及去年金山日本某报所载某博士之言论，日人固不自认为黄人矣。西人尝谓突厥留学他国学生，颇多少年英俊痛心救国之士，然一旦返旆，则祖国颓唐恶习，依然发见，闻之惕然。西人多以黄祸慑国人。每谓中国果十年内养兵百万，即可纵横欧、亚。其言未免过当。然可见吾国果有自强之志者，正非难事耳。……墨西哥号称共和，百年来干戈扰攘，国运极衰。平心论之，实美国一二野心政治家播弄所致。渔翁之利，拭目可俟。犹忆去夏日人尝以吾国与墨西哥比，但不知谁为美国耳？①

经过两年学习，何炳松从威斯康辛大学毕业，获得政治学学士学位，还获得了学校颁发的荣誉奖。1915 年秋，他考入普林斯顿大学研究院，攻读现代史和国际政治学。

（三）负笈普林斯顿大学

普林斯顿大学（Princeton University）位于美国新泽西州普林斯顿，它是美国殖民时期成立的第四所高校。1746 年在新泽西州的 Elizabeth 创立，当时名为“新泽西学院”。1756 年，学校迁至普林斯顿。1896 年，更名为普林斯顿大学。该校最初是长老会制的教育机构，不过对学生无任何宗教上的要求。大学提供两种本科学位：文学士学位和工学士学位。普林斯顿保存有浓郁的欧式教育学风。创立宗旨上强调训练学生具有人文及科学的综合素养。普林斯顿大学的校训为“让她以上帝的名义繁荣”。校友中有州长、好莱坞明星和两位美国总统，威尔逊总统曾任该校教授和校长。

1916 年初夏，何炳松获得了普林斯顿大学政治学硕士学位，毕业论文《中国古代国际法》获得学校论文一等奖。何炳松认为欧洲的国际法是从 16 世纪开始的，而且自 16 世纪起，研究者就不少，已经初具规模。而前清由于开海禁以来，洋务繁盛，因不懂国际法，在国际交往中动辄得咎。中国被西方国家认为是无法之邦，外人认为“国际法者，开

① 何炳松：《课余杂录》，刘寅生、房鑫亮：《何炳松文集》第二卷，商务印书馆 1997 年版，第 581～582 页。

明国家间交际之准则也，中国何国，而可论以国际法耶?”何炳松在阅读时发现“希腊罗马之国际法，颇有与我国左氏传中所载者相同”。鉴于西方蔑视我国为无法之邦的现状，何炳松研究中国古代的国际法，以证明中国古代有国际法。他从春秋时列国之间的交换使臣、缔结条约、建立同盟等方面进行了详细论述，并从中西各国均重使臣、信赖神权、尊重条约等方面做了比较研究。他最后得出结论，秦始皇统一六国后，“国际习惯发生之机会，于以告终”，只是国人将国际法当成了西方的哲学而已。①

在美期间，他还用英文撰写了《中国政党小史》一文，并节译成中文，后于1919年11月30日在北京法政专门学校校刊《法政学报》第2卷第1期上刊载。《中国政党小史》认为，中国的政党始于前清戊戌政变。在此之前，因为闭关自守，政治上的专制主义中央集权，中国历史上仅有学派而没有政党。戊戌政变后，才开始有了立宪、革命两大党。辛亥革命后出现了政党林立的局面，均系立宪党或革命党的化身。今之进步党，即古之立宪党；今之国民党，即古之革命党。两党的主张，各有各的道理。辛亥革命取得成功，同盟会起到了重要作用。但是同盟会组织复杂，流品不齐，举动多不称国人意，建设力亦时现薄弱象。导致立宪党见袁世凯兵力甚强，投靠袁世凯，推为大总统。辛亥革命爆发后，旧立宪党员群起组织政党。最有势力的是共和党、民主党、

① 何炳松:《中国古代国际法》，刘寅生、房鑫亮:《何炳松文集》第二卷，商务印书馆1997年版，第6～15页。

统一党。袁世凯正式被选举为总统后，下令解散国民党。所有国民党员被袁世凯逐出国会，国会于是被废。后来又形成国民党、进步党两大党对峙的局面。两党虽不以进步、国民标榜，然因宪法主张不同，又有宪法研究会和宪法商榷会两大派。①

1916 年 7 月，在双亲妻女的热切盼望和催促下，何炳松抓紧时间办妥手续，扬帆回国，投身祖国的文教事业。

① 何炳松:《中国政党小史》，刘寅生、房鑫亮:《何炳松文集》第二卷，商务印书馆 1997 年版，第 1～5 页。

第二章 任教京浙

何炳松自美学成归来，回乡途经杭州时，经熟人介绍留在浙江省长公署任视学，从此涉足教育。当时，新文化运动正如火如荼，“五四”运动蓄势待发。在这之后，何炳松先后任教北大、北高师，后又出任浙江省立第一师范学校校长和浙江省立第一中学校长。这几年在北京、杭州的教育经历为后来何炳松主政暨南大学积累了丰富的办学经验。

一、学成归国

(一) 回乡省亲

1916 年夏，在美国留学已三年半，刚从普林斯顿大学研究院毕业的何炳松启程回国。返国前的 7 月 5 日，何炳松到中国留美学生监督严恩椿处开具留美学习证明书。证明书上记载："何炳松到美国时间为民国二年正月，经过学校是 the University of Wisconsin 和 Princeton University，籍贯是浙江省金华县，在美学习年限三年半，毕业成绩为最优等，毕业学校及学科为 the University of Wisconsin 政治科学士和 Princeton University 政治科硕士。"①

9 月，何炳松回到祖国。在杭州停留一段时间后，回到金华看望家人与亲友。听到何炳松归来的消息，金华第七中学(该校前身为金华府中学堂，何炳松毕业于该校)校长金兆梓前来叙旧，并邀请他再度到母校讲学。何炳松应邀前往，他的这次讲学很具有感染力，加上他的个性特点，深受学生喜爱。特别是何炳松出色的讲演口才，使得这场讲座非常成功。他身着长衫，满口金华话，没有一句洋腔洋调，也没有一句不少留学生喜欢讲的口头禅"兄弟从前在美

① 政协金华委员会文史资料委员会:《何炳松与故乡图文集》，金华文史资料第十七辑 2006 年版，第 13 页。

国……”①，让人一点也看不出他刚从美国归来的样子。这即刻拉近了他和学生的距离。

（二）任职省署

返回杭州后何炳松任浙江省长公署助理秘书。次年，被任命为省教育厅视学。当时浙江的教育文化事业非常落后，很多人对学校和以前私塾的区别不了解。何炳松上任伊始即对浙江省内教育状况展开调查。他不畏艰难困苦，深入山区僻壤实地考察，并给当地教育部门负责人指出具体的做法。通过这次调查，何炳松对浙江的教育情况有了更加深刻的了解。随后，何炳松呈文浙江省教育厅报告调查的具体情况。同年 7 月 3 日，省长齐耀珊根据何炳松的呈文发布训令，要求会稽道道尹褒奖认真办学的属员和校长，对存在不足的各校按何炳松意见切实改进。② 关于这次视察山区教育的具体情况，后来（1924 年）何炳松在《浙江小学教育的现状及其罪人》一文中曾详细论及。该文是何炳松根据这次调查山区教育情况，加上之后几年教育工作的经历，对浙江教育问题的深入分析。谈到浙江教育的罪人，何炳松首先从教育行政、社会教育、学校教育三个方面对浙江教育的现状进行探讨。他认为对浙江小学教育负最大责任的人首先应是县知事。虽然县知事中也有热心教

① 傅东华：《与我相处大半世的何伯丞》，刘寅生等：《何炳松纪念文集》，华东师范大学出版社 1990 年版，第 244 页。

② 房鑫亮：《何炳松年谱》，刘寅生、房鑫亮：《何炳松文集》第四卷，商务印书馆 1997 年版，第 671 页。

育的人，并常常亲自前往视察学校，但是这种人很少。同时，他认为县公署第三科科长也应对此担当具体责任。在谈到教育行政时，何炳松认为第三个需要负责任的就是劝学所。浙江从前的劝学所，往往有劝之名，无劝之实。何炳松认为浙江的社会教育非常幼稚，浙江各县自清末以来就有教育会组织，但是大都经费非常匮乏，甚至全年只有二三百元，所以教育会这种机关变成一种无聊的绅士暂时寄身之所，或者作为小政客的傀儡，用他的名义打几个爱国的快邮代电。其次一等的，以他的名义用代电反对县知事，干涉县中大事就算尽职了。

何炳松认为浙江的学校教育，实在是不高明。没有合适的校舍，即便有校舍，也没有付诸使用，或为书院改造，"新瓶装旧酒"；而且教职员不是本族族长，就是本族士绅，以绅士自居，态度傲慢。在师资方面，师范毕业生比较缺乏，且英雄无用武之地。何炳松认为浙江教员的薪水菲薄，且将课外活动仅仅认为是体操，忽略游艺、辩论、各科的竞赛等。此外，何炳松还谈到学校卫生。教室冬天很冷、夏天很热，光线或太强，或太暗。他以在天台山参观的一所学校为例，借此反映当时全国教育的现状：

有一次我在天台山脚参观一个小学校，看见许多大龄学生(十三四岁)坐在很低的凳子上。我说太低了，不合卫生。那校长说，去年有一个省视学来敝校参观，嫌凳子太高，所以我们把他们截了一段，现在你又说太低了，究竟叫我们怎么办呢？

> 实在一句话，这种凳子高低统不知道，必待视学指示后才办的校长，恐怕不止这一位罢！设备的简陋，是当然的，可想而知的。学校经费的支绌，亦是中国全国一样，不独浙江。①

对于浙江中小学教育的现状及浙江教育的腐败问题，应由谁负责？谁是罪人？当时有四种说法：一是因为长官溺职，无力整顿的缘故，上行下效、敷衍为能；二是为学的人不上心，一面敷衍官厅，一面敷衍学生，因循守旧，无甚作为；三是因为教师太坏的缘故；四是因为自从"五四"以后，学生太放纵了。何炳松以为这四种说法虽有相当的理由，但统是肤浅的理解。

何炳松认为浙江乃至中国教育的腐败，既不是官厅的罪过，也不是教职员的罪过，更不是学生或是学校以外教育机关的罪过，实在是一般社会的罪过。"士为四民之首"的社会观念是我国以及浙江教育界种种腐败的最大原因，也是当时中国教育界腐败的症结所在，他认为：

> 现在我们浙江的中小学校教育界，好象一条很狭的路。路上已经挤满了人，同时有许多人在路的进口同路的两旁，磨拳擦掌的想将路中人拖出来，以便自己走进去。已经在路中的人时时刻刻在那里担忧，怕被有力的人推倒了或者拖出去。

① 何炳松：《浙江小学教育的现状及其罪人》，刘寅生、房鑫亮：《何炳松文集》第二卷，第480页。

在这种环境下面，这种人还有力求上进、安心教授的心思么？做校长的人亦是如此，而且所处的境地尤其危险。因为在路旁的人，一面自己用力去拖他出来，一面并利用学生的弱点叫他们在路前去阻止校长前进。前后夹攻起来，不但办学没有进步的希望，就是天天在路口作自卫的准备，亦已经够他受用了。①

最后，何炳松提出了解决方法。他认为只要浙江全体教育界能够觉醒自己是黑暗社会的牺牲者，能够打破“学而优则仕”的观念，各得其所地做一点事业，不乱唱高调，乱捧学生，政客不利用学生，这一问题就可以得到解决。为此，他提出了六种治标的方法：

第一，我希望浙江各地方人民对于教育事业，应该当作地方命脉攸关的事业，尽力做去，不要纯靠官厅。

第二，我希望省县视学制度的性质能够变更一下，不要再用官样文章去批评人家，应该以同情的态度去辅导他们。多设辅导员的利益较多添省县视学为多。我的理想的改良就是采用美国以大学监视中学的那种信用制。我们并可推广为中学监视小学制。不过这一层非教育极发达同极普及的时候，不易实行。

① 何炳松：《浙江小学教育的现状及其罪人》，刘寅生、房鑫亮：《何炳松文集》第二卷，第483～484页。

第三，我希望各公私学校的经费应由地方公团经手。因为一面比较的经费有保障，一面县公署的科长学务委员等不至因为财权在握，可以中饱私囊，擅作威福。

第四，我希望大家应该急起筹划优待小学教师的方法。前年冬天同去年夏天，有许多第一师范毕业生在小学服务已经三四年的，纷纷到杭州来投考卷烟特税的稽征员。我当时觉得非常痛心。但是想一想他们在小学中所得薪水的数目，又不能不叹了一口气。

第五，我希望学校——尤其是乡间小学——多多与社会联络。快将“学校重地，闲人莫入”的虎头牌除下来，多开几个恳亲会。

最后第六，我所最希望的，就是小学教师应该觉悟到他们地位的重要同责任的重大。打破大学教授同小学教师的阶级观念。他们应该晓得真正的教育家统是“小学的”教育家，真正教育的原理，几乎全是关于小学教育的。①

何炳松初涉教育即敢于以务实的态度考察教育问题，不唯书、不唯上，以自己的亲身经历和所见所闻为判断问题的依据。他对浙江教育状况乃至全国教育现状的认识，反映出他对教育问题敏锐的目光和深刻的洞察力。

① 何炳松：《浙江小学教育的现状及其罪人》，刘寅生、房鑫亮：《何炳松文集》第二卷，商务印书馆 1997 年版，第 484～485 页。

二、任教北京

（一）受聘北大等高校

1917 年 5 月，正在杭州的何炳松收到了由北京高等师范学校校长陈宝泉寄发的聘书，要求何炳松自 9 月开学起兼任北京高师教员，教授史地部西洋历史，每周 4 小时，每小时薪俸 4 元，除 2 月外每月均以 4 周半计算，暑假遵章概不送薪。① 同年 8 月，北京大学校长蔡元培亦聘请何炳松任北京大学文科讲师，请他于 9 月 10 日到北大授课。②

何炳松被聘往北高师和北大任教是与当时两校校长的治校理念分不开的。时掌北京高等师范学校的陈宝泉十分重视师资队伍建设，广聘师资，先后聘请了一批著名学者前来任教，如王桐龄、邓萃英、许寿裳、马寅初、张耀翔、经亨颐、陈映璜、马叙伦、丁文江、翁文灏、沈步洲、陶孟和、钱玄同、黎锦熙、毛邦伟等，一时北高师名师云集。③ 是时，新文化运动正以北京为中心在全国各地如火如荼地开展。由于北京大学独特的地位，加上校长蔡元培倡导“思想自由、兼容并包”的办学方针，北大一开始就成为新文化运动的中心，对这场运动的发生和发展起到了举足轻重的作用。④

①② 政协金华市委员会文史资料委员会：··《何炳松与故乡图文集》，⑪金华文史资料第十七辑 2006 年版，第 11 页，第 12 页。

③ 陈竞蓉：《陈宝泉与郭秉文办学思想比较研究》，《沧桑》2006 年第 5 期。

④ 吕林：《北京大学/世界著名学府》，湖南教育出版社 1989 年版，第 35 页。

蔡元培是著名教育家，他着手进行了一系列整顿和改革，使北大成为新文化气息浓郁的大学。他的办学主张给思想文化界带来了曙光，他广聘名师，北大像一个磁场一样吸引了各路英才云集。

接到聘书的何炳松处于两难境地，在浙江和北京之间一时难以抉择，加上曾任教过何炳松的两位老师亦来函一再催促他北上，最终，何炳松于 1917 年 9 月 1 日辞去浙江省视学一职，启程前往北京。抵京后何炳松在北大开设《西洋文明史》、《万国史》、《万国地理》、《历史研究法》、《中古欧洲史》、《近代欧洲史》等课程，同时历任北京高等师范学校史地部主任、英语部主任。在北京期间是何炳松学术研究的第一高峰期，后来公开出版的《中古欧洲史》、《近代欧洲史》、《新史学》等著作，就是当时何炳松所用的讲义。对于教学中的问题，何炳松及时与蔡元培校长沟通。如 1918 年 1 月 1 日，何炳松就北大决定减发讲义问题函商蔡元培：

> 手示敬悉一切，减发讲义本极赞同，唯弟所授预科“西洋文明史”苦无相当之教科书，故文预三年级仍用英文原本，若一二两级仍须编印中文讲义，此项讲义随编随印，至来年六月中方可编完，来年暑假期间当抽暇修改，再行呈请印行。至于第二年之西洋文明史拟以类别体编大纲口授，由学生笔述之。如是则学生于西洋文明史一端可得经纬纵横之观矣（现第一年之中文讲义系依时代

编成）。弟之计划如此，是否有当，仍候裁酌施行。①

何炳松在北大教授文科预科一年级英文甲、乙两班，一、二年级德文班，二、三年级英文班《西洋文明史》课程，课本采用自编中文讲义。当时一年级英文乙班有学生郭智石等，三年级学生有何思源等，德文班学生有蒋復璁等人。同时，他在北高师任史地部教员，以英文原本作课本，学生有周予同等人；旋又兼任英语部教员，学生有周谷城、楚图南等人。下学期仍担任英文一至三年级《西洋文明史》课程，每周各三学时，为德文班授《万国史》、《万国地理》。何炳松能力突出，工作成效显著，很快就得到了两校认可。在北大，1918年9月，何炳松被聘为史学系讲师，次年被聘为教授。同年在北高师，何炳松被任命为史地部教务主任，次年2月"改聘专任教员何炳松接充英语部教务主任"，同年又兼代北高师国文部主任。② 能够得到较快的提升，是与何炳松独具特色的教学风格和渊博的学识分不开的。据时在北高师任教心理学，并兼教育研究科主任的张耀翔之妻程俊英回忆："他们是在北师大（当时称北京高等师范学校）的同事，何先生教历史，耀翔教心理学，兼任教育研究科（如今的研究生院）主任。该科的学生对张耀翔说：我校教历史的

① 何炳松：《致蔡元培函》，刘寅生、房鑫亮：《何炳松文集》第二卷，商务印书馆1997年版，第722页。

② 何炳松：《何炳松年谱》，刘寅生、房鑫亮：《何炳松文集》第四卷，商务印书馆1997年版，第671～677页。

何老师跟你的教法一样，他担任西洋史课程，又经常讲中国的通史，连章学诚的《文史通义》也介绍分析，很受学生敬佩，称道他是学贯中西。……由于学生的介绍，耀翔开始了解何先生。当时的教育界，学识渊博的教师可谓不少，但真正能在教学中做到中西比较、融会贯通的却很少。由于学生的介绍，他们由同事成了同道，在教学上有共同的特点，互相切磋，逐渐成了好朋友。”①

何炳松不仅工作能力突出，而且极具亲和力，他对青年学生非常真诚、和蔼可亲，堪称师者楷模。据金兆梓《何炳松传》记载：“君为人宁静冲邈，平居绝不见疾言厉色，而处事则当机立断，故虽簿书旁午而案无留牍；猝遇大事亦一神不惊，措之裕如而事无不治。君性似冷，而实富于热情，视亲友如弟兄，遇青年如子弟；人有善不能忘，有不善则澹焉而卒忘之，不念旧恶，不修旧怨，故虽有甚不慊于君者久亦潜消其不慊而自亲于君。”②金兆梓这一记述是对何炳松品性的生动描述。何炳松对青年人的态度，总是“遇青年如子弟”。如他和杜佐周亦师亦友的关系，就是一个生动的例子。据杜佐周回忆：“当何师教我们书的时候，我方在金中二年级。至何师回国来的时候，我已进入国立武昌高师肄业了。东西阔别，见面无缘！直至我从高师毕业，赴北平参

① 程俊英：《我所了解的何炳松校长》，刘寅生等：《何炳松纪念文集》，华东师范大学出版社1990年版，第270页。

② 金兆梓：《何炳松传》，刘寅生等：《何炳松纪念文集》，华东师范大学出版社1990年版，第227页。

加留学复试的时候，我们才重见面。久别重逢，其快乐情绪自不可以言语形容。是年浙省留学名额，仅有五人。当时传闻均已内定，考试不过是一种形式而已。家道清寒而毫无背景的我，闻讯自觉非常失望，请求何师探听究竟，且代力争公道。彼笑而安慰我说：‘此系谣言，当非事实。果若然者，自当就力之可能而代争之。’榜发，幸被录取。我固大喜，何师也大喜，且详指示留美所应注意各点。我放洋后，‘一帆风顺’，无论经济方面，生活方面，择校方面，选课方面，均无困难，实皆何师之所赐。”①杜佐周的回忆佐证了何炳松对青年学子的平易近人和厚爱。

何炳松渊博的学识、出色的工作能力、平易近人的态度在学生们心中留下了深刻印象，使他和学生们建立了深厚的师生情感。又如著名书画家俞剑华曾旁听过何炳松在北高师讲授的英文课，自此开始了他们的师生之谊。后来俞剑华在何炳松出长暨南大学后，追随左右近10年，历任校长秘书、总务长等要职。何炳松病逝后，俞剑华追忆了这段师生谊：

> 忆何师于民国九年执教北京师大时，华已于前三年毕业，适任职于北京美专，以补习英文，至母校旁听，曾受何师迈尔通史课，师生之谊，即定于是时。十六年后，何师任商务印书馆编辑所长，华亦来上海任教爱国女学，新华艺大，上海美专等

① 杜佐周：《我与何柏丞先生》，刘寅生等：《何炳松纪念文集》，华东师范大学出版社1990年版，第248～249页。

校，时往拜谒，并以拙著请介绍出版。二十三年何师任《教育杂志》主编，以所居密迩，会晤较多，何师曾以拙画刊诸《教育杂志》，二十四年七月何师出长暨大，约掌文书历四年之久，何师对于公文信札，兼擅并工，谦不失体，婉而有力，其格式之精确，措词之雅驯，叙事之简要，虽老于此道者亦有所不及，华以向所不谙，拟稿多不中程式，何师口讲手改，耳提面命，所以教诲之者备至，终以至姿鲁钝，虽心摩手追，终未得其仿佛。廿八年秋投笔从戎，佐王敬九将军幕于东南，卅年暨大设福建分校，遂承何师命入分校服务，总校迁闽改授文学院教授兼校长室秘书，卅四年二月兼任总务长，及卅五年三月回沪办理复员，何师告以体孱多病，时于暨大布署就绪后，移地疗养未几，调长之命互下，何师病体益笃，竟致不起。山已颓矣，木已摧矣！瞻望前途，吾将安仰乎？呜呼伤已？①

何炳松是一个昆曲爱好者，他对昆曲的爱好陪伴着他一生。而他与昆曲结缘也是从北大任教开始的，而这离不开著名词曲家吴梅的影响。据宇文西林在《向外国译介昆曲谱的何炳松》一文中介绍：

1918 年，由胡适的介绍，他们认识了，在一次聚餐会上，胡适为助酒兴，坚请同席的吴梅唱一折

① 俞剑华：《何师柏丞在建阳》，刘寅生等：《何炳松纪念文集》，华东师范大学出版社 1990 年，第 259 页。

> 昆曲，唱词的庄雅、声腔的逸扬引起了在座的何炳松赞赏不已。这是何炳松第一次听到昆曲。吴梅借此机会向北大的同仁介绍了由韩世昌、王益山等组成的荣庆社（北昆）正在演出的盛况，谓“若有雅兴，不可不听”。这样，何炳松在教学之暇，初与胡适等人联袂去听北昆了，后来他常在周末或周日独自前往听曲，渐渐对昆曲产生了兴趣，不仅是一忠诚的听众，而且开始揣摩唱白，学昆曲了。吴梅也乐意向同事推广昆曲，争取知音，不时指点一二。①

每当何炳松遇到困难时，都是用昆曲来舒缓自己，寻求解决问题的方法。他的言谈举止、内心所思，都可以从他对昆曲的态度中反映出来。据他的女儿何淑馨回忆：

> 又比如拿起昆曲谱，一边打拍子，一边哼的时候，肯定是请到了一位好教员或发现了一个有前途的学生，因而心情舒畅。父亲对昆曲实在感兴趣，因此他不仅闲来自学；教我们姐妹俩唱，他自己吹笛伴奏；叫我们俩上台学演汤显祖所著《牡丹亭》中的《游园惊梦》；在建阳苦于无处觅曲谱就默写《林冲夜奔》等曲子，在孤岛时期还和一位英国人乐维斯先生合著《中国诗词及昆曲谱》（英文本）

① 宇文西林：《向外国译介昆曲谱的何炳松》，政协金华市委员会文史资料委员会：《何炳松与故乡图文集》，金华文史资料第十七辑（2006 年版），第 140 页。

一书。①

在北大、北高师等校忙于教学工作的同时，何炳松还积极参加各种社会活动。民初，由于封建思想的影响，北大作为新旧两种文化争锋的前沿阵地，一些封建残余，如嫖、赌、纳妾等现象普遍存在。针对这种情况，蔡元培积极加以改进，提倡大学生应有健康活泼的课外生活。他常以砥砺德行的话勉励学生，指出在道德败坏、世风日下的社会中，必有卓越之士以身作则，力矫颓俗。蔡元培于 1918 年 1 月发起组织进德会。规定该会会员分为甲、乙、丙三种。甲种会员：不嫖、不赌、不娶妾；乙种会员：于前三戒外，加不作官吏、不作议员二戒；丙种会员：于前五戒外，加不吸烟、不饮酒、不食肉三戒。② 这一组织在校内影响较大，教职员大部分加入，学生入会的也不少。何炳松和陈独秀一起入会，并成为甲种会员。1919 年 6 月 10 日，北京大学史学门教授会成立。何炳松作为与会代表之一出席，参会人员还有钱维骥、崔适、曹位康、钱振椿、叶瀚、康宝忠。会议投票共举康宝忠为史学门教授会主任。③

1920 年 1 月 20 日，马叙伦等 55 人为联络情意，依互助精神谋北大发展，发起组织“北京大学教职员会”，何炳松亦是发起人之一。关于该会的创建目的，据《北京大学日刊》

---

① 何淑馨：《怀念父亲》，刘寅生等：《何炳松纪念文集》，华东师范大学出版社 1990 年版，第 587 页。

② 梁柱：《蔡元培与北京大学》，宁夏人民出版社 1983 年版，第 159 页。

③ 王学珍等：《北京大学纪事（1898—1997）》，北京大学出版社 1998 年版，第 63 页。

记载：

> 我们大家在一个学校里作事，很应该有一个联络情谊的组织：依互助的精神，筹谋本校全体的发展，增益团体生活的趣味。我们曾把这个意思和许多同人谈过，都认为有组织一个北京大学教职员会的必要。现在定于本星期三（即二十一日）晚七时，在第二院（理科）大礼堂，开一教职员全体会，商量商量。请诸位先生预先把组织的大纲想一想；到了那时，务必到会，是我们很盼望的。①

除了参加校内的“进德会”、“北京大学史学门教授会”、“北京大学教职员会”等社团组织，何炳松还参加了社会上一些社团活动。其中有“实际教育调查社”、“新教育共进社”、“新教育杂志社”以及后来由三社联合改组而成的“中华教育改进社”等。

“新教育共进社”又称“中国新教育共进社”。1919 年 1 月由一些著名学者，如蔡元培、蒋梦麟、陶行知、黄炎培、郭秉文、胡适、何炳松、陶孟和等组成，“它是致力于改革的几个主要的教育专业机构之一”②。该社是当时一个具有影响力的社团，成员单位有北大、南京高等师范学校、暨南学校、江苏省教育会、中华职业教育社及北京高等师范学校。该社创办了《新教育》月刊，1919 年 9 月何炳松与北高师校

① 《北京大学日刊》，1920 年 1 月 20 日第 519 号。
② （美）周策纵：《五四运动史》，岳麓书社 1999 年版，第 375 页。

长陈宝泉、邓萃英作为北高师的代表成为该刊编辑部成员。①

何炳松在北京期间，发生了对中国影响深远的五四运动。蔡元培因同情、支持学生的爱国义举和积极营救被捕学生，遭到军阀政府嫉恨，被迫于5月9日辞职出走。当日晚，北京大学教职员为支援学生的爱国运动和挽留蔡元培，召开全体会议，成立教职员会。大家一致推选马叙伦、马寅初、李大钊等为代表，赴教育部要求挽留蔡元培。何炳松后来曾谈到五四运动，从中可以看出他对五四运动是持积极支持态度的。1924年他应朱经农的邀请，在沪江大学双十节上演讲，在提及外交时，他指出："民国十三年来的外交，有两次的大失败，就是民国三年山东中立的失败同民国四年日本的要求。有两次的小成功，就是民国八年的保留巴黎和约的一部分同民国十年太平洋会议时于山东问题的结束。这两次的小成功是谁的力？一是'五四运动'，一是国民代表。外交以民意为后盾的成效，真是不小。"②日后在《中国本位的文化建设宣言》一文中何炳松亦提及五四运动，他指出："民国四五年之交，整个的中国陷在革命顿挫、内部危机四伏、外患侵入不已的苦闷中，一般人以为政治不足以救国，需要文化的手段，于是就发生了以解放思想束缚为中心的五四文化运动。经过这个运动，中国人的思想遂

① 房鑫亮：《何炳松年谱》，刘寅生、房鑫亮：《何炳松文集》第四卷，商务印书馆1997年版，第676页。

② 何炳松：《民国十三年来之回顾及吾人应有之觉悟》，刘寅生、房鑫亮：《何炳松文集》第二卷，商务印书馆1997年版，第593页。

为一变。"①

民初，由于经济上的原因和严重的克扣剥削，教职员的工资往往不能按时发放，使得许多教职员的生活比较困窘。为了节约支出，购买廉价消费品，北京大学的一些教师倡导建立消费组织，希望廉价供应校内教职员和学生日常生活消费品。于是，北京大学消费公社于1918年成立。

但小小的消费公社并不能解决全体教职员的生活问题。北大当时在暑假是不发薪的，教职员此时的生活就变得比较窘迫。1919年8月23日，《北京大学日刊》第429号上刊登了何炳松与王景岐等60名教师联名写给校长蔡元培要求暑假照常发薪的信：

> 敬启者，本校暑假期内，讲师薪水曾由先生提交评议会议决，照常发给在案。嗣因本校风潮叠起，未暇顾及，刻下同人等集议，以讲师薪水，本属微末，暑假期内万难枵腹从公。为此除共推代表与蒋梦麟先生接洽外，用特肃函即请俯念同人曲折苦衷，电示梦麟先生援案实行，至为公便。②

蔡元培立即复函表示，自己最不赞成原来按教授时间支配薪俸。曾于评议会中提出议案，将各种教科、按程度浅深、预备难易，及时间的多少按月俸发放，并获得通过。③

当时，欠薪问题已经成了一个社会问题。由于北洋政

---

① 何炳松等:《中国本位的文化建设宣言》，刘寅生、房鑫亮:《何炳松文集》第二卷，商务印书馆1997年版，第405页。

②③ 《北京大学日刊》，1919年8月23日第429号。

府长期欠薪，导致矛盾日趋激化。1919 年冬，北京大中小 60 多所公立学校教职员发起"索薪"运动。马叙伦由于在五四运动中颇有声望，被北大、北高师、医专以及北京小学以上各校教职员会联合会推举为主席。但是，无论"北京小学以上各校教职员会联合会"如何努力向北洋政府索要薪俸，军阀政府当局对教师们的正当要求仍百般拖延。12 月 12 日由马叙伦等主持教联会在国立法政专门学校开会，决定实行罢教，敦促政府改变态度。15 日，北京公立大、中、小各校教职员一律罢教，发表宣言。1921 年，形势更加严峻，爆发了北京国立八高校师生参与的索薪运动。何炳松积极参加了这次"索薪"运动，并作为北高师的 7 名代表之一，参与了北京国立专门以上各校教职员会代表联席会议。①

何炳松除了在北大和北高师任教外，还在北京法政学校兼职。他在留美时所撰的《中国政党小史》，经过英文稿节译后，1919 年 11 月 30 日在北京法政专门学校校刊《法政学报》第 2 卷第 1 期刊出。同月，何炳松被《法政学报》社聘为名誉社员。后来他又在《法政学报》第 2 卷第 5 期上发表留美时在普林斯顿大学的毕业论文《中国古代国际法》。此外，何炳松在《北京大学日刊》、《教育丛刊》、《新教育》、《史地丛刊》发表多篇文章，并参与了内阁大库档案的整理，连续担任《史地丛刊》编辑部主任。在《史地丛刊》第一期的

① 房鑫亮：《何炳松年谱》，刘寅生、房鑫亮：《何炳松文集》第四卷，商务印书馆 1997 年版，第 680～681 页。

《发刊辞》中，何炳松提出："研究历史者，当推求过去进化陈迹，以谋现在而测将来。研究地理者，当观察地理与文化之关系，以资借镜而谋改善。"①在任《史地丛刊》负责人时，"何炳松亲自编选宣传唯物主义史观及介绍俄国十月革命的文章，在突出地位刊发，为马克思主义在我国的传播做出了贡献"②。由于北大、北高师在当时文化界处于特殊地位，学者很多，一些是何炳松所熟悉的，如邵飘萍、金兆梓、傅东华等。当时在北京的邵飘萍正为创办《京报》到处奔走，忙得不亦乐乎，公务之余，经常与何炳松过往。在何炳松的引荐下，金兆梓被北高师聘用。傅东华时在北京大学教授国文，何炳松《新史学》的一部分就是傅东华协助翻译的。在积极参与学术活动的同时，何炳松热心于公益事业。1917 年 12 月 22 日，北高师北楼第一自习室发生火灾，学生书物被焚。学校发起募捐，何炳松捐 50 元。1918 年 5 月 29 日，应北大校役文化补习班教职员呼吁，捐中票 2 元，充为校役买书款。次年 2 月 24 日，北高师游艺部举办游艺会，先生捐京票 2 元。③

在北京任教期间，远在金华的父母先后于 1920 年 3 月和 4 月病逝。这对何炳松是一个打击，但并未动摇何炳松

① 何炳松：《〈史地丛刊〉发刊辞》，刘寅生、房鑫亮：《何炳松文集》第二卷，商务印书馆 1997 年版，第 683 页。

② 麻新甫：《何炳松与〈史地丛刊〉》，《暨南学报》（哲学社会科学版），1991 年第 2 期。

③ 房鑫亮：《何炳松年谱》，刘寅生、房鑫亮：《何炳松文集》第四卷，商务印书馆 1997 年版，第 674～675 页。

对教育工作的热情和对学术的热心。

（二）初登学术高峰

在北京大学、北京高等师范学校、北京法政学校忙于教学的同时，何炳松充分利用时间从事学术研究活动。他相继在《北京大学日刊》上发表了译作《西洋史教授法之研究》（原著者为美国亨利・约翰逊，该译作后改名为《历史教授法》），在《法政学报》上发表《中国政党小史》和留美时就读普林斯顿大学的硕士论文《中国古代国际法》，在《史地丛刊》上发表《西史小记》、《从历史到哲学》、《读章学诚 ffi 文史通义 ffl 札记》、口译的《美国政府建设之经过》、《新史学导言》，在《教育丛刊》上发表译作《美国大学选课制》、《美国大学教授法》，完成了《新史学》和《美国学制述略》的翻译，其中《美国学制述略》后由商务印书馆改名为《美国教育制度》结集出版。何炳松这位初涉教育的青年才俊在教育和史学方面崭露头角，开始登上他人生中的第一个学术高峰。

何炳松被誉为"中国新史学派的领袖"①，他的史学"是与梁任公先生并称的"②。何炳松的著述译作，最著名、最有影响的是《新史学》。五四运动前后，伴随着以提倡民主、科学为主要内容的新文化运动的兴起，西学的输入出现了新的热潮。在史学领域，除马克思主义的唯物史观外，西方

---

① 周朝民：《何炳松史学理论初探》，刘寅生等：《何炳松纪念文集》，华东师范大学出版社 1990 年版，第 83 页。

② 阮毅成：《悼惜何伯丞先生》，刘寅生等：《何炳松纪念文集》，华东师范大学出版社 1990 年版，第 239 页。

资产阶级史学理论也以较前更为系统的方式被引进，何炳松引介的鲁滨逊《新史学》便是如此，因之何炳松在近代中国史学史上又被称为“中国资产阶级史学代表人物之一”①。何炳松在美国留学期间，专攻史学及政治学，成为我国近代最早系统地接受西方史学专业训练的学者之一。何炳松的史学活动以在国内首先介绍和传播鲁滨逊的《新史学》最为引人注目。他在北京大学和北高师讲授西方史学原理，即以鲁滨逊的代表作《新史学》作教本，后又将其译为中文正式出版，这是在中国出版的第一本鲁滨逊“新史学”派史著。1920—1922 年，何炳松在北京大学史学系讲授《中古欧洲史》和《近世欧洲史》，用的也是据鲁滨逊所编历史教本编译的讲义。②

何炳松在教育学术方面也有突出贡献。这方面的代表作有《美国大学选课制》、《美国大学教授法》、《美国学制述略》及由商务印书馆结集出版的《美国教育制度》。《美国学制述略》首先于 1919 年 11 月起在《北京大学日刊》连载，之后又在《教育丛刊》连载。文章详细地叙述了美国大中小学学制、课程设置、教科书的选择及幼儿园师资等内容，还介绍了女子教育、残疾人教育、社会教育的情况。同时他还概括了美国教育制度形成的原因及特点。由于《美国学制述略》在当时反响特别好，商务印书馆后来为其结集出版，并

① 周朝民：《何炳松史学理论初探》，刘寅生等：《何炳松纪念文集》，华东师范大学出版社 1990 年版，第 83 页。

② 胡逢祥：《简论何炳松的史学》，刘寅生等：《何炳松纪念文集》，华东师范大学出版社 1990 年版，第 59～60 页。

增加了《美国学生之自治制》作为一节附录。他以自己在美国留学的经历，靠着自己扎实的英文功底，向国内翻译了一批介绍美国教育情况的著作，如在《教育丛刊》上发表的《美国大学选课制》、《美国大学教授法》等。何炳松关于美国教育情况的介绍，对我国当时的教育有一定的启发意义，值得肯定和借鉴。

三、报效桑梓

(一) 长校浙一师

1922 年 8 月 22 日，蒋梦麟来到何炳松寓所，劝其回杭州兴办第一师范。原来，浙江省立第一师范学校校长马叙伦已出任浙江省教育厅厅长，一师缺合适的校长人选。校长人选的空缺与当时浙江的教育状况有关。1924 年 3 月 30 日，时任浙江省教育厅长的张宗祥，在给年前刚辞去教育部次长的陈垣的信中，介绍上任后遇到的情况时曾提及此事：

> 弟回浙之后，第一批做的，专换统捐局式之中等学校校长。去冬换其七人，残留者亦不多矣。惟换出去之校长有二人太弱，实因人才难得，极不满意。第二批做的专在提高程度，招集高等学者。大学已有头绪，高中亦着手进行。第三步做的，发展小学及改办职业。满拟大学事了，即做此事。……本来浙省预算式定于十年之前，现在蔬菜且

不论，米价较前十年且贵一倍，而支出之饭费工钱仍照前案，可谓不通之至，今年已决议添加。①

诚如张宗祥在信中提及的，当时浙江教育人才十分缺乏，校长能力普遍较弱，加之物价上涨较快，教育经费困难。当时浙江省教育界内部矛盾十分复杂，分为保守和前进两派，保守派力量较强，并得到省教育会和省议会支持。为了孤立对方，两派各自拉拢自己的势力，于是校长就成了争取的对象。前任校长马叙伦就遇到过这样的问题，但马叙伦“独立而不倚”。据他后来回忆：“不免有单枪独马的顾虑，我依靠的只有自己的队伍——学生了。”②在寻找浙一师校长时，他们把目光锁定在教育界崭露头角的何炳松身上。得知这一消息后，何炳松踌躇良久，想到自己的成长历程，受浙江恩惠实在不少，加之在京几位同乡前辈的再三劝说，何炳松最终决定回杭州。不久何炳松又接到了浙一师同学的欢迎电报。他更觉盛情难却，就勉强答应出长校政。

浙江省立第一师范学校是一所历史悠久的学校。前身是1908年在杭州贡院原址上建立的“浙江省官立两级师范学堂”。该校所开课程除一节读经课外都是有关近代科学文化知识的内容。该校的两级师范分为优级和初级两级。优级为高等师范，设史地、数学、博物、理化4个选科，学制3年；又设体操专修科及英数专修科，学制均为2年。毕业后

① 刘乃和等：《陈垣年谱配图长编》（上册），辽海出版社2000版，第148页，原载《陈垣来往书信集》第46页。

② 江渤：《马叙伦》，辽宁教育出版社1987年版，第67页。

可任中等学校教师及行政管理人员。初级师范学制 3 年，毕业后可任小学教师及小学行政管理人员，入学资格为小学毕业。两级师范之教师绝大部分是从日本留学归国学生，其中一些人后来成为我国知名的作家、学者和教授。如鲁迅、许寿裳、马叙伦等。浙一师名师云集，如夏丏尊、李叔同、陈望道、刘大白、俞平伯、马叙伦、叶圣陶、朱自清等。

1922 年 9 月，何炳松从北京南下杭州，担任浙江省立第一师范学校校长。由于浙江省立第一师范学校在浙江教育界的重要地位，历任校长均为名人。在何炳松之前，经亨颐、陈纯人、姜琦、马叙伦曾主持过一师校务。一师是当时浙江思想文化界的主阵地，思想活跃，这也给何炳松的管理带来了挑战。主持一师校务的何炳松首先从学校环境建设着手，拆除长墙，美化校园，除旧布新，使校园出现一种新的气象。他把这种“拆墙”的做法进一步拓展，并贯穿到学校管理的其他领域。原一师校长经亨颐后回校见此，把何炳松的这种做法命名为“拆墙主义”。关于“拆墙主义”观点，何炳松次年在《我国教育的墙和我的拆墙主义》中有详细论述：

> 我于去年九月初离开北京到杭州就浙江省立第一师范学校校长的时候，第一天走进学校的头门，就看见二道长墙，一直到二门为止，很高，很长，而且很破烂。我那时就觉得他太闭闷、太阴森，所以不到一个星期，就把他拆得个干干净净，左面露出一个大操场，右面露出一个附属小学校。一个气象深沉的学校忽然现出一种活泼美丽的形

> 式来。我的朋友经子渊(经亨颐,笔者加)先生来校看见了,就对学生讲了一大段的“拆墙主义”。他说这种拆墙手段很可以应用到军阀同财阀方面去。这就是“拆墙主义”四个字的由来。①

民初,由于受传统的封建思想的束缚,国民对于教育,还没有完全摆脱科举时代私塾和书院的观念。国民听到教育,就联想到一位教书先生坐在大厅上对数十名学生讲授《四书》、《五经》。比较上流一点的人听了,就联想到一个有名的山长,住在书院里代学生改那八股的文章。何炳松洞见到当时教育的弊端,提出我国的教育受到学校的围墙、教室的墙、可做围墙的讲台这三道墙的束缚。

何炳松明确指出束缚我国教育的三道墙之后,认为要整顿我国的学校,发展我国的教育,必须实行他的“拆墙主义”理论。何炳松特别强调在拆墙的方法上对于师范教育要多加重视,关于拆墙的方法,何炳松认为:

> 我对于我国的教育,既然主张实行那个拆墙主义,所以我对于拆墙的施工细则,也曾经加了一点“隔靴搔痒”的研究。我自己对于教育,本来不是一个专家,所以我的计划,充其量,不过是一种浅显的意见,或者可以说是一种“老生常谈”。不过我只要求读者对于我这个拆墙主义加以相当的考虑,我就满意了。至于方法方面,原可以不必强

① 何炳松:《我国教育的墙和我的拆墙主义》,刘寅生、房鑫亮:《何炳松文集》第二卷,商务印书馆1997年版,第468页。

同的。我以为要拆我国教育的墙，根本上先要开通民智和培养师资。民智开通了，社会教育的事业：如图书馆，如博物院，如讲演所等，才能希望次第兴办起来。师资培养好了，学校教育才能将讲台上的和讲台下的，教室中的和教室外的，甚而至于学校中的和学校外的，打成一片。因此，我们对于师范教育，应该加以特别的注意。不但要在平日养成他们那种服务社会的道德，而且要给他们一种提倡社会教育与创造社会事业的能力。要想以这种能力给他们，我们办师范学校的人，在学校里面应该提倡广义的课外运动。我们在师范学校中当教员的人，应该真真去实行那个"动"的教授法，使学生真真能够"自动"的去求学。①

何炳松在强调教育的重要性后，提出我国教育的不发达，是由于国人教育观念的不正确，所以我国教育的墙被这三道墙包围起来。解决这种问题的方法就是对师范教育多加重视，希望国内的教育工作者赶快行动起来。何炳松在提出拆毁束缚我国教育界的三道墙的同时，针对一师师生思想活跃的情况，积极支持学生活动。如1922年11月16日，在《浙江第一师范学校学生自治会会刊》第3号上撰写《对于浙江省立第一师范学校学生自治会三周年纪念之感想》一文。为了学校教育和学术上的事，何炳松也常常拜访

① 何炳松：《我国教育的墙和我的拆墙主义》，刘寅生、房鑫亮：《何炳松文集》第二卷，商务印书馆1997年版，第473～474页。

名流。据阮毅成回忆:“民国十一年秋,何先生到杭州任浙江省立第一师范学校校长,常来访晤我父亲。父亲对他的治学与治史,至为推重。”①当时,阮毅成在上海吴淞中国公学附属中学学习,只有寒暑假才回杭州。因而,他只能从父亲的口中得知何炳松的事情,并没有机会见到何炳松。

由于何炳松来杭州时没有辞去北京教职,担任浙江省立第一师范学校校长不久,蔡元培和北大学生就不断催促他回北京上课。何炳松第二次在家乡和北京之间面临选择。与上次不同,一向抱着随遇而安态度的何炳松这次选择了家乡,这或许是他“情厚”的再一次体现。

何炳松之所以最终选择留在杭州,与他当时在浙一师治校所取得的显著成绩和学生的拥护有关。浙一师发生“毒案”后,何在《校长祭文》中回忆:“当我南下的时候,我原不敢自信能够胜任而愉快。不料就职以后,你们和其他同学都非常爱我,每逢开会或谈话的时候,你们总和颜悦色,露出一种信仰我的意思。一听见我要回北京,你们就恳切的挽留。我做校长已经七个月了,始终没有看见你们对我有不满意的表示,也没有听见你们对我说一句不满意的话。你们对我的感情,这样的浓厚,待我的意思,这样的恳切,我的心哪有不被你们的感情所束缚之理呢。所以自从去年十一月以后,我不敢说要走,亦不忍说要走。你们既然这样的敬我,爱我,而且信仰我,所以我就放胆去做那应做的事,而

① 阮毅成:《记何炳松先生》,刘寅生等:《何炳松纪念文集》,华东师范大学出版社1990年版,第260页。

且做得还算顺手。我觉得你们最可爱的地方，就是你们的有理性，有独立的精神。你们虽然信仰我，却并不是一味的盲从。所以你们对我，虽然‘言听计从’，我对你们，也是始终当作诤友！”①

（二）参与筹办杭州大学

何炳松在任一师校长期间，还参与酝酿筹办杭州大学事宜。浙江省立第一师范学校在当时浙江教育界有着重要地位，但只是一所师范学校。当时浙江高校只有之江大学，它由美国基督教长老会在杭州创办，前身是“育英书院”（Hangchow Presbyterian College）和“之江学堂”（Hangchow Christian College），②但规模较小，招生人数有限。浙江的教育人士非常希望创办一所中国人自己的大学。有人多次向省议会提出创办浙江大学的建议，但创办大学的事被一再搁置。1921 年 11 月 19 日，“浙江省议会提出归并师专各校改设大学案。本日开会讨论，但因学生聚哄，议长逃席而作罢”③。1921 年 11 月，按照议会的要求，沈定一（玄庐）开始起草筹办杭州大学大纲。1922 年冬，浙江省政府正式筹划成立本省第一所大学，命名杭州大学，省长张载阳聘何炳

---

① 何炳松：《校长祭文》，刘寅生、房鑫亮：《何炳松文集》第二卷，商务印书馆 1997 年版，第 583～585 页。

② 吴梓明、梁元生：《中国教会大学文献目录第一辑：中国教会大学历史文献纵览》，香港中文大学崇基学院宗教与中国社会研究中心 1998 年版，第 148 页。

③ 房鑫亮：《何炳松年谱》，刘寅生、房鑫亮：《何炳松文集》第四卷，商务印书馆 1997 年版，第 682 页。

松和蔡元培、蒋梦麟、阮性存等为筹备委员。1922 年 12 月 30 日，浙江省议会推举蔡元培、陈榥、蒋梦麟、陈大齐、阮性存、马寅初、郑宗海、应时、何炳松、汤兆丰等 10 人为杭州大学校董。1923 年 1 月 18 日，《北京大学日刊》登载《筹办杭州大学大纲》，包括附则在内共 5 章 22 条。《大纲》规定该大学设在杭州，定名杭州大学。大学组织分为董事会和大学两部：大学董事包括常任董事和非常任董事。同时规定省内外研究或办理教育事业学识超卓、经验丰富、成绩昭著者或省内外名人曾在国内外大学毕业，现在国内研究或办理教育者，可有资格选为董事。董事会有筹备开办、募集款项、保管基金、保管及处理财产、编制预算决算、谋基金之增加、保障经济之独立的义务。而且董事会不得干预学校行政及教务，董事会无俸给，但选任董事得酌支开会时川资，本预科生得以书面提出意见于董事会。董事会办事细则由董事会自定，学校设科之先后由董事会决定。本科分设各学系，在学制中规定，章程学制由董事会拟具草案，转由省行政机关最高级官，咨交省最高立法机关议决之，大学完全独立。经费按年从省税中提百分之二，由省内外人民自愿捐助或由董事会向省内外人民募集捐款。①

1923 年 1 月 29 日，杭州大学董事会成立，假省长公署办公。蔡元培、蒋梦麟等专程赴杭开会商讨办学事宜，并勘定校址。3 月 13 日，浙江省省长张载阳开列杭州大学董事名单，有汤尔和、汪兆铭、马叙伦、朱希祖、范寿康、胡适、周

① 《北京大学日刊》，1923 年 1 月 18 日。

作人等22人，并拨出开办费100万元。4月，浙江省长张载阳将杭大董事会提交的《杭大章程学制及计划书》、《杭大第一期建设费预算书》、《杭大民国十二年度常年费预算书》转交省议会议决。校址拟以凤凰山万松岭敷文书院为中心，旁及凤凰山附近名山，占地数千亩。① 当时，筹办大学存在着诸多困难，如动乱的政局、师资与经费的缺乏、没有完整的仪器设备等，再加上1924年爆发江浙齐卢战争，孙传芳占据浙江，何炳松参与筹建杭州大学一事终未实现。

（三）一师毒案

正当何炳松带领全校教职员工使浙一师工作步入正规时，一件不幸的事件发生了。1923年3月10日，这天刮着北风，下着微雨。学生于寒假后返校报到，尚未正式上课。晚6点开饭后，凡是在校进膳的学生，一离饭厅就觉得肚子不舒服，不到半点钟，便呕的呕，吐的吐，个个倒下来了，有学生立刻到教职员就餐处报告。教职员们进餐稍迟，刚举筷，闻有变，立即停食。顿时楼上的寝室，楼下的礼堂、走廊等处，呕吐狼藉，哀号四起。凡在校进膳的人个个倒了下来。除了10多个因事外出的人，在学校用餐的200多名学生和教职员工上吐下泻，不少人旋即昏迷，出现严重的食物中毒症状。当时何炳松正在附近的盐务中学，接到电话报告后，立即赶回学校。这时不少学生已奄奄一息。何炳松立刻打电话给校医和杭州各大医院院长。陆军病院、浙江

① 房鑫亮：《何炳松年谱》，刘寅生、房鑫亮：《何炳松文集》第四卷，商务印书馆1997年版，第693页。

病院等医院的医务人员很快到现场，并展开救治工作。事发后何炳松立即冒雨前往当时的浙江教育厅厅长张宗祥寓所，将毒案情况如实报告。张宗祥马上赶到一师，会同何炳松一起处理毒案事宜。据张宗祥的儿子张钰事后回忆：

> 一师毒案，是在父亲任教育厅长时发生的。校长何炳松，星期六夜晚，冒大雨敲门，报告学生晚餐后，呕吐者狼藉。父亲急忙去一师，只见礼堂中枕藉百余人，医师一二人正在推究寻找起因。父亲立即召医专校长、教员、高年级学生全体出动，并电上海有关部门请德、日名医施救。第二日，校医化验结果为砒素（霜—引者注）中毒，死十余人。①

至次日下午 1 时许，已有姜震等 8 名学生相继死亡。何炳松朝夕奔走、寝食不安，物质精神两受痛苦，恍若经历一场恶梦。他一方面将本校和浙一中的全部教职员分成看护、善后、庶务、招待、文牍 5 个组，分别处理有关事务，另一方面急电上海同仁、仁济和福民三所医院，请求派名医来校救治。后经浙江医专的医生和美国医生明思德在之江大学化验，确定为砒霜中毒。12 日晚，同仁医院派德国籍医生费尔毅等 2 人，仁济医院派英国籍医生白礼氏等 2 人，福民医院派日本籍医生顿宫宽抵达杭州。经过五位专家仔细诊断，一致认为毒发后的治疗措施正确及时。此次毒案，中毒

① 浙江省政协文史资料委员会：《浙江近代学术名人》（浙江文史资料选辑第 43 辑），浙江人民出版社 1990 年版，第 253 页。

者 213 人，死亡 24 人。毒案在国内外的影响巨大，毒案发生后至月底，收到国内外各界慰唁函近百件。事发后，何炳松多次向省教育厅呈文报告情况并引咎辞职。张宗祥逐日到校监理善后事宜，并向军务督办和省长呈文，要求对何炳松"迅赐免职并重加处分"。何炳松在第九次呈省教育厅文中，请求免职并表露心迹："一俟此案水落石出，即当返金华故里，闭门读书。"但是学生们并没有归咎于何炳松之意，对何炳松倒是积极拥护。如毒案发生后的 16 日，浙一师全体在校学生发表宣言："近来外界人士，疑莫释，有咎何校长不知先事预防者，毋乃苛刻之至。"后来全体学生又发表请愿书，挽留何炳松，并推举李延年等 4 人为代表，到省教育厅面陈请求。省教育厅考虑到一师毒案善后事宜及校务均待积极进行，遂不准何炳松辞职。同时要求改善学校饭款由学生管理的做法，并报告办理情况。① 4 月 1 日下午，一师召开毒案死亡学生追悼会。《新浙江报》于当日专辟特刊以致哀思。何炳松在祭文中呼唤着姜震等学生的名字，回忆了与他们的交往，表露了对学生深深的爱惜之情。何炳松寄希望于死里逃生的一师同学，珍惜光阴，努力求学，做一个道德学问兼优的人，代逝去的同学负起改良社会、挽救人心的责任，做他们想做而未做的事业。何炳松之所以受到学生爱戴，是和他在出长学校的这一段时间内出色的办学成绩，以及和学生们建立的良好关系分不开的。

① 房鑫亮：《何炳松年谱》，刘寅生、房鑫亮：《何炳松文集》第四卷，商务印书馆 1997 年版，第 689～691 页。

毒案过后，何炳松在《一师毒案之回顾》一文中，对毒案引发的若干问题进行了说明。一是对于社会上将毒案归咎于学生自治会，甚至认为此乃学生主张公妻非孝之报应，或者认为此乃一师学生自治会存在极大流弊的表现，何炳松认为没有根据，将毒案发生原于学生自治，也在理论上不符。这种惊天动地之事，纯系暗箭伤人，无法防止。自治会之存在与否，与毒案绝无因果关系。二是针对社会上所谓"一师遭此大劫，学校本身势难维持"的说法，他明确表示："学校为育才之地，断无因一饭之毒，遂至停办之理。"三是毒案与校长的去留没有关系。四是一师毒案发生之后，谣言风起："有谓为政客所利用者，有谓为有人与不佞为难者。"何炳松有力地驳斥了这些谣言，并说明"一师与政治绝无关系，且年来一师学生颇能力学向上，不甚与闻外事"。之后，何炳松对毒案发生后社会之同情，官厅之爱护，舆论之援助表示感谢。最后他提出两点希望：一是"司法官厅对于此案，不求速效，毋枉毋纵。讯研不厌求详，而证据切须确凿。总期水落石出，以快生人而慰逝者"；二是希望各界人士"急起提倡社会教育及道德。盖此种惨无人道之毒手，绝非有人心者所忍为"。①

毒案结束后，4 月 10 日，学校设立一个委员会负责毒案的善后工作。委员会由教职员与学生冯惠田、朱隐青、徐莲僧、许昂若、胡涵真、黄允文、汤少棠、朱稚舒、邬光熤、黄庆

① 何炳松：《一师毒案之回顾》，刘寅生、房鑫亮：《何炳松文集》第二卷，商务印书馆 1997 年版，第 587～590 页。

祥、李延年、蔡炳贤、余韶、潘详、章渭、童德新等16人组成。委员会负责呈请官府彻究凶手，议定条件，应对遭劫家属，追缴学生俞尔衡等人所移用的自治会公款，并负责编辑《浙江省立第一师范学校毒案纪实》。由委员会推定一师教员胡涵真、许昂若、赵捷先、俞平伯、黄允文等人，学生严长荣、袁湘虞、万祖章、潘训、宋荣廷等为编辑员，何炳松为编辑主任。经过两个多月的编写，最终编纂完成《浙江省立第一师范学校毒案纪实》。① 该书收集了所有与这次毒案有关的资料，包括蔡元培的《题词》，胡适的《一师毒案感言》，何炳松的《弁言》。何炳松还撰写了《一师毒案之回顾》，对毒案的发生经过及处理过程进行回顾。胡适在《一师毒案感言》中对负有“东南新思潮的一个中心”盛名的浙一师遇到这样的事情而深表同情。同时对这件案子的若干疑点表示质疑，希望一师继续保持这种不武断、不盲从的态度，研究这一毒案；希望一师用评判的态度，来评判自己校内的制度，谋学校的改革与进步。②

毒案发生后社会上讨论最多的问题是：一是何人下此毒手？二是大量砒霜从何而来？一时众说纷纭，莫衷一是。虽然杭州警察机关与司法机关后来破了案，但民间对司法机关所公布的证据，仍感怀疑。因为无论如何，一个毕业学生与一个在校学生，决没有必须毒死全校师生的理由，而且

① 何炳松：《〈浙江省立第一师范学校毒案纪实〉弁言》，刘寅生、房鑫亮：《何炳松文集》第二卷，商务印书馆1997年版，第684页。

② 欧阳哲生：《胡适文集》第11册，北京大学出版社1998年版，第114～116页。

大量砒霜的来源不明，不能使人折服。所以普遍认为一师毒案是一件冤案，也是一件疑案。一师毒案结束后不久，承办本案的浙江高等审判处刑庭处处长熊某，忽在其新市场龙翔里寓所中暴毙。熊方在壮年，身体健硕。后来浙江省警务处长夏超，又被孙传芳下令斩首。民间乃更附会其词，谓因他们办理一师毒案造成冤狱之故。① 这也使得原来本已令人怀疑的案子疑上加疑。

民间认为毒案审判的结果并没有达到何炳松所希望的结果："不求速效，毋枉毋纵。讯研不厌求详，而证据且须确凿。"②阮毅成曾多次追问何炳松毒案的事情，始终没有结果。何炳松的逝世最终使这件案子成为永远的疑案。据阮毅成回忆：

> 民国十七八年间，我在巴黎，遇到吴敬生（春桐）兄，他原籍是义乌县，与何先生是大同乡。他很肯定地对我说，一师毒案的真相，只有何先生知道。但为当时的政治环境所限，所以何先生不能宣布。因之，我于民国二十年元月回国之后，就一直想找机会，当面向何先生问清楚。民国二十六年四月，浙江省教育厅在绍兴县举行中等教育研究会年会，约何先生与我到会作专题讲演。我乃在会后郑重地以之问何先生，他也郑重地告诉我，并不知道毒案的真相。此后，我每次遇到他，也常

①② 阮毅成：《记何炳松先生》，刘寅生等：《何炳松纪念文集》，华东师范大学出版社1990年版，第261～262页，第261页。

谈起毒案，他仍始终说是不知道。三十五年六月十七日上午十一时我到上海中华学艺社去看他，这是我最后一次看到他，他已病得不能起床。他告诉我说："两腿不能行动，痰中有血。"我再问他毒案的事，我想一则事隔多年，二者他已自知病危，如果真的知道什么内容，一定可以对我说了。而他还是郑重地说，的确不知道。不久何先生就在上海逝世，则一师毒案，只能永远成为疑狱了。①

四、出长省中

（一）执掌新一中

1923年6月25日，浙江省省长根据教育部制定的新学制公布省立学校改组办法案。同年，浙江省教育厅根据教育部施行新学制规定："凡旧制之省立中学校及师范学校，各就其所在地，将中师两校合并，改名为省立第几中学校。"②于是，浙一师和省一中合并，改为浙江省立第一中学。合并后之省一中，开始实行新学制，中学修业6年，分初高两级，每级各3年。原浙一师未毕业的学生，分别成为

① 阮毅成：《记何炳松先生》，刘寅生等：《何炳松纪念文集》，华东师范大学出版社1990年版，第262页。

② 璩鑫圭、唐良炎：《中国近代教育史资料汇编・学制演变》，上海教育出版社2007年版，第1047页；参见房鑫亮：《何炳松年谱》，刘寅生、房鑫亮：《何炳松文集》第四卷，商务印书馆1997年版，第693～694页。

合并后的新一中师范部一至四年级的学生。一师最后一届学生即第13届学生，是1922年夏招进的五年制学生。从一师遗留下的旧五年制师范生，到1927年已全部毕业离校。从1923年开始，省一中高中部另招二年制师范科新生1个班、一年制师范讲习科新生1个班。师范与中学合并后，学校主体是中学部，师范成为中学的1个科，中等师范教育的地位开始降低。全校建制计有中学部、师范部和附属小学三部分。中学部又分高中部和初中部。高中部分文、理和师范3科。在校学生计有高中一年级45名，高中部师范科一年级36名，中学部一至四年级242人，师范部二至四年级244人，师范讲习科44人。全校共611人。原省立第一中学之最早前身为创办于清光绪二十五年(1899年)之"养正书塾"，光绪二十七年(1901年)改为杭州府中学堂，辛亥革命后又改为浙江省立第一中学校。新一中校舍分两处：师范部(原一师未毕业之学生)和高中部，在贡院前原一师校舍，是为校本部；旧制中学(原一中未毕业之学生)和初中部，在大方伯原一中校舍，是为校分部。根据新学制规定，中学采用选科制和学分制。①

合并后的浙江省立第一中学校长由何炳松担任。何炳松对于旧一中并不陌生，旧一中的校长黄人望是他在北高师时的同事。1918年4月，黄人望南返时，所任史地部及师范教员养成所的课程暂由其他教员代授，何炳松分担西洋

① 浙江省政协文史资料委员会：《浙江文史资料选辑第45辑·浙江近代著名学校和教育家》，浙江人民出版社1991年版，第101～102页。

史和外国地理。① 后来何炳松任一师校长后，还兼任浙一中的西洋史课程。因一师毒案发生，何无暇兼顾，故由胡之德代授四年级西洋史，由卢斐然代授三年级西洋史。后浙一中四年级学生公推代表二人至何炳松寓内，恳请何炳松回校复课。何炳松校务甚忙，本不愿再兼课，惟以学生求学心切，劝驾情殷，不得已复任一中四年级西洋史课程。② 新一中的老师不少来自一师与旧一中两校。所以新一中也就继承了一师留下的优良传统，如"重视德育，特别是重视师德等。教师认真教育，学生勤奋学习，'读书不忘救国，救国不忘读书'，一中学生踊跃参加了五卅运动，不少学生参加了北伐战争"③。

何炳松在出任浙一中校长后，"一意整顿，宁为学校任嫌怨，不以教席市交谊"，取得一定的成绩。何炳松采取的主要措施有七条：首先是模仿大学的教授评议会制度坚持民主办校。通过这种民主管理的方式，何炳松废除学科制、准收旁听生、设立临时评议会，并选出了 13 名临时评议员。临时评议会是学校的最高权力机关，学校的组织大纲、管理人员的任免等一切大事必须经过它的讨论和决定。稍后，又将临时评议会改为正式评议会。该会 14 名评议员和 6

① 房鑫亮：《何炳松年谱》，刘寅生、房鑫亮：《何炳松文集》第四卷，商务印书馆 1997 年版，第 673 页。

② 何炳松：《呈浙江省教育厅厅长文》，刘寅生、房鑫亮：《何炳松文集》第二卷，商务印书馆 1997 年版，第 732 页。

③ 浙江省政协文史资料委员会：《浙江文史资料选辑第 45 辑 · 浙江近代著名学校和教育家》，浙江人民出版社 1991 年版，第 102 页。

名候补正式评议员中，除校长和小学部主任外，其余均由选举产生。其次是在行政委员会下设立入学试验委员会、讲演委员会、审计委员会、出版委员会、预算委员会等常设机构，根据需要设立各种临时委员会，如课程委员会。这些临时委员会的负责人由当时教育界的名流担任，在加强学校的管理方面起了很大作用。三是建立各种学生社团，如英语学会、英语讲演会等，从经费上对这些社团予以适当资助。社团对于加强学生课余文化有着积极的作用，使得学风得以扭转。四是创办《浙江一中周刊》，报道各种新闻，刊登学术论文和演讲稿。五是聘请名师讲座，加强学术交流，积极参加教育活动，与外界交流浙一中的办学情况。六是不再主张学生自治。他亲自主持召开教职员和学生联席会议，专门讨论学生自治会组织问题。决定吸取校友会和学生自治会的长处，教职员与学生通力合作，模仿美国的城市自治制度。这个组织的筹备会由学生代表和各年级主任共同组成。七是严格纪律，尊重师长，惩戒违规者。通过这一系列措施，新一中的工作逐渐步入正规，学风良好，呈现出新的气象。

(二) 离开新一中

何炳松整日为浙一中奔波，废寝忘食，任劳任怨，在取得成绩的同时，也面临许多棘手的难题。就在何炳松任新一中校长的 9 月 10 日，何济民等学生拒不缴费，鼓动风潮，使原定次日的开学被迫延期。全体教职员开会商定开除何济民等二人。但何济民等人不让教师入校授课，全体教职员又开会商议，决定让中学部愿意上课的学生到贡院校内上课。经浙一中评议会决定，开除鼓励风潮、不肯改过的学生蒋伯亮等5人。但何济民、蒋伯亮等被开除学生不肯离校，全体教职员召开第三次会议，决定中学部暂时休学。省教育厅厅长请警察到校维持秩序，学校将重要文件和钱款移到贡院。后应杭州律师公会主席阮性存等函请，收回开除何济民、蒋伯亮等学生的成命，并经过评议会通过。何炳松为此复函阮性存等人并请教育厅长核准。① 这次风潮给刚步入正轨的新一中带来负面影响。一时许多流言在社会上传布，一些别有用心的人更是散布针对何炳松的十大罪状，说他学问谫陋、办事糊涂、草菅人命、盗买公物、侵吞公款、嫖赌成性、造谣卖友、手段卑鄙、触犯刑律、破坏学校。这十条流言既给新一中造成混乱，也严重影响了该校的正常教学秩序。为了说明情况，何炳松向浙江省教育厅厅长呈文，对这十条流言逐条驳斥，据实陈明。对与流言所说的学问谫陋的问题，何炳松认为自己“孤陋本不足以言学，二十载读书，五年游学，经获奖金，曾充助教”。他首先对自己这几年回国以后，任北京大学、北京高师教席及主任有年的经历做了简要回顾，然后对自己在办理一师期间，兼任旧一中西史教员，特别是一师毒案发生后在一中授课的情况做了说明。以自己过去在北大任教时的西洋史课程和现在在浙一中的情况进行对比，引发内心的感慨：“岂有在北大史学系可以胜任而在吾浙一中遂形竭蹶乎。”关于流言所说的

① 房鑫亮：《何炳松年谱》，刘寅生、房鑫亮：《何炳松文集》第四卷，商务印书馆1997年版，第697页。

办事糊涂问题，何炳松谈到自毒案发生后，终日以增进学生之学术品性为己任，如强化对学生出入自由的革除，缺课规程的恢复，校舍的修理等，对学校管理中曾遇到过的问题及自己处理的态度做了说明。关于草菅人命，特别是针对一些人追究一师毒案死亡人数问题，何炳松认为天灾人祸，系不可抗力，无法预测，并对毒案处理过程中，官方、医院等的积极作用予以肯定。对于外界所说的盗卖公物和侵吞公款问题，何炳松对事情的来龙去脉做了详细说明，且事实清楚、条理分明。对于流言涉及到的何炳松个人方面，如嫖赌成性、造谣卖友、手段卑鄙、触犯刑律等问题，何炳松均以事实驳斥，使流言不攻自破。最后谈到所说的破坏学校问题时，何炳松列出自己任新一中校长以来所做的一些事，并对流言的荒谬之处大胆揭露，指出制造者别有用心。1924 年 6 月，何炳松向省教育厅呈文递交辞呈。在辞呈中何炳松表示："绠短汲深，时虞陨越。非不欲竭其心力，为学子增进学识，为学界改善学风。无如智不足以役人，能不足以服众，夙所希冀而期望者，效果已等于零。纵云学风积习已深，而在能者为之，或可改移于万一。愚拙如松，其何能淑溯。自去秋改制以来，学级增多，人数倍昔，改良整顿，正是时机。乃合并于新来者，成绩未彰；而旧有者，依然如故。此岂学子之不良，实炳松能智之不逮。牢笼敷衍，既非所长，任术任权，更非所愿，既刷新之无望，曷隐退以让贤。且为教育界灌输知识不一其途，正不必亲执教鞭方称尽责。所有辞职缘由理合具文呈请，仰祈钧长迅赐批准，派员接替，毋任感戴之至。”①同月，何炳松在《浙江一中周刊》上刊发《致浙江省立第一中学教职员函》，告知全体教职员已向省教育厅呈请辞职：

> 迳启者，炳松业向教育厅呈请辞职，不再到校视事。唯校务关系重大，请待进行，素仰先生维持学校极具热忱，用敢不揣冒昧，函恳先生鼎力，照常进行，公私均感。②

在浙江任校长的经历使何炳松经受了意想不到的苦难，但这为日后何炳松从事教育和史学研究积累了宝贵经验，也使何炳松对中国教育与中国社会有了更深刻的体察。

---

① 何炳松：《呈浙江省教育厅文》，刘寅生、房鑫亮：《何炳松文集》第二卷，商务印书馆 1997 年版，第 740 页。

② 何炳松：《致浙江省立第一中学教职员函》，刘寅生、房鑫亮：《何炳松文集》第二卷，商务印书馆 1997 年版，第 741 页。

第三章 充职商务

在任教京浙期间，何炳松即将自己的一些译著交由商务印书馆出版。如：《美国教育制度》于 1920 年 12 月由商务出版，1922 再版。1922 年春，译作《新史学》得胡适推荐而被列入《北京大学丛书》。该丛书是北大、商务两巨头蔡元培校长、张元济合作的产物，1918 年开始出版第一套丛书。1922 年夏，商务印书馆编译所新任所长王云五与朱经农一起委托何炳松翻译美国哥伦比亚大学师范学院教授亨利·约翰生的著作《小学中学中的历史教学法》(Henry Johnson：The Teaching of History)。正因有此联系，当何炳松离京赴浙任教，在教育事业上屡遇不顺心之事——浙一师毒案、改组成立新一中等，人事烦扰使得他重寻人生事业舞台时，他即将其路向选定往商务印书馆任职。个中缘由，即是他在 11 年后所言："我的安遇生活到此无意中受到一次挫折，我当时不能不稍稍改变向来的方针，自动的向上海方面讨了一个伙计来做。"①

一、进馆初期

何炳松进商务的第一份职务，是担任该馆编译所百科全书委员会第五系主任。据有关材料记载，编译所第四任所长王云五 1922 年上任后即开始编译百科全书：

> 民国十三四年（1924、1925 年）开始计划编纂中国百科全书，其体例模仿世界上著名之 Encyclopedia。首先在商务印书馆编译所组织百科全书编译委员会，聘定专家六七人分科主持，而助以编译员一二十人。同时收集各国所有著名百科全书多种，经详加比较后，发觉美国印行之 New International Encyclopedia 体例量适宜。遂采为外国题材的主要蓝本，另以英、德、法、日诸国之百科全书为参考。至于本国题材，则分约国内专家特撰。原计划各条内容务求详尽，期与大英百科全书相若。全书字数，当不下于一亿。迄民国二十年（1930 年），成稿已达五千余万言，约占全书之半。

① 何炳松：《随遇而安》，《东方杂志》第 32 卷第 1 号，1935 年 1 月 1 日。

不幸遭到一二八战火，全部被毁。商务因此停业半年。复业后，百废待举，未遑及此。遂告停顿。①

关于百科全书编译委员会，章锡琛②回忆："各部门中，尤以百科全书委员会人数为最多，三十一人之外，还有临时募集和馆外包件工作的，最多时达一百几十人。"③据《1924年编译所职员录》，百科全书委员会及编译所其他机构组织情况如下表：

部门名称	部长、主任	进馆时间	编辑人数
国文部	朱经农	1922	17
英文部	邝富灼(耀西)	1908	29
史地部	朱经农(兼)	1922	9
法制经济部	李泽彰(伯嘉)		10
数学部	段育华	1922	9
博物生理部	杜亚泉	1904	11
物理化学部	郑贞文(心南)	1918	9

① 王建辉：《文化的商务——王云五专题研究》，商务印书馆2000年版，第162页。

② 章锡琛(1889—1969)，字雪村，绍兴马山镇人。1912年1月由当时《东方杂志》主编杜亚泉的堂叔杜海生介绍入商务编辑《东方杂志》的《中国大事记》。1920年，《东方杂志》主编钱智修推荐章接任王莼农主编《妇女杂志》。1926年1月，章创刊《新女性》杂志；《新女性》创刊号印出后，商务以职工不能经营与商务同性质的企业为由，将章辞退。

③ 章锡琛：《漫谈商务印书馆》，《1897—1987商务印书馆九十年——我和商务印书馆》，商务印书馆1987年版，第120页。

续上表

部门名称	部长、主任	进馆时间	编辑人数
杂纂部	何崧龄(公敢)		14
英汉实用字典委员会	黄士复(幼希)		11
国文字典委员会	方毅(叔远)	1910	12
英汉字典委员会	吴觉农		7
百科全书委员会	王云五(兼)	1922	31
第一系	陶履恭(孟和)	1922	
第二系	唐钺(擘黄)	1922	
第三系	程瀛章		
第四系	秉志(农山)		
第五系	何炳松(柏丞)	1924	
第六系	傅运森(纬平)	1909	
事务部	江畬经(伯训)		
庶务股	汪今鸾		7
文牍股	任申之(有壬)		3
会计股	陈玉衡		
成本会计股	张鋆		2
舆图股	陈俊生		5
图画股	李泽彰(兼)		7
美术股	黄宾虹		4
图版股	寿芝荪		2

续上表

部门名称	部长、主任	进馆时间	编辑人数
书缮股	凌蛰卿		9
校对股	陈赞襄		23
出版部	高梦旦(凤谦)	1903	17
东方杂志社(1904年创刊)	钱智修(经宇)	1911	6
教育杂志社(1909年创刊)	李石岑	1921	2
小说月报社(1910年创刊)	郑振铎	1921	3
学生杂志社(1913年创刊)	朱元善(赤民)		3
少年杂志社(1911—1931)	朱元善		2
儿童画报社(1922年创刊)	朱元善		2
妇女杂志社(1915—1931)	章锡琛	1912	2
小说世界社(1923年创刊)	叶劲风		3
儿童世界社(1922年创刊)	徐应昶		
英文杂志社(1915—1927)	胡哲谋		4
英语周刊社(1915—1937)	周由廑		1
国语函授社	方毅(兼)		1
国文函授社	钱志修(兼)		4
英语函授社	周越然		16
数学函授社	胡明复		2
商业函授社	李培恩		3
图书馆	江畬经(兼)		14

值得注意的是，王云五原拟聘请的百科全书各系负责人中并没有何炳松。“现决意编译百科全书……拟请陶孟和、秉农山、程瀛章、杨杏佛、唐擘黄、傅纬平，请君在所内分科主持……”①杨杏佛于1922年被王云五聘为馆外特约编辑，不久离沪赴粤投向革命，任孙中山秘书，未能继续参加百科全书编撰工作。此时恰逢何炳松辞去浙江新一中校长职，并“自动向上海方面讨一伙计来做”，王云五遂聘何为百科全书委员会第五系主任。

何炳松就任第五系主任，在很长一段时间内都专注于学术译著，与人交往也多出于学术关系，且与馆内接触较频繁的大多系百科全书委员会同事。如1926年3月，何向主管《教育大辞典》的唐钺（1922—1926任职于商务）推荐新入馆的高觉敷。唐钺为百科全书委员会第二系主任；高觉敷于1926年3月由北高师时的同学周予同介绍入商务编译所，1932年“一·二八”事变后离职。周予同系何炳松兼任北高师史地部教员时的首批学生之一；周早于1921年进馆，协助李石岑编辑由商务主办的《教育杂志》。何炳松也被邀为《教育大辞典》“特约编辑”及撰稿人，撰写历史等方面条目。1930年7月，《教育大辞典》由商务出版，前后历时八年，各科专家参加者甚众。此外，何于1925年翻译英国人霍渥尔特（Howorth）著作《蒙古史》，发表在《东方杂志》第22卷第

① 耿云志编：《胡适遗稿及秘藏书信》第24卷，黄山书社1994年版，第319～320页。

15号(1925年8月10日)。译作中“所有译名,均经傅运森先生订正”①,傅运森②为百科全书委员会第六系主任。翌年12月10日,何炳松又与百科全书委员会第三系主任程瀛章合写《外国专名汉译问题之商榷》,发表在《东方杂志》第23卷第23号(1926年12月10日)。

何炳松与馆内人士交往较多的还有李石岑。李于1912年底留学日本,1920年春回国。留日期间,于“1915年与湖南同乡潘培敏、李大年、丘夫之等,在东京组织‘学术研究会’”③。翌年创编学术研究会刊物《民铎杂志》,1916年6月15日出版第1卷第1号,李担任主编长达11年之久。1920年初,李石岑正式回国,入上海商务任编辑,继续主编《民铎杂志》。何炳松入馆初期撰写的译著有不少发表在该杂志上,仅1925年就发表了:《〈史通〉评论》(第6卷第1号,1925年1月1日)、《章学诚史学管窥》(第6卷第2号,1925年2月1日)、译作《元史外纪·译者导言》(第6卷第3

---

① 刘寅生、房鑫亮:《何炳松文集》第二卷,商务印书馆1997年版,第175页。

② 傅运森(1872—1946?),字纬平,湖南宁乡人。1909年8月进商务印书馆编译所国文部任编辑。1912年参加编写《共和国新教科书新历史(高小用)》,1914年调到编译所词典部任职,参加《新字典》和《辞源》的编纂工作,同时仍参加编写《中学师范学校用教科书历史》。1920年参加编写《新法教科书历史》。1922年转到编译所史地部任职。1923年又参加《新学制教科书》的编写工作。1924年调任百科全书委员会史地系主任。“一·二八”后,曾与何炳松同为编审委员会编审员及《大学丛书》委员会委员。

③ 胡啸:《李石岑及其学略》,《复旦学报》(社会科学版),1993年第4期。

号,1925年3月1日)、《五代时之文化》(第6卷第5号,1925年5月1日)。杂志主编李石岑支持何炳松翻译英国人霍渥尔特和伊尔著作《蒙古民族史》,并同意自《民铎杂志》第6卷第3号起陆续刊出。

此外,何炳松与姚名达的学术往来也反映了何进馆初期专心译著的状况。何炳松1924年5月进商务,10月31日即收到姚名达来信:向何请教关于胡适《章实斋年谱》和梁启超在清华研究院历史课的几个疑问。何复信回答姚的疑问后,同时告诉姚:自己正在浏览《二十四史》,拟编一部中国文化史。翌年4月29日,姚名达过访,两人初次见面。此时姚读完胡适的《章实斋年谱》,何遂与姚探讨章实斋《文史通义》。1926年1月,何炳松将论文《五代时之文化》(即"编一部中国文化史"的成果)寄给姚,向姚请教。2月,姚来信说明自己和梁启超都很赞赏这篇文章,同时也提出了若干批评意见。1928年春,何介绍姚名达著作《邵念鲁年谱》给商务印书馆出版。9至10月,姚名达在上海为《章实斋年谱》作增补工作,每星期都到何寓所,交换对史学的见解,有时以章学诚为谈话中心。10月8日,何受胡适之托,为胡适、姚名达所撰《章实斋年谱》增补本作序;该序稍后发表在《民铎杂志》第9卷第5期(1928年11月)。1929年3月,姚名达南下抵沪访何炳松。何推荐其为商务编译所编辑兼特约撰述。9月,何炳松继王云五出长编译所第五任所长后,着手编辑《中国史学丛书》,胡适、姚名达所撰《章实斋年谱》增补本于1931年由商务出版，列入该丛书。

何炳松大部分力作几乎都是在商务前期译著的。每年由商务出版一部译著：1924年7月，译作《新史学》出版；1924年10月，译著《中古欧洲史》出版；1925年8月，译著《近世欧洲史》出版。这三部译著均是何在北大任教时所用的讲义，能及时出版，与何任职商务不无关系。1926年1月，译作《历史教学法》(The Teaching of History)作为《现代教育名著丛书》之一出版。该译作系何1922年夏受王云五、朱经农委托翻译，经两年余于1924年底译完。1927年7月，著作《历史研究法》出版，被列入王云五主编的《百科小丛书》。1928年，《历史研究法》英文注释本出版，被列入王云五、何炳松、刘秉麟主编的《社会科学名著选读丛书》(英文本：Selected Standard Books of Social Sciences)。1928年底，《通史新义》编著完毕。编译所的主要工作就是"能编会译"，何炳松这六七部译著及在杂志上发表的一系列文章，奠定了他在编译所的地位。或许，正是因为他的踏实肯干，使王云五对其赏识有加，以至王在辞编译所所长时，向商务董事会推荐何炳松继任。

其实，王云五对何的赏识在何初进商务的四五年里就时有体现。王自进馆起即着手改组商务编译所，辞旧人进新人，已在一定程度上引起了所内某种人事关系的紧张。在这种特殊背景下，王对何的赏识从另一方面无形中将何置于人事漩涡的中心。但何炳松并不因此成为纠纷双方排斥的对象，从中可窥见他在编译所中的人缘实属不错。何炳松除担任百科全书委员会第五系主任，并专心译著外，还继竺可桢①之后（约于 1927 年）任史地部主任，同时兼任国文部主任。此时，王云五与编译所英文部主任邝富灼之间的冲突开始加剧。邝富灼是一位广东籍华侨，1908 年 4 月张元济邀其任英文部主任。邝几乎不懂汉语，在所内与人交谈全用英语，与张元济也不例外。邝极受张元济推重，据当时同在编译所工作的高觉敷回忆："编译所发稿必须由所长签字，惟独英文部可由邝主任直接发稿交印刷所排印。"②据沈雁冰（茅盾）回忆：高梦旦所长、各部部长、各杂志编辑主任均用旧式写字台，"但英文部部长邝富灼用的，却是大型的最新式的有卷帘木罩的写字台"③。王云五接替高梦旦主持编译所后很长一段时间，对英文部仍不加过问。后来，王云五在编写一本英文世界通史（Universal History）一事上开始绕开英文部主任，让该部一位进馆不久的职员负责接洽。当该职员请示王云五拟回部与邝主任商量

① "1925 年到 1926 年，竺先生还在商务印书馆史地部任职一年。当时他是带了他学生张其昀一同前去的，主要工作是主持翻译《大英百科全书》、主编《百科小丛书》。"（胡焕庸：《竺可桢先生与商务印书馆》，《1897—1987 商务印书馆九十年：我和商务印书馆》，商务印书馆 1987 年版，第 329 页。）

② 高觉敷：《我在商务印书馆编译所服务六年的回忆》，《商务印书馆馆史资料》26 期。

③ 茅盾：《商务印书馆编译所和革新〈小说月报〉的前后》，《1897—1987 商务印书馆九十年：我和商务印书馆》，商务印书馆 1987 年版，第 144 页。

时，王说："已打过招呼，如有疑难，可请教史地部何炳松与傅纬平两先生，搜集插图，可随时到我家翻查藏书。"事实上，整本书编写过程，邝主任从不问讯。① 关于王云五与邝富灼的白炽化冲突情况，高觉敷回忆："大约在 1926 年前后，他（邝富灼）发排了一本自己所写的英文著作：《远东的国际关系》，对当时初成立的国民党政府的外交表示不满。书出版后，国民党政府曾致函商务印书馆查询责难。因此，王云五就请邝富灼到所长室谈话，要他公开表示遗憾。邝老先生坚决拒绝，以致王云五大发脾气，声称要辞去编译所所长的职务。几天以后，以国文部主任何炳松为首，发起为'德高望重'的邝富灼年老退职，在上海大新公司楼上餐厅设宴欢送。许多人参加，我也不例外。"②另有论者称，邝富灼是 1929 年前后，因与编译所长王云五发生矛盾而退休。另据葛传槼回忆："英文部长邝博士年届六十就退休，开了盛大欢送会。"③邝富灼六十岁正好是 1929 年，由此可知：高觉敷误记了这次欢送会举办的时间。何炳松并没有因为夹在王云五与邝富灼的紧张关系中而影响了他与邝的友情。

① 唐鸣时：《我在商务编译所的七年》，《1897—1987 商务印书馆九十年：我和商务印书馆》，商务印书馆 1987 年版，第 282 页。

② 高觉敷：《我在商务印书馆编译所服务六年的回忆》，《商务印书馆馆史资料》26 期。

③ 葛传槼：《我与商务印书馆》，《1897—1987 商务印书馆九十年：我和商务印书馆》，商务印书馆 1987 年版，第 354 页。

二、出长编译所所长

(一) 科学管理风波

何炳松的出色表现使他深得王云五器重，至 1929 年 9 月王辞编译所所长一职时，即推荐何继任所长。经前四任所长的不懈努力，编译所因应时代变化，规模已远居同行前列。在第一任所长蔡元培时，所内还没有专门工作人员；至张元济继任第二任所长时，“所内主要分国文、英文、理化数学三部，由高梦旦任国文部部长、邝富灼（字耀西，1908 年进馆）任英文部部长、杜亚泉（原名炜孙，1904 年进馆）任理化数学部部长”①。1908 年，所内人数仅 63 人；经高梦旦到王云五，编译所已远远超出当年规模，1923 年所内人数已超过 200 人，编译所给整个商务印书馆带来了强盛的生命力和竞争力，商务印书馆因编译所而能执当时出版界牛耳。就出版物册数而言：1929 年商务出版 1040 册，中华书局出版 541 册，世界书局 483 册，②商务印书馆的竞争力不言而喻。何炳松接任所长后，“每天向董事长张元济报告所务，文件皆套入新信封送去”③。为使读者对编译所所长工作

① 郑贞文：《我所知道的商务印书馆编译所》，《1897—1987 商务印书馆九十年——我和商务印书馆》，商务印书馆 1987 年版，第 202～203 页。

② 王云五：《十年来的中国出版事业——1927—1936 年》，张静庐辑注：《中国现代出版史料（乙编）》，中华书局 1955 年版，第 336 页。

③ 刘寅生、房鑫亮：《何炳松文集》第四卷，商务印书馆 1996 年版，第 721～722 页。

内容有一个更清晰的理解，下文用一个图表介绍编译所在商务中的位置(各职务人员名单仅限于何炳松所长任内，即1929年9月至1932年“一·二八”事变)：

股东会
↓
董事会(董事长张元济)
↓
总务处

协理：

总经理：鲍咸昌 1920.4—1929.11.9、王云五 1930.1—1932.2

经理：李可拔 1920.4—1932.1.28、夏筱芳 1927.1—1932.1.28

↓

总馆：

发行所(所长由经理夏筱芳兼 1927.1—1930.1，所长盛同荪 1930.1—1932.1.28)

编译所(所长何炳松 1929.9—1932.1.28)

印刷所(所长鲍庆林 1929.3—1932.1.28)

1902年印刷所、编译所成立，与发行所并称商务三所，但三所各自为政，影响了商务的发展。1915年陈叔通进馆发现了这个问题，即与张元济等商量，于10月成立总务处，作为三所的领导机构。“从此商务才有一个统一的机构来联系三所的事”：“开会时三所所长皆出席，意见一致便通过执行，意见倘若不一致，便将意见写下来或在会外商量，或在下次开会时商量。在这个基础上逐渐订出许多规则来。”①即形成“一处三所”合议制，商务重大事情则召开总务处会议商量，公司主要决定均由该会议议决。总务处会

① 陈叔通：《回忆商务印书馆》，《1897—1987商务印书馆九十年——我和商务印书馆》，商务印书馆1987年版，第137页。

议"系以总经理，两位经理及三所所长构成，有协理时，并加入协理；列席人员则有总务处机要科科长或副科长及编译所出版部部长"①。何炳松出任所长，除向董事长张元济报告所务外，还要参加总务处会议。

何炳松就任所长四五个月后，商务发生了重大的人事变动。总务处总经理鲍咸昌于 1929 年 11 月 9 日病逝，翌年 1 月董事会召回已辞职离馆的王云五继任总经理。

王云五新任总经理后，未曾到过馆内视事，就将馆务交给经理李可拔管理，本人则于 3 月 7 日自上海乘坐比亚士总统号轮船出国考察外国企业的科学管理方法。9 月回国，王即开始在商务实施科学管理的筹备工作。首先对商务高级职员及印刷所工会、总务处职工会、发行所职工会、编译所职工会（简称四工职会）说明采用科学管理的必要性。接着于 10 月间成立研究所，帮助实施科学管理的筹备工作。12 月起，便在编译所开始实施科学管理法。12 月 18 日，王云五即召集编译所各部部长、主任开会，略述改组编译所的意图和方法。22 日，王公布编译所各项组织大纲，废除部长制。不久，由何炳松召集编译所各组办事人员谈话，并公布各组人员名单。编译所分编译评议会、总编译部、编译各组、各种编译委员会、各杂志社、事务部六部门。据王云五回忆，此时四工职会表面上反响尚佳，但想不到在 1931 年 1 月他宣布开始实施科学管理时，却遭到四工职会联合反对。10 日，王宣布其手定的《编译所编译工作报酬

① 王云五：《岫庐八十自述》，（台北）商务印书馆 1967 年版，第 112 页。

标准试行章程》试行。此前元旦商务放假，假期过后，人们一上班就看到张贴在馆所大门口的章程。该章程简要内容就是将编译工作分为五类：著作、翻译、选辑、校改和审查。其计酬标准大致是：著作和翻译两类分为八级，每千字2～8元；选辑分为五级，每千字0.5～1.5元；校改分为六级，每千字0.5～2元；审查以时间计算，每小时的定额为15～20千字。标准还定出编译人员每日生产的定额，核心就是把编译所的月薪制改变为工业生产的计件制。① 后有商务旧人撰文回忆："那章程原文很长，其要点在审查编译人员资格；分别编译工作等级和作品品质高下，规定报酬；置备账册，登记每人每日工作；编译所除所长领导外，一切要经过新设的编译评议会评议审查，报告总经理决定。"②由此推知，科学管理编译所在一定程度上削弱了所长何炳松的职权。试行章程引起四工职会联合反对后，编译所方面公推郑振铎、郑贞文、胡绍绪、杜亚泉等为临时代表，与王云五面对面地论争。14日召开编译所全体职工大会，拒绝《试行章程》，并抓住所长何炳松与王云五可能出现的矛盾，请求何炳松保持所长职权。翌日再次召开编译所全体职工大会，要求王云五辞职。此外，编译所新改组成立的编译评议会评议员则以辞职反对施行科学管理。双方僵持至21日，由上海社会局出面召集劳资双方调解，王云五同意撤回《试

---

① 王建辉：《文化的商务——王云五专题研究》，商务印书馆2000年版，第61页。

② 卢天白：《我在商务印书馆四年见闻》，中国人民政治协商会议江苏省委员会文史资料研究委员会编：《江苏文史资料选辑》第十辑，第240页。

行章程》，纠纷才得以解决。有意思的是，何炳松作为资方与王云五一起出席该次调停会议。何在此次编译所试行科学管理纠纷中到底扮演了什么角色？他是否真如工职会所愿——因所长职权被削而不满王云五？王云五后来密查持反对意见的四工职会，发现编译所工会反对最为主动；王认为其背后原因很复杂，“除有左倾分子在背后操纵外，闻尚有高级人员参与”①。何炳松是否涉疑其中？编译所纠纷标志王云五科学管理法实施失败，此事虽然没有导致王辞职，却殃及他所任命的秘书陶希圣辞职。② 然而王云五并没有真正放弃在商务实行科学管理法，明里暗里继续坚持科学管理法，他自己这样说，旁人也感觉得到。自1931年2月起，王云五于不动声色中，实施对事物与财务管理。③也有商务旧人回忆：“王云五表面上收回新颁办法，还想暗中进行。何（炳松）当然受他指示设法逐步实现，于是从登记编译工作开始。”④何炳松在王云五试行科学管理法中，即帮助王召集编译所商议；编译所出现反对王云五意见后，还代表资方出席调解大会协助调解；即使科学管理法被叫停后，仍协助王云五继续暗中施行科学管理法。这些似乎已

①③　王云五：《岫庐八十自述》，（台北）商务印书馆1967年版，第197页，第198～199页。

②　陶希圣因为拟写对罢工工人的答复卷入风波，受到职工威胁，被迫自动辞职。见陶希圣著：《商务印书馆编译所见闻记》，《1897—1992商务印书馆九十五年：我和商务印书馆》，商务印书馆1992年版，第494页。

④　卢天白：《我在商务印书馆四年见闻》，《江苏文史资料选辑》第十辑，第230～245页。

可证明何炳松对王云五科学管理法是认同的，这一点对王云五于无形中在编译所继续施行科学管理法帮助非常大。《1931 年编译所组织机构》也表明：在何炳松所长任内，编译所受王总经理科学管理法的影响是很明显的，有力地证明了所长何炳松对王云五的支持与襄助。

《1931 年编译所组织机构》①

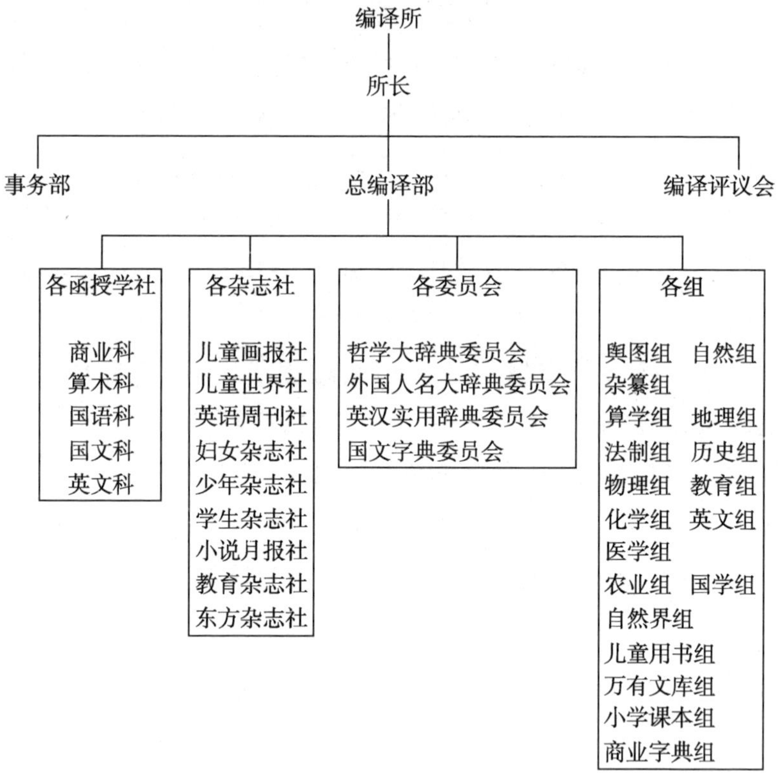

- 编译所
  - 所长
    - 事务部
    - 总编译部
      - 各函授学社
        - 商业科
        - 算术科
        - 国语科
        - 国文科
        - 英文科
      - 各杂志社
        - 儿童画报社
        - 儿童世界社
        - 英语周刊社
        - 妇女杂志社
        - 少年杂志社
        - 学生杂志社
        - 小说月报社
        - 教育杂志社
        - 东方杂志社
      - 各委员会
        - 哲学大辞典委员会
        - 外国人名大辞典委员会
        - 英汉实用辞典委员会
        - 国文字典委员会
      - 各组
        - 舆图组　自然组
        - 杂纂组
        - 算学组　地理组
        - 法制组　历史组
        - 物理组　教育组
        - 化学组　英文组
        - 医学组
        - 农业组　国学组
        - 自然界组
        - 儿童用书组
        - 万有文库组
        - 小学课本组
        - 商业字典组
    - 编译评议会

① 庄俞：《三十五年来之商务印书馆》，《1897—1992 商务印书馆九十五年：我和商务印书馆》，商务印书馆 1992 年版，第 744 页。

（二）继续发展编译所

编译所在前四任所长的苦心经营下，各项所务蒸蒸日上。到第五任所长何炳松时，所务进一步拓展。

何炳松出任所长不久，兼任东方图书馆总编辑、副馆长。东方图书馆最初为编译所的藏书室，张元济时称涵芬楼，藏书不断扩大。王云五时则扩建为一座4层钢筋水泥大厦，改称东方图书馆，设备完善，有普通书库、善本室、本版保存室、阅览室、装订室、缮写室、事务室等，并向商务印书馆外界人士开放阅览。何炳松所长任内，筹设流通部，采购新书数万册，专用于借出馆外阅览。流通部于1931年5月6日开幕，借阅者颇多。此时，东方图书馆不但方便了编译所工作人员，更有助于社会民众学习知识文化，体现了商务的文化关怀。

此外，何炳松还兼任商务印书馆函授学社社长（干事长为编译所周由廑）。据《东方杂志》第26卷第20号（1929年10月25日发行）刊登的广告：函授学社"开办迄今已十五年"，分国文科、国语科、英文科、商业科、算学科共五科。"学员前后达三万二千余人，毕业而升入大学者、出洋游学者、游学归国已在社会任要职者，亦五千六百余人"。中国有函授教育自商务印书馆开始，系编译所第二任所长张元济于1915年7月创立，先设英文科，由张元济兼任校长。开办函授学社旨在"补助学校教育之不足，而予一般有志青年以知识和技能上的种种训练"①。王云五任内进一步扩

① 《东方杂志》第24卷第1号，1927年1月10日。

展函授学社，增设商业科（1922年）、算学科（1922年）、国语科（1924年5月）、国文科（1925年4月）共四科。何炳松任内，屡屡在商务主办的各种杂志上刊登函授学社招生广告，可见何对函授学社及对社会教育的重视。函授学社存在至1933年2月，即被依法改名为上海市私立商务印书馆函授学校。

编译所事务中最重要的莫过于编辑出版事务，所长最重要的职责也莫过于处理好大量编译出版工作。编辑出版教科书是编译所起家的拿手好戏，前四任所长都未曾放松过教科书的编辑出版工作，何炳松所长自然也不例外。《新时代教科书》是在何炳松任内完成的，该套教科书编写背景为北伐胜利之时，革命阵营分化，蒋介石南京国民政府成立，在教育方面要求实施三民主义教育。商务经过审时度势，"为协助贯彻党义教育起见，编辑新时代教科书一套，材料新颖，宗旨纯正，自小学以至初中，无不齐备"①。该套教科书由王云五、何炳松、朱经农、杜亚泉、段育华等主持，编成各种教科书均先后经大学院及教育部审定。其中何炳松编成《新时代高级中学教科书》之《外国史》上下两册，《东方杂志》第27卷第2号（1930年1月25日发行）还刊登了《外国史》（上册）的广告，曰："此书系文化史之眼光，用新史学之方法，编辑而成。全书凡分五十章，约二十四万言。分为上下二册，上册为上古中古史，下册则全属近世史。详略分

① 庄俞：《三十五年来之商务印书馆》，《1897—1992商务印书馆九十五年：我和商务印书馆》，商务印书馆1992年版，第726页。

配颇合史学上详近略远之原则。全书对于古今来全人类文化之发展以及东西洋各地特殊文化之演进，无不详加叙述，纲举目张。教学两方法均极便利。”此期间，为加强对中小学教科书编辑工作的指导，编译所约于 1930 年成立中小学教科书委员会，由何炳松任主任委员，高觉敷任副主任委员。①

由于前任所长王云五主持编印大量各类丛书，加之各类工具书、字典、辞典、教科书等，编译所的编译任务繁重，所长担子实在不轻。王云五辞所长的前一年开始着手筹备编印《万有文库》大型丛书，至 1929 年 4 月《万有文库》开始预约出售，预约期为三个月。10 月《万有文库》第一期书 210 种(共 401 册)出版，拟后再按期继续出书。尽管《万有文库》预约价仅 360 元，但初期预约并不乐观，再加上第一期出书五千部，给商务资金周转造成极大压力。所以，有商务旧人称王云五辞所长原因在于《万有文库》销售不畅，也是不无道理的。就在《万有文库》第一期书出版前后，何炳松继任所长职，《万有文库》的编印及出版压力自然就转移到何炳松肩上。事实上，王云五决定印行《万有文库》前，就与张元济、高梦旦和何炳松等馆内同人多次会商。② 1928 年 1 月正式开始《万有文库》筹备工作时，何炳松以编译所史地部部长及编译所副所长身份参加了文库的筹备工作。

① 高觉敷:《回忆我与商务印书馆的关系》,《1897—1987 商务印书馆九十年——我和商务印书馆》,商务印书馆 1987 年版,第 349 页。

② 刘寅生、房鑫亮:《何炳松文集》第四卷,商务印书馆 1992 年版,第 721 页。

据王云五回忆，其时从事的筹备工作，约分三类："第一是将历年已出版的各类小丛书①，存精去芜，并严定系统，尚缺各题，迅以补编；第二，是从我国无量数的古籍中，选定国学基本丛书一百种，其中每一种均以最后出而注释最详明之本为准，与四部丛刊之注重版本而采用最古或罕传之本者，各异其趣；第三，选定世界名著若干种，已汉译出版者加以覆检，未汉译者迅即给定专家翻译。此外，更选定参考巨籍若干种，以供阅读本文库发生疑义时之参考。"②在这些筹备工作中，何炳松即分管把《汉译世界名著丛书》、《新时代史地丛书》、《百科小丛书》和《师范小丛书》汇编进《万有文库》第一集的编辑指导工作。③《万有文库》第一集收入13种丛书——《国学基本丛书》初集100种、《汉译世界名著丛书》初集100种、《百科小丛书》300种、《新时代史地丛书》80种、《工学小丛书》65种、《学生国学丛书》60种、《国学小丛书》60种、《师范小丛书》60种、《农学小丛书》50种、《商学小丛书》50种、《算学小丛书》50种、《医学小丛书》30种、《体育小丛书》15种，计1000种2000册。据王云五所言，此

---

① 历年已出版的小丛书有：《百科小丛书》(1923年3月开始出版)、《学生国学丛书》(1925年2月开始出版)、《国学小丛书》、《新时代史地丛书》(1927年开始出版)、《农学小丛书》、《工学小丛书》、《商学小丛书》、《医学小丛书》、《算学小丛书》、《体育小丛书》。据王云五《岫庐八十自述》回忆，这些小丛书自1922年至1927年底已陆续出版不下五百种。

② 王云五：《岫庐八十自述》，(台北)商务印书馆1967年版，第111～112页。

③ 陈应年：《何炳松与商务印书馆》，《1897—1992商务印书馆九十五年：我和商务印书馆》，商务印书馆1992年版，第622页。

13 种丛书中，《国学基本丛书》及《汉译世界名著丛书》选定书目最为困难。就汉译世界名著而言，“因各国关于书评及选书之作多而备，选择之难虽稍逊于国学，然我国读书界之需要，未必尽同他国。彼之所需者，或非我之所必需。故除以各国书评或选书之作为一部分根据外，不能不参酌本国之特殊需要，取舍之间，亦尝经长期间之探讨也”①。何炳松曾留学美国多年，英语功底好，并且出版过不少译著，所以，由何炳松指导《汉译世界名著丛书》100 种的选定工作，是一个不错的选择。后来何炳松出色地完成此项工作，使得《万有文库》第二集继续收入《汉译世界名著》，并增至 150 种，名为《汉译世界名著二集》。此外，何炳松指导《新时代史地丛书》和《师范小丛书》，也可谓“专业对口”之举。何炳松所指导的《百科小丛书》是 13 种丛书中收入种数最多的一种。由此可见，何炳松所担任的《万有文库》编译工作不仅最重、最困难，而且工作量最多。另外，值得一书的是，何本人著作《历史研究法》早于 1928 年 7 月作为《百科小丛书》一种出版。《百科小丛书》选入《万有文库》有 100 种，一律按照《万有文库》统一划定的版式重新包装出版，但何著《历史研究法》没有收入《万有文库》，从中可以看出：何炳松在指导选辑百科小丛书编入《万有文库》时，并未以公谋私，而是公正地按编辑标准选书。当然，何也有译作收入：《新史学》就是在其所长任内于 1930 年 4 月收入《万有文库》第二期出版的。

---

①　王云五著：《岫庐八十自述》，（台北）商务印书馆 1967 年版，第 114 页。

虽说何炳松担任指导《万有文库》四种丛书的编辑工作，但实际上他还要亲自处理具体编辑事宜。如1929年编译所议定将潘祖荀译著《科学发达史》作为《汉译世界名著》选入《万有文库》第三期出版。潘译著由编译所请胡适校对，而胡适自该年向编译所交出第一章校对稿外，余稿却再也不见动静，令何炳松不得不于1930年、1931年连寄三封信催促胡适抓紧校对译稿，"甚至亲自面访胡适"①，结果仍未得胡适及时校对译稿。最后因"万有文库末一批书已在开排"，何炳松不得不请胡适将稿本缴还，而再另想它法。此外，任内1930年5月13日，何炳松还致函董事长张元济解析《万有文库》挖版的情况。②《万有文库》第一、二、三期出书都在何炳松任内完成。第一期书210种于1929年10完成出版；至1931年9月25日，前三期书597种(1205册)业已出版，占《万有文库》第一集一半以上。计划第4期书于1931年12月出版，第5期书于1932年6月出版，③后因"一·二八事变"而中断了此计划。由此可见，《万有文库》第一集虽由王云五主编，但何炳松负责了大量的编辑工作，故房鑫亮称何炳松为"光环背后的实际主持人"④。

① 房鑫亮:《忠信笃敬——何炳松传》，浙江人民出版社2006年版，第82页。

② 刘寅生、房鑫亮:《何炳松文集》第二卷，商务印书馆1996年版，第746页。

③ 《东方杂志》第28卷第18号，1931年9月25日。

④ 房鑫亮:《忠信笃敬——何炳松传》，浙江人民出版社2006年版，第80页。

此外，何炳松上任伊始即推出《西洋史学史丛书》、《中国史学丛书》、《中国历史丛书》三大丛书编辑计划，且均由其亲任主编。这三部丛书编辑计划源于他“尝思致力于中国史学史之编辑”①的思想。而他主张“治中国史学史以西洋史学史为借鉴，从事中国史学史之建设”②，所以就先有了《西洋史学史丛书》的编辑出版计划。1929 年 8 月 7 日，何炳松为《西洋史学史》③作《译者序》，该书是年作为《西洋史学史丛书》之第一种由商务出版。《十九世纪之史学与史家》拟作《西洋史学史丛书》第二种同时也在翻译中，期不久出版。但不知何故，该书最后未能如愿出版。此丛书实际上只有《西洋史学史》一种；丛书没有续出的原因，可能与“一·二八事变”后商务的大变局有关。后两种丛书也稍后同时推出：《中国历史丛书》第一种《义和团运动与辛丑条约》(陈功甫著)、《中国史学丛书》第一种《袁枢年谱》(郑鹤声著)于 1930 年 7 月由商务同时出版。《中国历史丛书》共出版 10 种：陈功甫编《义和团运动与辛丑条约》和《日俄战争与辽东开放》、王钟麒(伯祥)著《三国之鼎峙》及编《晋之统一与八王之乱》、陶希圣著《辩士与游侠》和《西汉经济

---

① 刘寅生、房鑫亮：《何炳松文集》第三卷，商务印书馆 1996 年版，第 231 页。

② 周文玖：《从梁启超到白寿彝——中国史学史学科发展的学术系谱》，《回族研究》，2005 年第 2 期。

③ 《西洋史学史》早于 1925 年开始翻译。受五卅运动影响，上海圣约翰大学部分师生不满校长行为，所以脱离该大学，另立光华大学。光华大学于 1925 年 9 月开学，何炳松被聘为教授，任教期间认识学生郭斌佳，并由其协助翻译《西洋史学史》；翌年即译完。

史》、宋云彬(佩韦)编《东汉之宗教》及著《王守仁与明理学》、杨筠如著《九品中正与六朝门阀》、王志瑞编《宋元经济史》。此10种丛书均于1930年、1931年(即何炳松所长任内)全部出版。诚如房鑫亮所言:“《中国历史丛书》从1930年7月开始出版,到1931年9月出了最后一本,1932年‘一・二八’事变中,日寇战机炸毁了商务印书馆,使丛书的出版难以为继。……商务复业后,从1933年至1948年,出版《史地小丛书》,将《中国历史丛书》的10种书稿收入,并出版了116种,或可看作《中国历史丛书》的继续。”①《中国史学丛书》于“一・二八”事变继续出版,1930年7月—1947年9月共出版47种。关于该丛书出版的种数,房鑫亮说43种,陈应年在《何炳松与商务印书馆》中说48种,而据笔者查阅《商务印书馆图书目录(1897—1949)》计有47种。陈应年对该丛书书目的分类与《商务印书馆图书目录(1897—1949)》相同,由此可证:陈应年48种之说应该是统计时出了误差,正确应为47种。笔者将47种书胪列于次:

《中国史学丛书》47种

书名及著者	出版日期	页数
中国哲学家年谱8种		
《颜师古年谱》罗香林著		
《程伊川年谱》姚名达著	1937.4一版一印	305页
《陈亮年谱》童振福著	1936.8一版一印	121页
《陈龙川年谱》颜虚心著	1940	143页

① 房鑫亮:《忠信笃敬——何炳松传》,浙江人民出版社2006年版,第85页。

书名	出版时间	页数
《刘宗周年谱》姚名达著	1934	363 页
《梁质人年谱》汤中著	1933	
《牛空山年谱》蒋致中著	1930	
《皮鹿门年谱》皮名振编	1939	109 页
中国政治家年谱 10 种		
《桑弘羊年谱》马元材著	1934	136 页
《文天祥年谱》杨德恩著	1939.6	422 页
《陆秀夫年谱》蒋逸雪著	1936	34 页
《刘伯温年谱》王磬一编著	1936	113 页
《张江陵年谱》杨铎著	1938	126 页
《史可法年谱》杨德恩著	1940	91 页
《建文年谱》赵士喆著	1935	153 页
《顾亭林先生年谱》[清]张穆编	1937	115 页
《汪辉祖传述》瞿兑之著	1935	97 页
《林文忠公年谱》魏应麒著	1935	200 页
中国军人年谱 1 种		
《谭襄敏公年谱》欧阳祖经著	1937	170 页
中国社会热心家年谱 1 种		
《马相伯先生年谱》张若谷编著	1939	296 页
中国语文学家年谱 1 种		
《孙诒让年谱》朱芳圃著	1934	102 页
中国天文学家年谱 1 种		
《张衡年谱》孙文青著		183 页
中国文学家年谱 15 种		
《鲍照年谱》吴丕绩著	1940.1.1	64 页
《沈约年谱》[日]铃木虎雄著 马导源编译 费师洪序	1935.3.1	64 页
《江淹年谱》吴丕绩编著	1938	89 页
《罗隐年谱》汪德振著	1935	91 页
《戴剡源年谱》孙弗侯著	1936	146 页
《归震川年谱》张传元、余梅年著	1936.10.1 一版一印	116 页
《唐寅年谱》杨静合编	1947 年	134 页

《贾岛年谱》李嘉言著	1947年	77页
《吴梅村年谱》马导源编译	1935	83页
《吕留良年谱》包赉著	1937年	189页
《魏叔子年谱》温聚民著	1936	138页
《朱筠年谱》姚名达著	1933.4一版一印	171页
《厉樊榭年谱》陆谦祉著	1936.8	89页
《吴松厓年谱》王文焕著	1934年初版	127页
《严几道年谱》王蘧常著	1936年	138页
中国史学家年谱10种		
《司马迁年谱》郑鹤声著	1931年9月初版	
《班固年谱》郑鹤声著	1931.2.1	98页
《刘知几年谱》傅振伦著	1934.11一版一印	164页
《杜佑年谱》郑鹤声著	1934.4	159页
《袁枢年谱》郑鹤声著	1930	156页
《全谢山年谱》蒋天枢著	1933	
《崔东壁年谱》姚绍华著	1931	
《邵念鲁年谱》姚名达著	1930	169页
《章实斋年谱》胡适、姚名达著	1931	
《沈寐叟年谱》王蘧常编著	1938年初版	

据笔者所掌握的资料，拟分析姚名达五篇著作与何炳松主编《中国史学丛书》的关系，其他作者及其著作之分析从略。前文已介绍何炳松自入商务起，就与姚名达结下了很深的缘分。姚名达于1929年3月出任商务编译所编辑兼特约撰述，也与何炳松向商务推荐有关。两人由于学术而深交，同对章学诚史学思想极有研究：何曾为姚增补的胡适《章实斋年谱》作序；姚"为了深入了解章实斋的学术渊源"，"还撰写了《邵念鲁年谱》和《朱筠年谱》二谱"①。此

① 黎德亮：《姚名达研究》，江西师范大学中国古典文献学专业硕士论文(2007年)，第41页。

外，两人均有心致力于中国史学史研究："姚氏致力于中国史学史，拟定了宏大的著述计划：(一)《中国史学丛书》12种，包括《中国史学史》、《中国史学年表》、《中国史书所知表》、《中国史学家列传》、《中国史学家论文集》、《中国史书目录》、《史学溯源》、《史官制度考》(一名《史官制度史》)、《方志学史》、《传记学史》、《史书要籍解题》、《史籍通考》。(二)《史家传谱丛书》11种，如《刘知几年谱》、《刘宗周年谱》、《邵念鲁年谱》、《朱筠年谱》、《章实斋年谱》等。(三)《史法学丛书》21种，如《史学原理》、《史书目录学》、《刘知几史学》、《章实斋史学》、《史学与报学》等。三类丛书，都是围绕着中国史学史而设计的。"①但姚名达却于1942年在与日本士兵的搏斗中为国捐躯，其《中国史学丛书》12种的计划未竟全功；但姚著作5种(《增补章实斋年谱》、《邵念鲁年谱》、《朱筠年谱》、《刘宗周年谱》、《程伊川年谱》)在生前则被收入何炳松主编的《中国史学丛书》。《中国史学丛书》的作者都是史学界有一定声望者，除姚名达外，如《林文忠公年谱》作者魏应麒在1940年代出版了《中国史学史》，沿着梁启超、何炳松在1920年代提出研究中国史学史的道路上继续前进。魏在其书自序中这样评价梁、何二人："中国史学史，前无作者，梁启超、何柏丞二先生皆有志为之。梁先生因多病不果，寻即下世；何先生以公务倥偬，亦未克躬自为此。"②《中国史学丛书》从何炳松出任所

①② 周文玖：《从梁启超到白寿彝——中国史学史学科发展的学术系谱》，《回族研究》，2005年第2期。

长时开始编印至其病逝，终其一生都能不断出版，可见何始终如一研究中国史学史的毅力与坚持。

何炳松所长任内，还与人合作主编了三种丛书：一是《社会科学丛书》（何炳松、刘秉麟主编）。1930 年 7 月至 1935 年 3 月出版，共计 28 种。初版在何炳松主持编译所期间全部付印。二是《社会科学名著选读丛书》英文本（王云五、何炳松、刘秉麟主编）。据《东方杂志》第 28 卷第 11 号（1931 年 6 月 10 日发行）所刊登的广告，该丛书已出版 9 种，初步选定 50 种。这证明陈应年的说法“丛书收有亚里士多德、马基雅弗利、卢梭、李嘉图、孟德斯鸠及布赖斯等人的英文本著作 7 种”①有误。三是《社会科学小丛书》（何炳松、刘秉麟主编）。1933 年 9 月至 1947 年 8 月出版，其中包括哲学、社会、政治、经济、法律、财政、商业贸易、社会礼俗、应用技术及史地等方面的著译，共计 96 种。由何炳松主持出版了 58 种。②

三、“一·二八”劫后受重托

（一）劫难之善后工作及辞职风波

1932 年 1 月 28 日晚 11 时后，日军突然侵犯上海闸北，19 路军奋起抵抗，淞沪战争爆发。次日上午 10 时，商务印

①② 陈应年：《何炳松与商务印书馆》，《1897—1992 商务印书馆九十五年：我和商务印书馆》，商务印书馆 1992 年版，第 621 页，第 620 页。

书馆总厂制墨部最先被日军抛掷炸弹着火。总务处第一、二、三、四印刷所及各栈房全部被毁。关于此场劫难，何炳松于事后写了一篇调查报告，详细记述了当时情景："（日机）接连向本馆总厂投下炸弹六枚。第一弹中印刷部，第二弹中栈房，当即爆裂发火。……火起后日机复继续投弹，于是全厂皆火，浓烟弥漫天空。又因总厂纸类堆积甚多，延烧更易，厂中各种印刷机器全部烧毁……是日下午三时许全厂尽毁，唯火势至五时许犹未全熄。"①火势也蔓延至与总厂相隔不远的东方图书馆、编译所。2 月 1 日，又有日本浪人潜入东方图书馆和编译所，纵火焚烧。至此，东方图书馆的藏书被焚烧殆尽。

同日，商务董事会继 1 月 31 日再次召开紧急会议，讨论善后事宜。议决上海总务处、编译所、印刷所、发行所、研究所、虹口西门两分店一律停业；均照准总经理及两位经理辞职。何炳松主持下的编译所至此被迫解散。因炮火后的商务善后事宜不能无人主持，所以是次董事会议决定设立"特别委员会"负责办理。推选出委员 9 人：王云五、李宣龚、夏筱芳、鲍庆林、张元济、高凤池（翰卿）、高梦旦、叶景葵（揆初）、丁榕（斐章），前四者为常务委员。6 日，续开董事会议，决定于特别委员会下增设善后办事处，酌量吸收原商务部分雇员办理善后具体事宜。何炳松也成为该处一名工作人员。是次会议，选王云五以特别委员会常务委员身份

① 刘寅生、房鑫亮：《何炳松文集》第二卷，商务印书馆 1996 年版，第 634 页。

出任办事处主任，列出办事处该处理和清理事项21件。作为办事处的工作人员，何炳松负责清理存稿存版及版税、清理图书馆、保管和宣传等工作，同时参与各种契约及交际工作。不久，即租定上海四川路78号为办事处办公地点，办事处也确定了下属机构的名称。何炳松被任命为“稿版处、保管处、图书馆清理处、宣传处负责人”①。

编译所自1902年设立，经五任所长苦心经营，在被烧毁前无论规模还是人员都是商务最重要的一个部门。该次战火不但焚毁了编译所及东方图书馆的藏书、设施，也焚毁了不少居住在编译所附近的工作人员住所。据商务旧人事后回忆，家中什物藏书被焚烧殆尽的不乏其人。何炳松本人的藏书也在该次战火中被焚烧至只剩《上古史》一书。而相对于个人，商务的损失更为惨重，馆务几乎难以为继，一处四所两分店首先宣告停业，不久于3月中旬对外宣告：一律解雇总馆厂全部已停职职工。遭此变故，编译所不少工作人员纷纷离馆而去，多受聘为大学教授，继续从事学术研究。作为原编译所所长的何炳松入商务前也曾在北京大学、北京高等师范学校任教，此时也有广东、南京等大学欲聘其为教授，不知何故何炳松均一一谢绝。然而因编译所被迫停业，馆中、家中的藏书多被烧毁，何炳松难以再继续出版及译著活动；况且，他也疲于处理善后工作之类繁琐的日常事务。于是，决意辞掉商务所有职务，携家眷回金华老

① 房鑫亮：《忠信笃敬——何炳松传》，浙江人民出版社2006年版，第90页。

家专心翻译西籍。他于 6 月间四次书面向王云五辞职，并自 7 月 11 日起不到馆，“以示决心”。15 日继续提出第五封告退信，稍后又书一封辞职信。尽管何炳松“这次辞职本意极诚”，甚至“六上辞书”，但终为王云五“劝驾七次”的诚意所打动，于 22 日晨“正式宣告不再抵口，重新再进商务了”①。同日，商务方面公布：何炳松为秘书处首席秘书兼人事委员会主任及隶属于生产部之编审委员会编审员。秘书处及人事委员会同为商务总管理处直接管理的部门，商务早于 15 日即由董事会议决通过《总管理处暂行章程》，规定：新成立之总管理处分设生产、营业、供应、主计、审核 5 部及秘书处、人事委员会，并于生产部下设编审委员会。②与何炳松同日任命的还有生产部部长（总经理王云五兼）、营业部部长（经理李可拔兼）、供应部部长（经理夏筱芳兼）、主计部部长（协理潘光迥兼）、审核部部长（协理鲍庆林兼），总经理王云五还兼编审委员会主任。③ 可见，此时的何炳松已被纳入商务最高领导层参与复兴大业。

7 月 31 日，善后办事处工作宣告结束。翌日起，上海商务发行所与租界内新设工厂同时复业；新总管理处也开始

---

① 《何炳松信十二通》，耿云志编：《胡适遗稿及秘藏书信》第 29 册，黄山书社 1994 年版，第 50～51 页。

② 王云五于 1934 年 10 月曾修改总管理处暂行章程，将原有的五部改为六部，增设编审部，负责出版之编译审查计划及相关事务。但此编审部的设立与作用，与昔日的编译所已完全不同。

③ 《本馆四十年大事记（1936）》，《1897—1992 商务印书馆九十五年：我和商务印书馆》，商务印书馆 1992 年版，第 701 页。

正式办公。该日，发行所前悬挂出复业标语"为国难而牺牲，为文化而奋斗"，以激励同人。馆内上下均以此为励，努力共谋复业大计。

（二）致力复业大计

何炳松作为商务复业的高层领导之一，即于复业后不久（9月4日）参加商务股东临时会议，以股东身份与其他九名股东一起提出《修正减少资本办法案》，经投票通过。①他虽贵为商务高层领导，但所担任的职务却不易胜任，如人事委员会主任一职。"一·二八"事变后，商务复业初期需人不多，但待用的旧同人却极多，所以人心浮动；掌握用人权的人事委员会一不小心就极易得罪人。因此，由七人组成的人事委员会为求公允起见而仅仅公开主任姓名（即为何炳松），秘书由人事科长兼任，其余成员一概秘而不宣。"这固然可以避免请托徇情，但公开了身份的人事委员会主任却被推上了火炉。"②实际上，作为人事委员会主任的何炳松直接面临用人的难处，但却不能完全掌握用人的权力。"新规定确立重新聘用员工的准则，须经总管理处的人事委员会审查，并总经理核准。"③然而，"一·二八"之痛使何炳松产生了强烈的民族爱国情绪，激励他力排万难，带领商务

① 刘寅生、房鑫亮:《何炳松文集》第四卷，商务印书馆1996年版，第731页。

② 房鑫亮:《忠信笃敬——何炳松传》，浙江人民出版社2006年版，第92页。

③ 李家驱:《商务印书馆与近代知识文化的传播》，北京商务印书馆2005年版，第79页。

同人共谋复兴大业。10 月 11 日上午 10 时，商务在四马路一家春菜馆举行谒师礼①。何炳松以人事委员会主任身份主持大会，人事科科长史久芸司仪，蒋应生记录。② 何炳松在该次谒师礼上的讲话除照例勉励学生一番外，更从商务大局出发，突出商务复业的重大意义："我们应向公司道喜，我们公司在一·二八沪变中，全部被日人炸毁，几乎根本动摇，但是它居然能在六个月内就光复起来，于八月一日复业，继续为中国文化奋斗。这种颠扑不破的精神，是民族复兴的基础，值得我们道喜。"③这种民族主义信念不独何炳松具有，在整个商务内普遍存在。16 日复刊的《东方杂志》(第 29 卷第 4 号)刊登的文章不少都流露出这种民族主义信念。何炳松也在该复刊号上发表《商务印书馆被毁纪略》一文，控诉日军故意轰炸商务的罪行。此时复刊的其它三份杂志——《英语周刊》、《儿童世界》、《儿童画报》也体现了这种民族主义信念。

商务考虑到民族复兴端赖学术独立，所以于商务遭难复业之始即行编印《大学丛书》。24 日，商务发表《大学丛书委员会条例》、《印行大学丛书条例》，并发出《大学丛书》委员聘函，何炳松为成员之一。翌年 1 月 15 日，商务陆续

① 商务印书馆为培养馆内技术人员，招收学生，并为每名学生指定业师负责训练。开班前例行"学生谒师礼"。

② 刘寅生、房鑫亮：《何炳松文集》第二卷，商务印书馆 1996 年版，第 638 页。

③ 刘寅生、房鑫亮：《何炳松文集》第二卷，商务印书馆 1996 年版，第 638 页。

收到《大学丛书》委员回寄的应聘函。商务聘请《大学丛书》委员会委员共 54 人①。

据委员会条例第一条：本委员会由本馆聘请国内著名大学校及学术团体代表，协同本馆编审委员会代表若干人组成。② 又据《印行大学丛书条例》③第十条规定："关于本丛书之订约印行等事，均由本馆编审委员会办理。"此时，"编审委员会包括编审 6 人、编辑 11 人"④，其中主任为王云五，编审员为李可拔、何炳松、庄俞、李伯嘉、刘南陔、傅运森。何炳松与傅运森既是商务编审委员会编审员，又是大学丛书委员会委员。此双重身份使何炳松在《大学丛书》编印工作中肩负着比一般人要重得多的任务。

据《印行大学丛书条例》，该丛书第一集暂以三百种为限，拟分五年出版，除商务印书馆已出版可归入的著作外，自 1933 年起每年出版 40 种。对于各项设施几乎尽毁于战火中的商务，此种出版计划可谓不轻。实际上，1933 年丛书的出版情况是：至 6 月已审定 55 种，何炳松审定梁思成

---

① 《商务印书馆百年大事记(1897—1997)》，商务印书馆 1997 年版。而 1934 年 9 月发行的《教育杂志》第 24 卷第 1 号(复刊号)上刊登出委员名单只有 52 名。比较两份名单发现：54 人名单中多出李书田、张伯苓、梅贻琦三人，但缺少 52 人名单中的许璇一人。

② 王云五：《岫庐八十自述》，(台北)商务印书馆 1967 年版，第 213 页。王云五在该书中称委员会条例为《商务印书馆大学丛书委员会章程》。

③ 见王云五：《岫庐八十自述》，(台北)商务印书馆 1967 年版，第 213 页。王云五在该书中称《印行大学丛书条例》为《商务印书馆印行大学丛书章程》。

④ 李家驱：《商务印书馆与近代知识文化的传播》，商务印书馆 2005 年版，第 79 页。

等翻译的《世界史纲》及魏野畴译著《美国史》。而何本人的著作《通史新义》则由罗家伦审定,已于5月作为《大学丛书》一种由商务出版。

何炳松因复业工作过于繁重导致肺病再度发作,只得于6月1日请假六个月休养。病假毕即回商务投入工作。其中他为《大学丛书》付出的精力与心血,可以从其1934年6月28日的工作情况中略见一斑。为联系大学丛书组稿等事,他于27日晚11时就到达南京。翌日上午,先后访中央大学校长罗家伦及金陵大学校长陈裕光,二人均是大学丛书委员会委员。何与二人商议决定:以大学丛书委员会委员名义联名宴请该两所大学教授于中央饭店,届时与教授们商量《大学丛书》约稿事宜。"下午,又为《四部丛刊》事过访江苏国学图书馆馆长柳诒徵……柳处事毕后,他又赴国防建设委员会访张其昀,商谈改编新学制高中地理课本事。"①从南京回来后,还要将次日所办之事写信告诉王云五。从中可看出何炳松办事考虑周详,确实是总经理王云五可以放心的得力助手。这就不难理解当初王云五缘何苦苦挽留数度意欲辞职的何炳松,并委以重任了。

何炳松辞职离开商务,出长国立暨南大学校长后,《大学丛书》继续出版新书。实际上,至1937年秋全面抗战,已编印出版的大学丛书超过两百种,已达原计划三百种的三

① 房鑫亮:《忠信笃敬——何炳松传》,浙江人民出版社2006年版,第96页。

分之二以上。抗战期间仍克服困难，坚持每年都有新书出版，同时也不断重印已出版的大学丛书。

编印教科书是商务发家的基业，在商务的复业大计中，编印教科书是重头戏之一。《大学丛书》作为商务编印大学教科书的大胆尝试是其复业大计中最有亮色之处。而印行《复兴教科书》也是商务复业大计之一，目的在于"助民族复兴，并兼作本馆复兴之纪念"。于 1932 年 10 月及 11 月(即商务复业后 3、4 个月)，教育部先后颁行幼稚园小学及初高中课程标准。商务按此课程标准，开始编印初小、高小、初中、高中复兴教科书全套。主编者为王云五、何炳松、傅纬平、周昌寿、沈百英等，自翌年 3 月开始印行。何炳松早年在商务就参与主编过教科书，在该次复兴教科书的编印中，他不但自己编著，还编校别人的编著。何著复兴初级中学教科书《外国史》(二册)及复兴高级中学教科书《外国史》(二册)，①先后于 1933 年 5 月、1934 年 8 月由商务出版。高中《外国史》分上下两册，上册已出版多年，这次根据部颁课程标准重新改编，与下册同时印行。此书的编成还得到王云五和李伯嘉的鼓励、帮助；插图则由苏继庼提供。此外，何炳松还编校齐铁恨著复兴高级小学教科书《说话范本》(四册)。② 傅东华编复兴高级中学教科书《国文》内收

① 《商务印书馆图书目录》(1897—1949)，商务印书馆 1981 年版，第 238 页。

② 《商务印书馆图书目录》(1897—1949)，商务印书馆 1981 年版，第 86 页。

何炳松论文《中国史学之优化》，即《中国史学之发展》。①

商务发行之十大杂志②均因国难而停刊，恢复这些杂志亦是商务复业计划之一种。《东方杂志》、《英语周刊》、《儿童世界》、《儿童画报》四种已于复业后不久先行恢复。《教育杂志》于1909年创刊，时间仅次于十大杂志中创刊最早的《东方杂志》。"一·二八"劫难前的《教育杂志》对中国教育界产生过极为深远的影响，其被迫停刊令商务不少同人感到尤为可惜。尽管该杂志不能于复业前先行恢复，但已有人考虑以其它方式恢复。《东方杂志》复刊后的第一任主编胡愈之（任期为第29卷第4号至第30卷第6号）就用心良苦地自复刊号起新增《教育栏》，本欲推《教育杂志》重要编辑周予同担任该栏编辑，因周辞谢不就，另推荐赵轶鹿主编。周予同也在《东方杂志》复刊号《教育栏》里发表文章《忆教育杂志》，以《教育杂志》十多年"老编辑"的身份作了深情的回忆，并称教育栏的开辟"虽未能说是教育杂志的'复活'，也至少可以说是教育杂志的'再生'"③。最后，《教育杂志》复刊的重任落在何炳松肩上。1934年上半年，何就开始筹备《教育杂志》复刊工作，于5月28日致函刘英

---

① 刘寅生、房鑫亮：《何炳松文集》第四卷，商务印书馆1996年版，第737页。

② 此十大杂志分别为：《东方杂志》、《教育杂志》、《小说月报》、《少年杂志》、《学生杂志》、《妇女杂志》、《英语周刊》、《儿童世界》、《儿童画报》、《自然界》。

③ 周予同：《忆教育杂志》，《东方杂志》第29卷第4号，1932年10月16日。

士，为即将复刊的《教育杂志》而向刘约稿；信中还附有该杂志拟办栏目的目录。①《教育杂志》于1934年9月复刊，复刊号为第24卷第1号；何炳松出任编辑员（相当于主编），并撰写复刊辞《本杂志的使命》，提出四大使命：打倒文盲、建设农村、提倡生产教育、提高文化程度。② 此期间，为办好杂志，何炳松采取了“向名家约稿、举办读书运动、专题讨论等措施”③。其中《教育杂志》的封面、插图有来源于何炳松邻居俞剑华之手，也有来自何炳松朋友的赠图，例如1935年1月出版的《教育杂志》第25卷第1号封面是马骀赠何炳松之《秦筑长城图》。④ 3月，何在商务会晤陈柱尊时，不失时机请其为《教育杂志》读书运动栏写文章。陈后来撰《对于读书运动之谈话》，刊登在读书运动栏上。《教育杂志》创刊后的翌年7月，何炳松辞协理职离馆出长国立暨南大学校长，但继续负责主编杂志至第26卷第6号（1936年6月10日发行），只是从第7号起才由黄觉民继任主编至杂志停刊。在何炳松的努力下，《教育杂志》继承了长期形成的办刊特色，继续保持了我国教育界权威杂志的地位。

---

① 房鑫亮：《忠信笃敬——何炳松传》，浙江人民出版社2006年版，第100页；《何炳松文集》第四卷，商务印书馆1996年版，第736页。

② 刘寅生、房鑫亮：《何炳松文集》第二卷，商务印书馆1996年版，第685页。

③ 房鑫亮：《忠信笃敬——何炳松传》，浙江人民出版社2006年版，第100页。

④ 刘寅生、房鑫亮：《何炳松文集》第四卷，商务印书馆1996年版，第741页。

四、商务期间学术成就

在商务期间，何炳松还积极从事其他学术活动，其中产生影响甚大或成果尤为突出者有二：一是参与中国本位文化建设的论争，一是对史学研究取得了杰出的成就。下文仅就此两点分而述之。

（一）参与发表“中国本位的文化建设宣言”

1935年1月10日，《文化建设》月刊及上海各日报发表了《中国本位的文化建设宣言》。在该宣言上签名的有十位著名学者：王新命、何炳松、武堉幹、孙寒冰、黄文山（号凌霜）、陶希圣、章益、陈高傭、樊仲云、萨孟武。这就是著名的“沪上十教授宣言”，引发了当时中国学界长达两年的文化论争。

关于此宣言出台的时局及具体过程，已有不少论著论及。如赵立彬认为宣言出台幕后掺杂了统治者强大的意识形态，幕后的主要操纵者非十位教授，而是国民党要人叶青，十位教授签名的背后其实是国民党方面有意的安排：

> 在署名问题上也作了有意的安排：签名的人数，不能太多，以10人为宜；签名人的身份，应当有相当名望，而且“尽量找教授，不必找政治中人，以显示宣言底民间性和文化性”。参加讨论的几个人，除王新命是《晨报》总撰述外，何炳松、孙寒

> 冰、章益、陈高傭、樊仲云，都是各大学的专任或兼任教授，后来被拉进来参加签名的4个人，陶希圣是北京大学教授，萨孟武是中央政治学校教授，黄文山是中央大学教授，武堉幹是中央大学商学院教授。①

十教授平时均以朋友相称，据曹聚仁所言："友人孙寒冰，他是复旦三剑客之一，与章益（友三）、张志让齐名。他们创办了文摘社，译介西方文史社会名著，从东南到西南，隐然为译坛权威。"②"笔者跟王新命也是熟人，而新命的若干朋友：如孙寒冰、朱朴云（省斋）、成舍我、田汉（寿昌）、张静庐、陈方（芷汀）、胡春冰都是笔者的老友记。"③十教授中有人完全是被朋友"拉"进来参加签名的，在宣言制定过程中未起实质性作用。有论者考证，被朋友拉进来签名的黄文山就未曾参加过宣言的起草讨论：

> 黄文山是1935年1月《中国本位的文化建设宣言》的署名者，不过并不是主要人物。这篇宣言由当时担任上海《晨报》总撰述王新命撰稿，经多人讨论后修改。参加讨论的主要是何炳松、孙寒冰、章益、陈高傭、樊仲云等学界名人，而国民党理

---

① 赵立彬：《本位、西化与1935年文化论战》，《福建论坛》（人文社会科学版），2004年第5期。

② 曹聚仁：《孙寒冰之死》，《听涛室人物谭》，生活·读书·新知三联书店2007年版，第207页。

③ 曹聚仁：《报坛怪人王新命》，《听涛室人物谭》，生活·读书·新知三联书店2007年版，第341页。

> 论家叶青对于这篇宣言的重要性，超过了十教授中的任何一位。没有资料显示黄文山参加过具体的讨论，他当时担任中央大学教授，和北京大学教授陶希圣、中央政治学校教授萨孟武、中央大学商学院教授武堉幹都是后来被拉进来参加签名的。①

另据何炳松本人说法，他的签名似乎也是被朋友拉进来的："近年（应为今年——引者注）春天上海有几位朋友发表关于建设中国本位文化的主张，叫我签一个名字发表宣言。当时因为这几个朋友的主张和我自己平日的主张相符合，于是在今年一月十日《中国本位的文化建设宣言》里签了一个名字。"对当时外界认为他是《宣言》的领袖的说法，何炳松曾公开否认："那是和事实不相符合。"②

虽说何炳松被朋友拉进来签名，且名列第二，仅次于宣言起草者王新命。宣言发表后，他又热心参加上海、南京、武昌、杭州等地举办的一系列"中国本位的文化建设座谈会"。但通过认真考察十位教授签名事件的台前幕后，笔者认为要慎重区分十教授对宣言所持的政治立场和文化观点。见证教授们起草宣言的刘百闵后来回忆："十教授的《中国本位文化宣言》，我是看他们起草的，酒酣耳热，攘臂

① 叶青：《中国本位的文化宣言发表经过》，《政治评论》第 8 卷第 11 期。转引赵立彬：《黄文山文化学与文化观述论》，《暨南学报》（人文科学与社会科学版），2004 年第 3 期。

② 房鑫亮：《忠信笃敬——何炳松传》，浙江人民出版社 2006 年版，第 133 页。

而起，他老先生一股劲儿，平常是不易看见的。”①刘的回忆暗示：十教授签名发表宣言不能完全体现、代表他们的政治立场。

不过，何炳松的同事、朋友对他参与签名发表宣言一事却怀有另一种看法。曾聘何为北大教授，并在何炳松商务印书馆工作期间与其有多次工作联系的蔡元培，收到何寄来的宣言全文后，即于1月18日复信，认为宣言中之原则为颠扑不破之原则，并希望他能更进一步，力求不守旧、不盲从两原则之具体化。蔡的复信于语词间颇有勉励的意味：

柏丞先生大鉴：

承示中国本位的文化建设宣言，谨已读过。在原则上，在抽象的理论上，可云颠扑不破。孔子说：“三人行，必有我师焉。择其善者而从之，其不善者而改之。”这就是不守旧、不盲从的态度。现在最紧要的工作就是择善。怎样是善，怎样是人类公认为善，没有中国与非中国的分别的。怎样是中国人认为善，而非中国人或认为不善的，怎样是非中国人认为善，而中国人却认为不善的。把这些对象分别列举出来，乃比较研究，何者应取，何者应舍，把应取的成分系统的编制起来，然后可

① 刘百闵：《哭何伯丞先生》，刘寅生等编：《何炳松纪念文集》，华东师范大学出版社1990年版，第241页。

以作一文化建设的方案，然后可以指出中国的特征尚剩几许。若并无此等方案，而凭空辩论，势必如张之洞“中体西用”的标语、梁漱溟“东西文化”的悬谈，赞成、反对都是一套空话了。

谨陈陋见，以备参考。

弟蔡元培敬启①

3月19日，十教授在上海威海卫路上的中华学艺社举办第一次文化建设座谈会，讨论文化建设之各种问题。《申报》对此次座谈会的安排作了详细报道：“最近发表中国本位的文化建设宣言之十教授，现订于今日下午五时在中社举行第一次文化建设座谈会，讨论文化建设之各种问题，被邀参加者计有各报主笔、各大学校长及著名学者三十余人。其记录将由第五期之文化建设月刊发表。俟发表后，再行征求各学者之意见，希望能有较具体之意见产生，俾此运动不至沦为无实际之运动。”② 何炳松主持了该次座谈会，并致开会辞和闭会辞。开会辞介绍了宣言发表后9天内各地报纸的评论，并指出召开座谈会的宗旨：“据我个人的愚见，三民主义中所提到的固有道德、考试制度和监察制度以及国家社会主义和各种经济上合作的办法，都是解决民族、民权和民生问题的根本原则。我以为我们大家都应该加以严重的注意和仔细的研究。但是我们想要继续规划一个具体的方案，非事先请教国内的先进和同志不可，所以今天特请诸位到此地来，很诚意的请求诸位给我们许多有价值的高

①② 《十教授今日开首次文化建设座谈会》，《申报》，1935年1月19日。

见，使得我们在规划具体方案时，能够得着许多宝贵的参考。这就是今天开这个座谈会的宗旨。”①在闭会辞中，介绍了受邀参加这次座谈会者的出席情况：“今天，我们原请的客人，有的因事未到，有的到了而因事先走，有的因病虽到而不能说话。好在他们有的已有书面的意见给我们，有的答应我们将来再给我们指教……”②据此出席情况，似乎部分受邀者对本位文化建设主张持保留意见，个中原因似与宣言幕后的政治倾向有关，何炳松在闭会辞最后说道：“孙中山先生的三民主义，确是兼采东西文化之长而参与特殊心得的一种东西，我想我或者可以代表十位朋友表示诚意的接受，当做我们建设中国本位文化运动上一种最高的标准。至于新生活运动亦可以说是孙先生在民族主义中主张的一种，当然可以包括在三民主义中。”③最终出席这次座谈会的 30 多位文化名人中有叶青、章益、傅东华、俞颂华、沈尹默、黎照寰、舒新城、刘湛恩、欧元怀、伍蠡甫等。考虑到何炳松以代表十教授的身份主持这次座谈会，而宣言背后的主导者叶青也出席，所以难以辨别何炳松在会上的致辞能否代表他本人的政治立场。

此后至 4 月，何炳松先后被邀演讲本位文化建设问题。武堉幹、黄文山、萨孟武、王人麟、阮毅成、吴颂皋、程天放、程瑞霖、杨公达、汤中、刘振东、刘百闵等人在南京撷英饭店

---

①② 《何炳松文集》第二卷，商务印书馆 1996 年版，第 412～413 页，第 413 页。

③ 刘寅生、房鑫亮：《何炳松文集》第二卷，商务印书馆 1996 年版，第 413～414 页。

召开“首都中国本位的文化建设座谈会”，邀请何炳松演讲相关问题。南京中国社会问题研究会柳诒徵、罗敦伟等人举办“建设本位文化座谈会”，也邀请何炳松演讲。中华学艺社武昌分社和中国文化建设协会武昌分会联合召开讨论本位文化建设的座谈会，何炳松以学艺社的主要负责人和中国文化建设协会会员双重身份被邀演讲《文化建设方式与路线》。该篇演讲稿于 3 月 19 日拟成，4 月 15 日发表在《中国社会》第一卷第四期上。演讲对文化进行了解析，认为“所谓文化实即人类适应环境，以求生活改善之成果”①。“建设民族文化之目的，似在于努力适应此时此地之环境，以求全民族生活之改进，与夫全民族生命之保存。”孙中山在“民生主义遗教中，有充实人民生活，扶植社会生存，发展国民生计，延续民族生命之遗训”，“孙先生此处所列举之四点，实即吾辈努力建设民族文化者所宜服膺之目标”。②何炳松还进一步将文化建设路线具体为四点：充实人民生活，宜从增进生产力与提高生活程度两点上入手；扶植社会生存，宜从调剂社会与个人之利益，并担保个人之经济安全两点入手；发展国计民生，宜从酌行国家社会政策与提倡合作主义两点上入手；延续民族生命，宜从发展实业，提高文化水准与学术程度，提高道德标准，与充实国防四点上入手。③并认为“上述四项目标，实即一物之四面，应保持其综合性。综合性云何？愚见以为即孙先生之民生主义，亦即

①②③ 刘寅生、房鑫亮：《何炳松文集》第二卷，商务印书馆 1996 年版，第 415 页。

陈立夫先生之唯生论是也”①。

3月27日，《独立评论》第142号刊登了主张全盘西化论的陈序经批评同情本位文化论的《独立评论》编辑吴景超的文章——《关于全盘西化答吴景超先生》。胡适在同期的《独立评论》编辑后记中也阐发了支持全盘西化论的观点。至3月31日，胡适在天津《大公报》上发表《试评所谓中国本位的文化建设》，明确点名批评十教授宣言：“新年里，萨孟武、何炳松先生等十位教授发表的一个‘中国本位的文化建设宣言’，在这两三个月里，很引起了国内人士的注意。我细读这篇宣言，颇感觉失望，现在把我的一点愚见写出来，请萨何诸先生指教，并请国内留意这问题的朋友们指教。”②胡适此文一出，十教授等纷纷起而撰文反驳。4月3日，作为宣言起草者的王新命即在其主编的《晨报》上发表《全盘西化论之错误》一文，认为陈、胡的言论“就是全盘西化派向‘一十宣言’进攻的表示”。此时，本位文化派和全盘西化派的对垒已经形成。

被胡适撰文指名批评的萨孟武也撰文回应：“所谓‘中国本位的文化’，其意义是很明白的，就是‘适合于中国现社会需要的文化’，因此，中国本位的文化有两种特质：第一是适合于现社会需要的文化，所以过去的文化若不适合于现社会的需要，我们一概排斥。——这便是‘不复古’的意义。

---

① 刘寅生、房鑫亮：《何炳松文集》第二卷，商务印书馆1996年版，第416页。

② 胡适：《试评所谓中国本位的文化建设》，《天津大公报》，1935年3月31日。

第二是适合于中国现社会需要的文化，所以舶来的文化若不适合于中国现社会的需要，我们也一概反对。——这便是'不盲从'的意义。意义是这样明白的，不意最近在《独立评论》第一四五号上，竟有胡适先生的《试评所谓中国本位的文化建设》一篇论文，加以许多反对的批评……"①

何炳松被胡适撰文点名批评时，正远在武昌参加中华学艺社年会，无法读到胡适批判原文，所以未及时撰文回应。迟至4月15日，何炳松从武昌回到上海仔细读了胡文后，才在上海大夏大学演讲时对胡适作了回应："觉得胡先生这篇文字，有的出于他自己的误会，有的根据他自己的主观，都大有讨论的余地。我既忝为发起宣言的一人，觉得不能不提出我个人的意思，来答复胡先生一下，同时并就正于国内的同志。"②何炳松对胡适的回应没有像王新命那样将其看成激烈的派别斗争，而是鉴于对胡适的友谊，语气相对较为委婉："其实胡先生本亦是一位热心本国文化的学者，否则他决不会研究中国的哲学，决不会击节叹赏清初的汉学家，决不会叫大家去整理国故。不过因为他根本上误会我们宣言中意思，以为我们的主张，在于鼓吹'保守本国固有的文化'，因此他就说文化用不着我们费力去保存；而且中国的文化都是一些臭东西，不值得我们费力去保存。在胡先生固亦具有苦心，我们可以原谅。只可惜他既误会

① 萨孟武：《论中国本位的文化建设答胡适先生》，文化建设月刊社编：《中国本位文化建设讨论集》，文化建设月刊社1936年版，第253～254页。

② 何炳松：《论中国本位的文化建设答胡适先生》，文化建设月刊社编：《中国本位文化建设讨论集》，文化建设月刊社1936年版，第245页。

我们'本位'一词的意思，认为就是'固有的文化'；又不明白'文化'一词的意义，认为就是'无数无数的人民'。对于中国的文化又不免'故扬家丑'，来证明他自己'全盘西化'的主张。所以结果就弄成这样一篇东拉西扯，不合逻辑的文字。"①何文与萨文都认为胡适误会了宣言的意思，进而针对胡适的误会对宣言作了进一步详细的解读。何对胡适的回应，在当时已形成的全盘西化派、本位文化派对垒的紧张气氛背景下，显得较为温和。何炳松的本意似乎不是为了与胡适等论争，而是极力想讲清楚本位文化建设的意义。此外，何炳松与其他九位教授共同署名发表《我们的总答复》，刊登在第1卷第8期《文化建设》月刊上（1935年5月10日），对宣言发表以来的种种误会作了一个总答复，答复暗藏对全盘西化论派的批判。

5月，中国文化建设协会杭州分会在浙江图书馆举行本位文化建设问题和教育电影问题座谈会，何炳松与章益、孙寒冰、陈高傭等专程前往参加。文化建设协会总会理事长陈立夫、杭州分会干事长许绍棣，浙江省主席黄绍竑，当地学术界人士郭任远、庄泽宣、郑宗海、陈训慈等出席了该会。②

6月，何炳松应青年会全国协会的马芳若之邀，为其集编的《中国文化建设讨论集》撰写序言。相对于此前在公共

① 何炳松：《论中国本位的文化建设答胡适先生》，文化建设月刊社编：《中国本位文化建设讨论集》，文化建设月刊社1936年版，第252～253页。

② 房鑫亮：《忠信笃敬——何炳松传》，浙江人民出版社2006年版，第127页。

场合的发言，此篇序言较为客观地表明了何炳松在这场东西文化论战中所持的文化观点和政治立场，也从一个侧面反映了他在这场论战中的地位与作用。何炳松说："自从本年一月十日我和九位友人发表了一篇《中国本位的文化建设宣言》以后，国内贤达群起讨论。有的说我们的主张太过于新，有的说太过于旧；有的说我们的主张近于调和折衷，有的说可以颠扑不破；一时议论风生，颇呈百家争鸣的气象。其实我们的初衷无非想矫正一般盲目复古和盲目西化这两种不合此时中国需要的动向，此外别无他意。所以我们的宣言假使能引起大家注意这两种动向的危险，或者至少能够激起主张这两种动向者能各加一番反省的功夫，那我们的目的就可算达到了。因为我们少数人所能做的只是指出一个可能的方向，至于怎样走向那个方向，达到建设文化的目的，那是我们大家所应同负的责任。"①何炳松参与发表宣言的初衷"无非想矫正一般盲目复古和盲目西化这两种不合此时中国需要的动向，此外别无他意"，说明何炳松是以纯粹学者的身份参加发表宣言的，并没有为国民党文化战略服务的成份。从何炳松出席公众场合演讲的言论及对胡适批评的回应来看，这也是较为恰当的。有论者说："一些教授参加这次论战的动机是好的，但是后来却被国民党当局利用了。"②何炳松明显在"一些教授"之列。此后，

---

① 何炳松：《何序》，马芳若编：《中国文化建设讨论集》，《民国丛书》第1编第43册，上海书店1998年版。

② 关海庭：《1935年"中国本位文化建设"问题的论战》，《史学月刊》，1989年6月。

何无意继续参加中西文化大论战，或许是因为他发现自己心中的文化建设观点无法在现实中得以实施。

7月，何炳松在朋友的建议下，接受教育部指派，辞商务印书馆协理等职，出掌国立暨南大学校长一职。何炳松此次辞职受到商务总经理王云五极其诚恳的挽留。据俞剑华回忆："在王雪艇部长向何师征求意见时，现任经济部王云五部长，为商务印书馆总经理，本依何师为左右手，坚劝何师为馆服务至于流涕，且亲赴南京为之代辞，结果以中央属意坚决，无法收回成命，于七月二日正式发表。"①何炳松上年10月已被选任商务协理②，协助总经理王云五总管全馆各方事务。王云五此次劝留显然比复业前更为情真意切，可见何炳松在商务中的为人及贡献。复业前后王云五留住了何炳松，但此次因为教育部急切要人，何炳松最终还是于7月辞协理职，离开商务，从而结束了在商务11年的职业生涯。

（二）登上史学研究新高峰

"察看20世纪鲁滨逊新史学派输入中国……我们这里要定格在何炳松身上。说起鲁滨逊，在老一辈学人那里，即刻就会想起何炳松。何炳松之于鲁滨逊，犹如傅雷之于巴尔扎克，朱生豪之于莎士比亚；又犹如矛之于盾，弓之于箭，

---

① 俞剑华：《何师伯丞在建阳》，《何炳松纪念文集》，华东师范大学出版社1990年版，第252页。

② 《本馆四十年大事记（1936）》，《1897—1992商务印书馆九十五年：我和商务印书馆》，商务印书馆1992年版，第705页。

鱼儿之于水，须臾不可分离。”①

何炳松翻译《新史学》与朱希祖改革北京大学史学系有很大关系。1920 年春，北大校长蔡元培力举朱希祖为史学系主任。朱上任伊始，即着手对史学系进行改革，“以欧美新史学，改革中国旧史学”。于是对课程设置作了大幅度调整，“以社会学、政治学、经济学等社会科学为史学基本知识”②，列入必修科。其中，为三年级学生开设《新史学》课程，聘何炳松担任。同年秋季开学，何炳松正式开讲该课程，所用教材系北大出版部早在开学前翻刻的鲁滨逊英文版《新史学》。上了一个学期后，学生反响非常好，系主任朱希祖便请何将英文本《新史学》译成中文本。寒假期间，即 1921 年 2 月，何开始着手翻译《新史学》。先由北高师学生江兴若协助翻译，后改为傅东华。同年 8 月上旬，翻译完毕；送朱希祖、张慰慈审订，后又送胡适校阅。朱希祖应何炳松之邀于 8 月 10 日写成《新史学・序》，他借对《新史学》的评价肯定自己改组北大史学系课程体系成功之举，认为《新史学》内容很符合中国当时史学界的程度，因为当时中国史学界已经陈腐至极，正需要鲁滨逊这种新史学观点去摧毁，才能获得新生。所以何炳松翻译这部书，“为我国史学界的首唱者”，“是很有功于我国史学界的”③。由此，美国鲁滨逊《新史学》及何炳松译出中文本为更多人所知晓。

---

① 张广智：《序》，李勇：《鲁滨逊新史学派研究》，安徽人民出版社 2004 年版。

② 朱希祖：《北京大学史学系过去之略史与将来之希望》，《朱希祖文存》，上海古籍出版社 2006 年版，第 330 页。

③ 《北京大学日刊》，1921 年 10 月 20 日。

1920年9月秋季学期，在何炳松主讲《新史学》期间，北大史学系教授陈衡哲指定预科生应读的历史参考书目中，即有鲁滨逊的《Readings in European History》，鲁滨逊和比尔德合著的《Readings in Modern European History》、《The Development of Modern Europe》，海斯的《A Political and Social History of Modern Europe》。① 稍后，北大史学系另一名教授柴春霖，为学生开列"研究近百年史学参考用书"，在陈衡哲的参考书目上新增鲁滨逊和比尔德合著之《Modern European History》、《Outlines of European History》、《The Development of Modern Europe》。② 此外，北大教授陶孟和在《新青年》第8卷1号（1920年9月）上刊出《新历史》一文，该文虽然没有提及鲁滨逊名字，但从行文对新、旧历史的区分，对新历史产生原因、研究方法及作用的论述，都可从《新史学》英文本中找到相对应的英文句子。而他向《新青年》读者推荐研究历史者应读的书目中，即有鲁滨逊《新史学》英文本。由此可见，陶确系受了鲁滨逊《新史学》观点的影响。③ 北大教授李泰芬④在1921年7月增补出版的

---

① 《图书部典书课通告》，《北京大学日刊》，1920年10月6日。

② 《图书馆布告》，《北京大学日刊》，1921年10月24日。

③ 至于谁提议北京大学出版部刻印鲁滨逊《新史学》英文本，及英文本由谁提供，尚未得知。据何炳松1933年初给刘英士复信中得知，当时何本人并没有《新史学》英文本。

④ 李泰芬（1896—1972），河北省阳原县人，中国知名史学家。1914年，以最佳成绩考入北京大学，因学费昂贵，遂转入北师大，专攻史地。大学三年级时（1917年），即编著出版《西洋大历史》。1918年，被北大校长蔡元培破格聘为北大教授。

《西洋大历史》第三版中选译了鲁滨逊《新史学》中的两章，而《西洋大历史》前两个版本并没有关于鲁滨逊《新史学》的介绍。由此可见何炳松译介《新史学》所产生的学术影响之一斑。

何炳松借讲授、翻译鲁滨逊《新史学》，积极宣传鲁滨逊新史学思想，在"五四"以后产生过很大影响。不仅他本人翻译的《中古欧洲史》、《近世欧洲史》教科书长期被用作大学教本，鲁滨逊新史学派其他成员的著作继《新史学》翻译出版后也纷纷被翻译。如桑戴克(Lynn Thorndike，1882—1965)的《世界文化史》(1930 年中文版)、巴恩斯(Harry Elmer Barnes，1889—1968)的《新史学与社会科学》(1934 年中文版)、海斯(Carlton Hayes，1882—1964)的《欧洲近代政治社会史》等。《大公报·史地周刊》第 38 期(1936 年 5 月 1 日)刊登的黄肖兰《现代史学之新趋势》也引用了鲁滨逊和肖特韦尔(Jame T. Shotwell，1875—1965)的著作。20 世纪三四十年代国内出版的不少"史学概论"书籍，都不同程度引用或接受过"新史学"观点。

自何炳松 1921 年 8 月译成鲁滨逊《新史学》，并于 1924 年 7 月出版，何在中国史学界的影响日隆。期间，不少时人对何译《新史学》进行了评价。

卢绍稷在 1929 年 7 月 18 日写成的《史学概要·序》中说："历史之学说，以新史学派所主张者为最可信。……关于此学派者，西洋可以美国鲁滨生(Robinson)为代表，中国可以何炳松先生为代表。"①卢系何炳松在大夏大学任教

① 卢绍稷：《史学概要》，商务印书馆 1930 年版，序。

时的学生，卢著《史学概要》一书多得何指导，再加上何大力译著宣传鲁滨逊新史学派著作，所以卢认为何炳松是新史学派的中国代表。

据谭其骧回忆："何炳松先生译美国鲁滨生（James Harvey Robinson）著《新史学》一书，曾被本世纪二三十年代国内许多大学历史系采用为讲授历史研究法的教材，影响颇大。解放以来，各大学的史学理论一律改用了根据马克思主义原理编写的历史唯物主义教材，这部《新史学》便被摒弃在史学流行著作之外，极大多数历史系的师生几乎都不知道有这么一部汉译世界名著，更不要说有几个人看过此书了。"①尽管如此，何炳松译介鲁滨逊《新史学》等，无疑改变了20世纪初新史学思潮通过日文书籍间接理解西方史学理论的做法，开始直接翻译西方史学原著。这一历史贡献，应是一个不争的历史事实。

在译著《新史学》（1924年7月初版）、《中古欧洲史》（1924年10月初版）、《近世欧洲史》（1925年10月初版）、《历史教学法》（1926年1月初版）先后出版的同时，于1925年又译完《西洋史学史》，何炳松对美国鲁滨逊新史学派著作、观点的大力宣传，到此暂告一段落。约于1926年，他开始转向译著欧洲史学理论，借鉴德国朋汉姆②的《历史研究法课本》（Lehrbuch der Historischen Methode，1889年初

① 谭其骧：《本世纪初的一部著名史学译著——〈新史学〉》，《何炳松纪念文集》，华东师范大学出版社1990年版，第74页。

② 朋汉姆（Ernst Bernheim，1850—1922），又译伯因汉、伯伦汉、班汉穆。本文使用何炳松的译名。

版)、朗格罗亚①与塞诺波②二人合著之《历史研究法入门》③(Introduction aux études Historiques,1897年初版)、以及塞诺波所著的《应用于社会科学上之历史研究法》(La Méthode Historique Appliquée aux Sciences Sociales),撰成《历史研究法》、《通史新义》两书。

何炳松于1927年1月撰成《历史研究法》,16日在沪北作《序》。他认为西洋史家着手研究史法只有两百多年的历史,成果不甚满意,如法国道诺(P. C. F. Daunou)、德国特罗伊生(J. G. Droysen)、英国夫里门(E. A. Freeman)"或高谈哲理,或讨论修词,莫不以空谈无补见讥于后世"。而"至今西洋研究史法之名著,仅有两书",即朋汉姆的《历史研究法课本》和朗格罗亚、塞诺波合著的《历史研究法入门》。他进一步分析了此两书闻名的原因:"德国朋汉姆著作之所以著名,因其能集先哲学说之大成也。法国朗格罗亚、塞诺波著作之所以著名,因其能采取最新学说之精华也。一重承先,一重启后,然其有功于史法之研究也,则初无二致。"④

---

① 朗格罗亚(Ch. V. Langlois,1863—1929),又译朗格诺瓦、朗格路瓦。本文使用何炳松的译名。

② 塞诺波(Ch. Seignobos,1854—1942),又译瑟诺博斯、瑟诺波、谢尼奥博思。本文使用何炳松的译名。

③ 法文本《历史研究法入门》1897年初版,翌年英文本《Introduction the Study & History》初版,后有英文译本改称《Introduction to the Study of History》,中文译本还有称《史学原论》。

④ 何炳松:《历史研究法》,刘寅生、房鑫亮:《何炳松文集》第四卷,商务印书馆1997年版,第5~6页。

上一个世纪之交，西方史学思潮正处于转型时期，传统史学的权威地位开始受到新兴史学挑战。而对中国而言，20世纪初自梁启超喊出“新史学”口号后，中国史学家纷纷译介西方各家史学理论，以构建中国史学。《历史研究法课本》、《历史研究法入门》两书对19世纪西方史学研究实践进行经验总结，论述了史学研究的一系列原则和方法问题。朋汉姆还被称为“西方史学方法论鼻祖”。两书所体现的史学方法论水平远远高出同时代许多史著。这对处于史学大变革时期急需史学理论指导的中国史学界而言，两书的价值是不言而喻的。对此，齐思和先生曾在40年代对何炳松《历史研究法》给予很高的评价，认为该书“撮述现代历史研究的方法”，“此书虽然简短，然而对于西洋现代史学的认识远胜于梁氏（指梁启超——引者注）的《中国历史研究法》”。① 但齐思和没有进一步解析何炳松高出梁启超的关于西洋现代史学的那点认识是什么。笔者通过比较何、梁二书，认为何炳松在书中详细介绍了史学著作的学术规范，对日后中国历史学学科的发展起到了很大促进作用，这点是梁启超所未及的。何炳松在《历史研究法》“著作”一章中，详细介绍了史学著作的学术规范，即史学著作要不厌其烦地标明出处来历：“史贵征实，不尚浮谈。征实之道，除引用成文之外，并有自注之一途。疏漏之防，不嫌太密。历史若无凭借，将如性命之空谈。史家欲显精能，莫若标明其来

① 齐思和：《近百年来中国史学的发展》，汪朝光主：《20世纪中华学术经典文库·历史学·中国近代史卷》，兰州大学出版社2000年版，第100页。

历。……凡撰人名氏、书名、卷数、版本、出版之时地等，均当一一注明。而各书之内容及其优劣，均应加以简明之案语。"①新史学著作非常强调标明出处，由此也可看到何炳松深受新史学影响。他进一步详尽地介绍注脚的分类及操作办法："注脚种类，可分为三。一为卷数、页数之注明，以表史材之所在。一为成文抄录，以明史文之有凭。一为证据之讨论，以见决断之谨慎。"对于第一类注脚，何炳松担心如果仅仅注明页数、卷数，没有标明版本，则不方便读者寻找翻阅原书。所以，他认为"并应说明何人刊印，何家所藏，以免读者之遍寻无着。有时所据原本，或系手稿，则不特何家珍本，应加说明"。何炳松在解说第二类注脚中，认为何时引用原文，没有统一的标准。但对于手抄珍本之类不易为常人所看到的书，应采录原文于注脚中；此外，如果所引述的原文字句太简单，也应引原文。对于原文系外国文字，何时应加以翻译，何时应引原文，也没有定则。"如果在表明史料真相，则应录原文。当原文之意不能绝对确定时，尤宜如此"。当然，何炳松认为，最佳做法是将引文的意思参入著作之中。第三类注脚最难，因为它要考订引文内容、版本的演变，所费功夫尤多。②在历史学学科形成的初期，何炳松较早著书论述史学著作学术规范的相关问题，有助于史学研究活动走向学术化、规范化。史学学术规范的问题经何炳松 20 年代提出，史学界虽仍无法在撰写史学著作的

①② 刘寅生、房鑫亮：《何炳松文集》第四卷，商务印书馆 1996 年版，第 68 页，第 68～69 页。

实践上完全达到标明出处的标准，但其努力取向无疑是明显的。两年后，即1929年，何炳松对注脚的作用有了深一层的认识，认为注脚的好处除了表明材料的来历、保存可用的书目、革除剽窃的恶习外，更重要的是表示作者的人格："著作中间，如果有注脚，那末著作者见闻的广狭，功力的深浅和心术的诚伪，都可以使读者一目了然。这种光明磊落的态度不但合于现代学术公开的精神，而且有功于学术的进步。剽窃成书原是掩耳盗铃的举动，识者不为。"①

继1927年7月出版《历史研究法》，介绍法国塞诺波等人史学理论思想后，何炳松又于翌年10月依塞诺波《应用于社会科学上之历史研究法》(Ch. Seigonbos：La Méthode Historique Appliquée aux Sciences Sociales)原理译著成《通史新义》。他痛惜适合现代新史学眼光的中国通史寥若晨星，认为造成这种局面的原因不在于中国史学界缺乏史才，而在于中国"编纂通史之人尚未能如西洋史家之能利用最新方法"。因此，他译成《通史新义》，旨在"介绍西洋最新之通史义例，盖因其依据各种最新人文科学研究而来，较吾国固有者为切实而适用，足备国内史家之采择"②。该书分两编，上编共十章，专论社会史研究法，凡社会通史之著作、通史与它种历史之关系，均加以浅显说明。同时，对于各种似是而非、偏而不全的义例，也加以相当评估。

① 刘寅生、房鑫亮：《何炳松文集》第二卷，商务印书馆1996年版，第261～262页。

② 何炳松：《通史新义》，广西师范大学出版社2005年版，自序。

何炳松早在北大教书期间，即开始研究章学诚史学思想，撰成《读章学诚〈文史通义〉札记》、《章学诚史学管窥》，认为："章氏以为史体莫善于纪事本末及通史……通史之条，其便有六：一曰免重复，二曰均类例，三曰便铨配，四曰平是非，五曰去抵牾，六曰详邻事。其长有二：一曰具剪裁，二曰立家法。其弊有三：一曰无长短，二曰仍原题，三曰忘目标。"①在作《通史新义》时，何炳松更详细研读了章学诚通史观点，撰成《增补章实斋年谱序》，认为章学诚对于史学的第二个贡献为"对于通史这一类著作的观念表示得非常切实非常正确"。他在该序中详细解读了章学诚关于通史意义、利弊、编纂沿革的观点，认为他在《文史通义·答客问》一文中论述了通史的定义："史之大原，本乎《春秋》，《春秋》之义，昭乎笔削，笔削之义，不仅事具始末，文成规矩已也。以夫子'义则窃取'之旨观，固将纲纪天人，推明大道，所以通古今之变而成一家之言者，必有详人之所略，异人之所同，重人之所轻，而忽人之所谨，绳墨之所不可得而拘，类例之所不可得而泥，而后微茫秒忽之际，有以独断于一心。及其书之成也，自然可以参天地而质鬼神，契前修而俟后圣，此家学之所以可贵也。"②何炳松于 1928 年 10 月 10 日撰写《通史新义·自序》时，将往年研究章学诚通史思想的成果集于一身，肯定章学诚在中国传统史学中的地位，及其可与

① 《读章学诚〈文史通义〉札记》，《史地丛刊》第 1 卷第 3 期（1922 年 2 月）；《章学诚史学管窥》，《民铎杂志》第 6 卷第 2 号（1925 年 2 月）。分别见《何炳松文集》第二卷，商务印书馆 1996 年版，第 50 页、第 118～119 页。

② 何炳松：《增补章实斋年谱序》，《民铎杂志》第 9 卷第 5 号（1928 年 10 月）。见《何炳松文集》第二卷，商务印书馆 1996 年版，第 230～231 页。

西洋史学家比肩之处。“章氏发挥通史之意义，辨别通史之利弊，以及叙述通史编纂之沿革，诚可谓详尽无遗，首尾完具。”其中，章学诚对通史意义及利弊的论述，“虽仅就吾国旧史而言，然即通诸现代西洋之所谓通史，亦可当至理名言之评语而无愧色”①。此外，何炳松还指出章学诚通史思想不足于西洋史学之处：“至于章学诚通史观念之明确，固远驾西洋史家之上；然亦终以时代关系，未能以切实之方诏示后世。”②鉴此，何炳松拟作《通史新义》一书，介绍西洋史家通史义例，以补章学诚辈之缺憾。

此外，当时中国史学界受欧化影响很大，对西方史学理论的接受饥不择食，导致偏而不全、似是而非的通史义例充斥于史著中。例如，学习统计学者，认为研究历史应该用统计法；学习生物者，认为应该用进化论；学习自然科学者，认为应该用因果律；学习经济学者，认为应该用经济史观；学习伦理学者，认为应该用分类法等。而中国学者鉴于章学诚推崇通史，当时译介之西洋史学名著皆属于通史一类，所以“误以为现代理想上之史著当以通史为正宗，其他文献似均可付之一炬”③。何炳松作《通史新义》一书，目的之一在于纠正中国史学界对通史的种种误解。

在论及专史与通史关系时，何炳松以鲁滨逊博士之说为基础，故甚重视通史，以为“通史能说明共通之演化及特殊之变迁，而专史则不能”④。在西方史学理论模式下，他

①②③　何炳松：《通史新义》，广西师范大学出版社 2005 年版，自序。

④　金毓黻：《附录：最近史学之趋势》，金毓黻：《中国史学史》，河北教育出版社 2000 年版，第 411 页。

详细解说了通史与专史之间的关系：

> 一套之专史，如风俗、美术、宗教制度等之历史，无论其内容如何完备，决不足使吾人了解社会之演化，或世界之历史也。盖其所述者，仅一种连续抽象之描写而已，而在所有此种抽象现象中，本有其具体之连锁，此种现象，或皆产生于同一人群之中，或皆为同一人群之产品，而此种人群，又往往有其共同之伟业，如迁徙、战争、革命、发见等，为各种现象之共通原因。……是故所谓通史，即共通之历史，吾人于此可知所有专史之编著，虽完备异常，而在吾人之历史知识中，始终不肯留有或缺之部分，此不可或缺之部分非他，即吾人所谓通史者是也。其特性在描写具体之真相，叙述社会人群之行为与伟业，故通史之为物，无异一切专史之连锁，通史中之事实，无异专史中事实之配景。实际上此种共通事象之足以联络，或驾驭人类之特殊活动者，皆属影响及于大众，及足以变更一般状况之事实，因侵略或殖民而起之民族移动也，人口中心之创设也，人群一般制度之创造或变更也，皆其类也。政治史之重要以及通史中政治史所占之地位之特大，其故皆在于此。①

在何炳松史学史思想发展过程中，1928 年是一个很重要的年份。是年八九月间，姚名达离京至江浙搜集《章氏遗

① 何炳松：《通史新义》，广西师范大学出版社 2005 年版，第 84 页。

书》抄本,进行增补胡适《章实斋年谱》的相关工作。姚每星期都亲临何炳松寓所,与其探讨史学研究方法。两人此段时间的交往,给何炳松很大启发。因为姚名达自1925年9月考取清华国学研究院第一届学生,受教于梁启超,1926年10月6日至1927年5月底聆听梁启超讲授《中国历史研究法补编》,并负责速记、整理、出版《中国历史研究法补编》。此种难得的学术训练及姚自身的努力,使其学术见解尤深,尤其是在史学史思想方面。此次谈话,姚对何的影响可谓不浅。谈话后,何炳松的学术研究动态发生了很大的变化,从理论到实践逐渐清晰地表达了其史学史思想:首先,1928年冬,应邀到上海中国公学史学会作了题为《中国史学之发展》的演讲,初步阐述了中国史学发展的分期问题。其次,《西洋史学丛书》编写计划的酝酿。再次,《中国史学丛书》编写计划的酝酿。其四,1929年,指导卢绍稷撰写《史学概论》。

1928年冬天,何炳松应邀到上海中国公学史学会作了题为《中国史学之发展》的演讲,初步阐述了中国史学发展的分期问题,认为可分为三个时期:第一期,起于孔子作《春秋》,迄于荀悦作《汉纪》,前后凡七百余年,系中国史学上两种主要体裁(即编年与纪传)由创造而达于成熟之时代。第二期,自荀悦至北宋末年,凡约千年,系旧式通史之发挥时代。第三期,南宋以后,系中国史学形成派别并大有进步之时代。经南宋时期学术的融会贯通,儒、释、道三大宗皆形成系统的思想,"而儒家一派独演化而成所谓浙东之史学以迄于现代"。"南宋以前之史家虽亦不一而足,然史学之发展不成系统，具如上述；而且经史文三种学术往往混而不分。或轻史重文，成喧宾夺主之势；或以经驾史，抱褒贬垂训之观。故学者之于史学，或视同经学之附庸，或作为文学之别子。史学本身几无独立之地位焉。自南宋以后，浙东史学大兴。”①是次演讲的重要性在于奠定了何炳松史学史研究的理论基础。随后写成的《浙东学派溯源》研究浙东史学，即为有鉴于中国史学史上第三个分期的复杂性而作。1932 年，《浙东学派溯源》结集出版，何炳松在《自序》开头即引述了演讲稿全文，并对演讲稿作了更深一层分析，突出演讲稿有两个大胆主张：“第一，就是认定南宋以后，我国的学术思想还是有三个系统，由佛家思想脱胎出来的陆九渊一派心学，由道家思想脱胎出来的朱熹一派道学，和继承儒家正宗思想而转入史学研究的程颐一派。第二，就是认定南宋以后程颐一派的学说流入浙东，演化而成为所谓前期的浙东史学。”②卢绍稷在其 1930 年出版的《史学概论》中也附录何炳松是次演讲稿，名为《中国史学演化之陈迹》。稍后，演讲稿全文刊登在《出版周刊》第 1 卷第 8 期(1935 年 5 月 10 日)上。

何炳松关于中国史学发展三大分期所体现出的史学进步思想正好弥补了梁启超所设计的中国史学史体系的不足。梁启超在《中国历史研究法补编》中说：“中国史学史，

---

① 刘寅生、房鑫亮：《何炳松文集》第二卷，商务印书馆 1996 年版，第 312～313 页。

② 何炳松：《浙东学派溯源·自序》，刘寅生、房鑫亮：《何炳松文集》第四卷，商务印书馆 1996 年版，第 308 页。

最少应对于下列各部分特别注意：一、史官，二、史家，三、史学的成立及发展，四、最近史学的趋势。”①梁启超所设计的这一体系，局限性在于史学分期不明显，难以反映史学发展的阶段性。此外，以史家为线索，很容易把史学史写成孤零零的史家传记或对其著作的解题式介绍，也不利于将史学史写成一个有机联系的发展过程。而何炳松依照史学本身发展的特点对史学发展过程进行分期，有利于把握史学的整体发展脉络，即可克服梁启超以史官、史家为中心探求史学发展全过程的局限性。

近有论者评价何炳松史学三分期思想时，认为第一、二期与第二、三期的分期标准不一样，前者以史学体裁为分期标准，以荀悦撰写《汉纪》为断点分为编年体纪传体和旧式通史两个时期；后者则以是否形成史学派别为分期标准。该论者认为何炳松这一分期思想，“与他研究中国史学史的方法论有关”。论者也肯定了何炳松分期思想所体现出的贯通精神，“何氏的分期是否恰当，姑且不论，但他以贯通的眼光试图勾划出中国整个史学发展的脉络，还是值得肯定的”②。

何炳松在1928年冬演讲中提出中国史学分期问题后，进一步考虑如何取舍不计其数的史籍以撰成一部中国史学史。这是史学史学科萌芽时期必须考虑的首要问题，也是

① 《饮冰室合集第12册·专集99·中国历史研究法(补编)》，中华书局1989年版，第153页。

② 周文玖：《何炳松的史学理论及其史学史研究》，《求是学刊》，2000年第4期。

史学理论问题。何炳松认为宜先向西方史学理论借鉴，遂计划编辑《西洋史学史丛书》，介绍西方史学史理论，以助中国史学史的编纂。1929 年底出版丛书第一种《西洋史学史》，该书序言鲜明地表达了他欲致力于中国史学史编写的志向："译者窃不自量，尝思致力于中国史学史之编辑，以期于吾国之新史学界稍有贡献。唯觉兹事体大，断非独立所能奏功。且此种研究为吾国学术上创举，尤非先事介绍现在西洋新史学之名著不足以资借镜。译者近来所以有编译西洋史学丛书之计划，其故盖即在此。"①此话，还表达了另一层意思，即采用分工合作的办法撰写中国史学史。梁启超在《中国历史研究法补编》中将史学史定性为专史的一种，何炳松则在史学史"专史"性质外，认识到史学史不是普通的专史，因为它研究的内容涉及历史上各种史家的史学理论方法，即史学史关注整个历史学的发展，所以宜首先分工研究每个时期的史学，最后综合各个时期史学研究的成果，即可成一部中国史学史。

于是，何炳松计划编辑《中国史学丛书》。编写该丛书的想法最早萌芽于 1928 年八九月间与姚名达探讨史学时，据姚名达事后于 1936 年 8 月 1 日在普陀山报本堂撰写《程伊川年谱·小序》时回忆："八年前(1928 年)，何伯丞先生尝与予讨论浙东史学，征得王岫庐先生同意，爰有中国史学丛书之撰辑计划；予于数年之间，分撰宋濂、刘宗周、黄宗羲、

① 刘寅生、房鑫亮:《何炳松文集》第三卷，商务印书馆 1996 年版，第 231 页。

邵廷采、朱筠、章学诚诸年谱，概已成书。后经一二八之难，宋、黄二谱被毁。”①该丛书共47种，仅姚名达一人就承担了5种。姚名达自在清华国学研究院受教于梁启超，便有志于史学史研究，并很有研究心得。在《中国史学丛书》作者群中，需注意的还有郑鹤声。他负责了丛书中的4种，数目仅次于姚名达。郑鹤声系柳诒徵的学生，其对中国史学史的研究颇有成绩。他毕业时，以《汉隋间之史学》为题，撰成十几万字的论文。柳诒徵称赞其论文“一时无双”，并推荐给《学衡》杂志发表。1924年，上海中华书局出版了前加柳诒徵题词的单行本。郑鹤声大学毕业后，到云南高师教书，编有《中国史学史》(4册)作为讲义，于1928年由商务印书馆出版。② 此外，《中国史学丛书》之一种《林文忠公年谱》的作者魏应麒于1941年出版了《中国史学史》；《颜师古年谱》的作者罗香林系何炳松北大教书时史学系主任朱希祖的女婿，他对中国史学史也有独到的见解。其于1945年12月在《文史杂志》第5卷第11、12期合刊上发表过《中国史学的过去与将来》一文，文中比较概括地论述了中国史学发展的历史。③

由此可见，《中国史学丛书》作者群对中国史学史研究均有独到见解和贡献，何炳松为分工研究中国史学史所物

---

① 姚名达：《程伊川年谱·小序》，《程伊川年谱》，上海商务印书馆1937年版。

② 周文玖：《从梁启超到白寿彝——中国史学史学科发展的学术系谱》，《回族研究》，2005年第2期。

③ 朱仲玉：《中国史学史书录》，《史学史研究》，1981年第2期。

色的人员均具研究中国史学史的基本素质，这就保证了中国史学史研究的质量。

何炳松在百忙之中还指导其在大夏大学任教时的学生卢绍稷撰写《史学概要》。该书原是卢在中央大学区上海中学校高中部讲授《史学概要》课程时所用的讲义，后因当时史学概论一类的著作太少而结集，于 1930 年 6 月出版。卢绍稷在《序》中说：该书在撰改过程中，得到何炳松指导，"自着手之初以迄成书之日，时时请益于何先生，凡大纲之确定与材料之所在，莫不承其指示"①。书中大量引用何著，"历史之学所，以新史学派所主张者为最可信。盖其主张进化，而言今古不同；反对以历史为褒贬或作殷鉴之工具，并反对专记人名、地名与事实及时期（详阅何炳松先生译，新史学。）关于此学派者，西洋可以美国鲁滨生（Robinson）为代表，中国可以何炳松先生为代表（观其史学著作，便可知之。）故本书引用成文，以何先生与鲁氏两人为最多，盖亦作者区区之意所在也"②。书后还附录何炳松 1928 年冬在上海公学的演讲稿——《中国史学演化之陈迹》。

综上可见，尽职商务期间，何炳松除自身致力于史学新高峰的攀登，还尽力提携和引领一批青年学者走上学术成才之路。这种"导师"角色作用在结束商务 11 年的职业生涯后，在随之而来的 11 年大学校长的生涯中，得到更为充分的发挥和实现。

①② 卢绍稷：《史学概要·序》，1930 年 6 月。

第四章　出长暨南(上)

从1935年临危受命，到1946年在校长任内身殉文教，何炳松对暨大进行了长达11年的苦心经营。正是他的努力，终于使风雨飘摇的暨大，重上发展轨道，而且一跃成为与当时清华、武大、中大相提并论的名校，也使这所“华侨最高学府”获得“东南民主堡垒”的称誉。

一、初长真如暨大

国立暨南大学是民国时期我国唯一的一所以华侨子弟为招生对象的大学，有着悠久的历史。它的前身是由清两江总督端方于1906年奏请清廷创办的暨南学堂。1907 年正式开学,郑洪年任首任庶务长。辛亥革命爆发后,学校停办。1917 年复办,改名为国立暨南学校。1923 年,暨南学校设商科大学部,定名为“国立暨南商科大学”。1927 年,在上海真如改组升格为综合性大学,郑洪年再次出任校长。从此,国立暨南大学成为全国华侨最高学府。此后,在郑洪年的领导下,经多年发展,暨大初具规模,成为一所拥有商、文、理、法、教育 5 个学院 16 个系及师资专修科、外交领事专科的学校。学校对华侨教育发展做出了重要贡献,已成为全国南洋问题和华侨问题的研究中心。然而好景不长,1935 年国内面临日本侵华危机,民族救亡运动此起彼伏,各地学生爱国运动趋于高潮,暨大也风潮迭起,学生无法正常学习,“纪律日弛,课业荒废”①。当时主政乏人,代校长沈鹏飞难撑大局,教育部深感头痛。于是,国民政府教育部部长王世杰提出由校董会聘请何炳松出任校长,希望能够严肃校风,整顿校纪。当时,何炳松的众多好友都劝其不要出长暨大。如其挚友金兆梓即认为教育部内部派系斗争激烈,与其受制于当局,何不仍留在商务这块园地里,为学术事业而耕耘,假以时日,必然大有作为。但何炳松认为培养华侨子弟意义深远,“且当轴促驾甚急,已无时间给他考虑”②。周予同也认为何炳松是被连拖带拉地坐上校长位置的:“某些人的计划,

① 《何炳松继任暨大校长——教部令彻底整顿》,《申报》,1935 年 7 月 3 日。

② 金永礼:《记金华两位史学家》,《何炳松纪念文集》,华东师范大学出版社 1990 年版,第 372 页。

原是希望先生接任三个月后掀起另一次学潮的，再把先生送回商务，而不料先生一坐坐了十年！先生在某些人的眼里是顺眼而又不顺眼的人物，他们希望您早点走，而又无法使您早点走！”①正是深感“以情有难却，义不容辞”，何炳松于1935年7月正式出任国立暨南大学校长。在他发表的《详述本人受任之经过》的谈话中，详细叙述了事情的来龙去脉：“近承教育部部长王雪艇（王世杰——引者注）先生，暨各位校董，以暨南大学校长职务关系重要，必命本人承乏，本人始终以才学疏浅恳辞，迄未见允；同时上海市党政当局，又复从旁敦劝，益令人无从推诿。今明令既已发表，事关为国效劳，且国立大学关系民族文化甚巨，自未便执意固辞，只得遵照办理，暂向商务印书馆告退，以便勉力专任校长职务。”②

何炳松上任伊始，即在就职后的第一次全校大会上指出：“现在国势阽危，国难严重，许多人已经无书可读，在国家尚未灭亡之时，我们应发愤图强，努力奋斗，以拯救国家，以复兴民族！我们在有书可读之时，应努力读书。”③他告诫学生要敦品励学，以便日后用自己所学的知识报效国家，服务社会，“养成一种抗建人才”（即抗战建国人才——引者

① 周予同：《哀悼何柏丞先生》，《何炳松纪念文集》，华东师范大学出版社1990年版，第235页。

② 《暨大校长何炳松发表谈话——详述本人受任之经过》，《申报》，1935年7月6日。

③ 《何炳松校长在1935年9月12日开学典礼上的讲话》，《暨南校刊》，第143期。

注)。这就要求暨大培养出来的学生,立身行事应先为国家民族着想,“当前是抗战御侮,将来则是谋求国家民族的兴复强盛”。他提出的培养目标是:“要造成复兴民族之斗士,不要造成争权夺利的政客。况且暨南比其他大学另有特殊之使命,将来本校毕业同学,必须能向海外发展,能在海外立足。”①为此,何炳松校长确定了三个重要的方针:

一是学术标准化。提高程度,使课程设置合理,不因人设课,须为课择人。教授必须聘请专门学问家,不要政客,更不要流氓。尽量充实设备,在房舍、图书、仪器等各方面均须尽最大限度扩充。提倡学术研究的风气,组织各类团体以研究各种学问。

二是财政合理化。学校经费要更多地用于设备购置,少用于薪金发放。以前每月5万元的经费,用于教职员薪俸者已达4万元,所以校舍、图书、仪器难以添置。现在必须将人事费用降下来,如果经费有节余,尽量实行奖学金、补助金办法,以奖励学生刻苦读书,扶助困难学生完成学业。鉴于校内经费紧张,原定在南京设立中学的决议也只能取消,学校行政会议决定:“本大学历年亏欠甚巨,经费困难,在京添办中学一层实不可能,应作罢论。”②

三是团体生活纪律化。团体生活必须有纪律,在教职

① 《何炳松校长在1935年9月12日开学典礼上的讲话》,《暨南校刊》,第143期。

② 《本校行政会议记录》,上海市档案馆:国立暨南大学档案全宗,Q240—1—2。

员方面，要奉公守法，不缺课，不旷职，不早退，加强统计考勤。在学生方面，必须恪守校规，上课时不缺课，不迟到，集会时遵守秩序，不大吵大闹。暨南体育甚有名气，但要注意运动道德，大家相见，须有礼貌。学校赏罚分明，一切照章办事，养成良好的校风。①

何炳松认为要办好一所高校，在很大程度上取决于有没有一支高水平的教师队伍。因此，何炳松十分重视师资工作，认为校长最重要的工作在于"求贤"，要努力聘请一流的教师。他提出了聘任教师的两条标准：一是必须从教学的需要出发；二是所聘任的教师必须有真才实学和良好的道德品质。"大学教授的责任则在于谋学术上的贡献，藉以完成大学的使命。他们的工作，应该包括两个方面：一面以讲学指导青年，一面以著作贡献社会。"②何炳松在其任期内，千方百计延聘了许多著名的专家学者来校任职任教，如在上海时各院系的负责人，均为一时之望，计有：③

教务长：张耀翔（后由周予同教授兼任）

总务长：杜佐周教授兼任

训导长：吴修教授兼任

注册组组长：陈科美教授兼任

---

① 《本校行政会议记录》，上海市档案馆：国立暨南大学档案全宗，Q240—1—2。

② 何炳松：《〈暨南学报〉发刊辞》，《何炳松文集》第二卷，商务印书馆1996年版，第693页。

③ 《各学院概况》，上海市档案馆：国立暨南大学档案全宗，Q240—1—677。

出纳组组长：曹增美先生

文学院院长：郑振铎教授兼任

理学院院长：程瀛章教授兼任

商学院院长：程瑞霖教授兼任

……

此外，还有周谷城、许杰、盛叙功、周宪文、沈炼之、王秀南、楚图南、李健吾、孙怀仁、戚叔含、卢怀道等，可谓阵容强盛，人才荟萃。另外，何炳松校长还不时延揽一些著名学者来校讲学，引导师生走上探讨学术的正途。

何炳松大力倡导形成学术研究的气氛，鼓励组织各种专业性学术团体和群众性团体，创办各种学术刊物，让师生在宽松和谐的气氛里互相切磋。据统计，1936 年前后，暨南园中的学术性团体共有 6 个，即经济学会、经济研究会、教育研究会、演说辩论研究会、文学研究会、世界语学会等。现简述如次：

经济学会：该会以研究经济科学、砥砺学行、训练办事能力、养成服务精神为宗旨，拥有 23 名会员。该会组织分为总务、文书、庶务 3 股。

经济研究会：该会以加强互助精神、研究经济学识及经济问题为宗旨，拥有 80 余名会员。常务 3 人，文书 2 人，研究 5 人，编辑 5 人。

教育研究会：该会以探讨学术、砥砺学行为宗旨，会员有 37 人。该会的执行委员会由大会全体成员选举产生，共计 11 人，内部分为总务、文书、会计、庶务、研究、出版和演讲，共计 7 股。

演说辩论研究会：该会以培养口才、增进将来服务社会的能力为宗旨，拥有会员 40 余人。分为总务、庶务、演讲、辩论 4 股。

文学研究会：该会以研究中国文学为宗旨，会员有 50 余人。分为总务、出版、研究、编辑 4 股。

世界语学会：该会以研究和发展世界语为宗旨，会员有 10 余人。该会主要是开设夜班学习，属于业余补习性质，报名参加学习者踊跃。

在何炳松校长的大力倡导下，暨大的社团活动呈现出百花齐放的状态，不止学术团体层出不穷，而且文学、艺术团体也得到何校长的大力支持，呈现一片欣欣向荣的景象。据在暨大剧社多年的高宗靖校友回忆："一九三五年夏至一九三七年夏两年间，暨大内的演剧活动，有进一步的发展，主力是同学。但在外部条件种种限制下，何校长对暨南大学校园内的演剧活动，态度是积极的、支持的，尤其是对抗日爱国戏剧的演出给予支持，是难得的，是十分不容易的。……在抗战时期能坚定师生抗日必胜的信心，能唤起民众积极抗日的爱国良心。……不仅在校内而在地方上也起到了积极的社会教育作用。"①

在注重"软件建设"、聘请名家来校任教、鼓励学术氛围的同时，何炳松还花了大气力进行硬件建设，改善师生的工

① 高宗靖：《何炳松校长与暨南剧社》，《何炳松纪念文集》，华东师范大学出版社 1990 年版，第 338、342 页。

作和学习条件。何炳松认为,提高教学质量的重要条件之一,就是要"充实设备,无论房舍,图书,仪器,均须尽量扩充"。他还指出:"学校经费须多用于设备,少用于薪俸,始为合理。"在他的领导下,学校各项建设有了很大发展:"除充实教学外,先生还大力整顿校容,如将真如教学大楼、大礼堂等修葺一新,充实图书仪器,绿化校园,拓展校内人行道,兴建一座高大校门。在先生的苦心经营下,短短时期,一座华侨最高学府,面貌顿为改观。"①在艰苦的环境中,何炳松校长还十分注重保存图书设备。"八一三"事变发生前,他即组织将印信关防、文件档案和部分仪器、图书等,先期转移到地处法租界的中华学艺社,使"孤岛"时期暨大的教学工作得以继续进行。

鉴于非常时期对学生进行形势教育的重要性,在正常的专业教学之外,学校特开设《中国现代问题讲座》,作为各学院四年级和一年级学生的必修课。每周安排两次讲座,每次两小时。主讲者除了校长及部分教授外,另聘请校外专家来校讲授,如竺可桢、程海峰、张其昀、刘振东、陈湘涛、张心一、陈礼江等人,分别在暨南讲授过战时经济、农业、劳工、交通、国防、军事化学、重工业、军事心理等专题。所有专题讲座的内容,经过记录整理,专家本人审阅后,即印成丛刊,除发给同学外,还向社会发行。当年公开发行的有竺可桢的《中国的地理环境》、张其昀的《中国国势鸟瞰》、陈湘

① 赵镜元:《主持暨南大学十年》,《何炳松与故乡图文集》,政协金华市委员会文史资料编委会编,2006年版,第14~15页。

涛的《交通运输与国防计划》、刘振东的《国防经济政策》、陈礼江的《民众教育与民族复兴》、程海峰的《劳工问题》等手册，均由暨南大学出版社出版发行。

暨南的体育运动一向具有光荣的传统。何炳松掌校后，为使暨南体育在原有基础上进一步提高，学校还明确规定“体育为全校男女同学公共必修课”。其施教方针是：注重健全的人格，培养强毅的体魄，促成团结的精神，以作救亡之根本训练。在何炳松任内，学校还注重扩展运动场所，筹建了体育馆、游泳池，扩充了球场，增设了体育讲座。由于实施上述体育教学与训练的新措施，暨南体育运动又出现了新的气象：“三十年代的暨大……体育则始终是全校学生必修之课，也是开展最为广泛的群众性活动。校园里盛开的体育之花，自卅年代前后即开始相继结出累累硕果。各项运动成绩步入鼎盛时期。”①尤为值得称道的是，1936年在德国柏林举行的第11届奥林匹克运动会，中国体育代表团的各运动队中，暨大有十多人入选。在抗日战争全面爆发后，暨南体育健儿纷纷投笔从戎，陈镇和、符宝卢、谢全和、张鸿藻、徐亚辉等同学，加入中国空军行列，驾机杀敌。其中，陈镇和、符宝卢先后血染蓝天，成为抗日烈士，这是暨南校史上光辉的一页。

“暨南大学者，政府特为侨居海外之侨民子弟归国求学而设者也。”这句话概括了暨大这所华侨大学当时的办学宗

① 沈昆南：《何校长与暨大的体育》，《何炳松纪念文集》，华东师范大学出版社1990年版，第331页。

旨，亦即要完成“朔南暨，声教讫于四海”的办学使命。何炳松掌校后，深知暨大的特殊使命，为把暨大办成具有华侨教育特色的大学而花费了大量心血。虑及暨大生源主要来自南洋这一特殊背景及其所肩负的使命，为突出侨校特色，何炳松主要采取了以下三方面的措施：

第一，在课程设置上充分考虑到南洋的实际情况。他为暨大制定的教学方针是：比其他大学另有特殊使命，使毕业学生能向海外发展，能在海外立足。据此，各院系在教学中贯彻如下两项原则：首先是“注意基本原则及其运用”，即不仅重视基础理论的讲授，还注意加强实际运用能力的培养。其次是“适应海外华侨教育之需要”，教学内容紧密联系海外，特别是南洋的实际，以利于华侨学生毕业后回原居地就业或国内毕业生到南洋工作。因之，在课程设置上，南洋方面的课程一直是很重要的部分。为此，何炳松规定将《南洋概况》作为全校学生的公共必修课，这也是暨大的一个特色。《南洋概况》这门课，主要讲授有关南洋的历史、地理、经济、社会、风土人情等方面的知识，使学生对南洋的历史和现状有一个较为全面的了解，以利于学生毕业后能更好地适应当地的环境和需要。一直到建阳时期，由于受时局影响，虽然侨生数量已经很少了，仍然坚持开设这门课。为了使侨生对南洋的历史和现状有一个较为整体性的认识，扩大其知识面，毕业后能较快适应当地环境，各院系注意充实有关南洋方面的教学内容，如史地系就明确规定应着重南洋史地研究，外文系添购了大量外国语言文字的基本书籍，商学系则开设了《南洋史地及法规》。除此，重视外语教学，也是暨大的传统教学特色之一。何炳松规定，每个本科生都要掌握两门外语，学生除了以就读的系作为主系外，还可跨学院选择另一系作为辅系。

第二，大力培养海外华侨教育师资，推动海外华侨教育事业的发展。何炳松很重视师范教育，对培养海外华侨教育师资尤为热心。他认为暨大不仅要培养大批高级人才，还要为普及华文教育做出应有的贡献，“海外侨民师资培训班”的举办即为一实例。鉴于南洋各地侨校师资极为缺乏的现状，海外文化事业部制定了培养侨校师资的宗旨：“培养侨校师资，一方面固在使其适应侨民环境，另一方面尤应使其了解祖国文化及教育思潮。然南洋各属之环境彼此不同，故就国内中等以上毕业生加以训练，不如就南洋各地之中等以上毕业生现在各地侨校服务者加以训练较为合适。”①1936 年，国民政府决定将原由中央侨务委员会主办的侨资班交由暨大主办，招生对象是：高中毕业、在侨民学校服务 1 年以上；或旧制中学、简易师范、初中毕业，在侨民学校服务 3 年以上的在职教师，年龄在 36 周岁以下，不分性别。由领事馆或中华商会保送。招生 40 名。学制 1 年，分文、理两组，修业期满发给成绩证明书。学生免交膳宿费，但须交杂费，旅费由其服务学校负责。该班班主任由海外文化事业部主任兼任，聘请有关院系教授担任教学工作。

① 《各学院概况》，上海市档案馆，Q240－1－677。

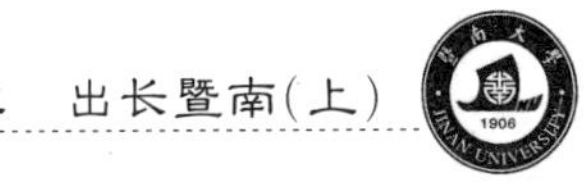

文、理两组开设的公共课有教育概论、现代教育思潮、教育心理、学校行政、各科教学法、教育测验与统计等。当时，正值抗战前夕，不仅局势动荡，教育经费亦很紧张。在教育部未下拨任何办班经费的情况下，何炳松考虑到南洋各埠华文学校急需教师，本着传播中国传统文化的愿望，毅然决定在并不充裕的经费中开支办学费用，并亲自担任部分课程的讲授。学员除规定要学习公共课及各自的专业课外，还注重国内教育之参观、学习、讨论，精神与技能训练并重，以培养出能够担负华侨教育所需且能善于利用环境、创造环境的优良师资。何炳松还组织学员利用寒假时间，到河北、陕西、绥远、青海等地参观游览，并到傅作义将军驻地，慰问抗击日伪军、收复百灵庙的爱国将士，使学员受到了一次深刻的爱国主义教育。举办海外侨民师资训练班的效果和影响是很好的，对提高海外华侨学校的师资水平以及暨大在南洋的知名度都起到了积极的促进作用。1937 年 6 月，学员毕业离校时适值"七七"事变前夜，学员们带着发动侨胞支援祖国抗战的使命返回南洋，对当地革命思潮的传播具有极大的推动作用，也有力地支援了全民族抗战。

第三，加强有关南洋问题和华侨问题的学术研究。何炳松掌校后，"深感国内研究华侨问题之机关，寥若晨星"，决心在这方面加强力量，把暨大办成南洋问题和华侨问题的研究中心。1935 年将暨大南洋美洲文化事业部改为海外文化事业部，聘请吴泽霖、俞君适为该部正副主任，下设研究、调查、编辑 3 股。该部的主要任务是：① 研究海外各地的历史、地理、政治、经济、法制、教育、宗教等问题。② 研究华侨的历史及其经济、教育、社会各种事业之法制问题。③ 研究国内与海外侨胞有关之各种问题。④ 调查侨居地情况。⑤ 调查海外侨胞之经济、教育事业。⑥ 征集海外各地各种文献，收集、整理各种资料。⑦ 编辑《南洋研究》及《海外侨讯》、《中南周刊》。⑧ 编辑各种丛书。⑨ 绘制各种图表。为完成上述任务，该部增聘了对南洋问题和华侨问题素有研究的专家学者。尽管条件艰难，但专家们仍能含辛茹苦、埋头苦干，订出了三方面的工作计划：一是重新确定研究范围，先将华侨问题分为政治、经济、教育、史地等类，再按不同地区，根据各人专长确定具体研究范围。二是充实研究资料，除了将原来的资料重新分门别类外，着重添购有关华侨问题的中外文报刊书籍。何炳松还派员赴海外作实地调查，搜集资料，于 1936 年夏开始筹设南洋文库。三是改进编辑工作，充实《南洋研究》内容，由双月刊改为月刊，并在厦门《江声日报》上开辟《中南周刊》专栏，报道有关华侨的新闻和评述。此外，还编纂出版《南洋丛书》40余种，目的在于“藉以唤起国人对于南洋问题的注意”。该部在南洋问题和华侨问题研究方面做了大量工作，取得了重要成就，为国内外所瞩目。在辗转租界及建阳期间，该部改名为南洋研究馆，由周予同、王勤堉先后任主任，在极其困难的条件下仍然坚持研究工作。何炳松抱着“务使暨大成为一个真正南洋问题研究机关”之宗旨，在抗战胜利后，还拟定了一个更庞大的计划，拟专门收罗对南洋问题有专门研究之专家，设一研究院，招收研究生，不但作理论上之研究，而且作具体之考察，以进一步加强对南洋问题和华侨问题的研究，以期在沟通海内外炎黄子孙之间的联系、促使政府采取措施维护华侨权益等方面起更重要的作用。①

上述侨校特色，正如胡寄南教授所言，体现了抗日战争时期的暨大"是名副其实的华侨最高学府"。何炳松还非常关心爱护侨生，对那些远离家乡的侨生更是关怀备至，嘘寒问暖。1936 年 5 月，学校派员赴南洋搜集资料、考察华侨教育状况时，顺访侨生家庭，了解家长对学生的具体要求。何炳松还特地制定优待侨生报考暨大的办法。抗战爆发后，一些侨生返回居住国，远在南洋的华侨子女也因战争而难来就读，这就给暨大的外招工作带来了诸多不便。鉴于此种情况，暨大制定了一项旨在吸引侨生回国求学的办法。如"规定考生不论考上与否，只需缴纳三元，即可在学校招待所住三个月以复习迎考"。又如在经济上资助侨生。太平洋战争爆发后，战事波及南洋，不少侨生因邮路阻隔而接济断绝，生活极端困难。为了帮助他们解决生活上的后顾之忧，使他们能专心学习，何炳松一方面设法向国民政府争取到较多的奖学金和助学金名额，并由学校发放侨生贷学金，另一方面又从国民党第三战区弄到大批军用棉被及棉衣裤，发给困难学生，以解燃眉之急。作为一位谦和的长者，他赢得了侨生的爱戴。

---

① 《南洋文化教育事业部概况》，上海市档案馆，Q240—1—925。

二、“孤岛”辗转办学[①]

何炳松初长暨大，在真如校区展开一系列改革，暨大校誉日隆。不料，“七七”卢沟桥事变，日本侵华战争全面爆发。8 月 13 日，淞沪一声炮响，打断了暨大正常的发展。地处上海战区的国立暨南大学面临命运的抉择：要么关闭、停办学校，要么接受日寇、汉奸的接管，要么内迁继续办学。几经权衡何炳松以过人的胆识和魄力，选择将暨大搬进租界，打通艰难的办学之路。“孤岛”辗转办学期间，何炳松校长办学的主要精力不得不放在选择校址、搬迁学校上，包括在租界内的迁校和努力谋求内迁两大方面。虽然迁校花去了何炳松大量精力，但他并没有忽视学校的学术研究，这表现在积极建设南洋研究馆、支持校内师生的学术活动、主持《学林》月刊等方面。

（一）上海“孤岛”内谋出路

1937 年 7 月 7 日，日军制造卢沟桥事变，发动了大规模侵华战争。在民族危机面前，全国民众纷纷要求南京国民政府实行抗战。17 日，蒋介石在庐山发表谈话，阐明了政府的抗战态度：“卢沟桥事变的推演，是关系中国国家整个的问题，此事能否结束，就是最后关头的境界。万一真到了无可避免的最后关头，我们当然只有牺牲，只有抗战！……

① 本部分所使用的档案材料由暨南大学历史系张永春老师提供，特此致谢！

如果战端一开,那就是地无分南北,年无分老幼,无论何人,皆有守土抗战之责,皆应抱定牺牲一切之决心。”①同时,蒋介石仍希望可和平解决卢沟桥问题,“在和平根本绝望之前一秒钟,我们还是希望和平的,希望由和平的外交方法,求得卢事的解决”②。早在卢沟桥事变前蒋介石就决定邀请全国专科以上校长、教授到庐山召开谈话会,共同商量如何应对日本咄咄逼人的侵略态势。何炳松作为上海 50 多位代表之一,应邀参加了庐山谈话会。7 月 11 日夜,他与徐诵明、胡健中等人动身前往庐山。③ 16 日上午,庐山谈话会如期召开。由于战局日趋紧张,谈话会匆匆结束。何炳松通过耳闻蒋介石“最后关头”的讲话及其他人士关于战局态势发展的评价,对抗战不可避免有了深刻的认识。“庐山谈话会使何炳松对形势以及最高当局的态度有了深刻的了解,知道战争不可避免,而且必定旷日持久,他已经在考虑应变措施。此后他采取的一系列举措,都证明了判断的正确并行之有效。”④

20 日,谈话会结束后,何炳松立即从庐山赶回上海。29、30 两日,北平、天津相继沦陷。与此同时,日军还把侵略的魔爪伸到了上海、南京。8 月 8 日,驻沪日本海军第三舰队进行了新的兵力部署;9 日,日海军陆战队队长带人前往上海虹桥军用机场挑衅。鉴于上海中日战争一触即发的

①② 《中央日报》,1937 年 7 月 20 日。

③④ 房鑫亮:《忠信笃敬——何炳松传》,浙江人民出版社 2006 年版,第 197 页,第 198 页。

紧急态势，何炳松未雨绸缪，先于 7 月 11 日租得法租界辣斐德路（今复兴中路）上的比德小学，作为暨大临时办公处，并带领部分学生先行迁入。① 同时，派人将学校的关防、印信、文件档案、图书资料、仪器设备等从真如校区转移到法租界内爱麦虞限路（今绍兴路）上的中华学艺大楼里。8 月 13 日，日军越过对峙线，京沪警备司令官张治中下令坚决还击，淞沪抗战爆发。暨南大学因地处战区，暴露于炮火之下，情况十分危急。何炳松校长立即指挥在校师生员工连夜撤离校区，转移到中华学艺社暂避战火。至法租界领事限令暨大于 10 月前搬离学艺社，虽然只有短短一个多月时间，但一些师生清楚地记住了这段炮火中患难与共的时光，据谢章浙回忆：

> 同学们一百多人避难进入租界，都住在中华学艺社，自行买菜烧饭，过难民生活。教授们也大部分移住特区。②

另据张弘国回忆：

> “八·一三”沪战爆发，真如毗邻火线，安全受到严重威胁，因为何炳松校长又是中华学艺社理事长，就把图书仪器转移到旧法租界爱麦虞限路

---

① 房鑫亮：《忠信笃敬——何炳松传》，浙江人民出版社 2006 年版，第 198 页。

② 谢章浙：《潜伏的三年半——母校迁入上海租界内的经历》，暨大重庆同学会编印：《暨南通讯》第 1 期，1941 年 5 月 4 日。原件藏重庆市档案馆：全宗 0093，目录 10，卷号 43。

中华学艺社去；随后，留在学校里的同学们，包括我们一些家在国外的侨生也不得不迁居到中华学艺社去住。学艺社楼下大厅成为我们的临时宿舍，男女同学们各占一边，用屏风挡着，中间通道就是同学们的活动场所。生活条件与暨大原来的学生宿舍自然无法相比。①

八·一三事变后，日军飞机不断在暨大真如校区上空盘旋侦察。事变后三天内，即在校区上空投下四十余枚炸弹。以致“巍峨的致远堂，幽娴的莲韬馆，庄严的科学大楼，与及暨南河畔的垂柳，洪年图(书馆)前的草坪，都受了残酷的炸伤”②。8 月 19 日的轰炸最为严重，据何炳松调查：

8 月 19 日上午 9 时起，即有敌机数架在本校上空飞翔侦查，10 时左右开始投弹。计大学部布告栏投一弹，将布告栏完全炸毁；布告栏之南柏油路上投一弹，将附近树木及电杆炸毁；科学馆西部投一弹，由楼顶穿入，将室内物件炸毁；图书馆西部亦有一弹穿入；大礼堂后面约 10 公尺处落弹一枚，将礼堂后门门窗玻璃震碎，墙壁弹痕累累；礼堂东面约 10 公尺处落弹一枚，亦将门窗等玻璃震

① 张弘：《战斗的青春——忆抗战初期暨大生活片段》，刘寅生等编：《何炳松纪念文集》，华东师范大学出版社 1990 年版，第 503 页。

② 谢章浙：《潜伏的三年半——母校迁入上海租界内的经历》，暨大重庆同学会编印：《暨南通讯》第 1 期，1941 年 5 月 4 日。原件藏重庆市档案馆：全宗 0093，目录 10，卷号 43。

> 坏。以上所投各弹均系重量炸弹，将地面炸成10余尺之深坑。文学院一部分椽木被震损坏。校东民房闽庄内住有志愿参加战地服务团工作之学生10余人，因房后亦落一弹，致该团留居之附中退学学生冯雪桂当场炸死，学生黄世华受重伤，校警李富有在学校后门亦受微伤。①

在炮火中，何炳松校长仍想方设法尽量抢出留在真如校区的图书仪器、校具等。于是，便有部分教职员自告奋勇开展了抢救校产的行动："在危难的遭际里，愈显出了校友爱护学校之诚挚。做这种冒万难进灾(区)搬移仪器书籍文具工作的，大多得力于毕业后服务母校的周光中、金能襄、娄子明、苏乾英、俞寿松、洪谟、朱履荃诸君。他们在黑夜的弹雨下载车往返数十次，方才抢救出大半的校具。"②

尽管何炳松系中华学艺社理事长，本可以借学艺社四层大楼作为校舍，但法国租界当局反对中国国立大学迁入租界办学。所以，何炳松只得转移到公共租界寻找合适校舍；同时为了学校的长远发展，也着手筹划学校内迁事宜。后来，租定美租界小沙渡路826号侨光中学的房屋为大学部临时校舍，并定于9月20日开学，10月11日正式上课；此外，借得同区戈登路702号文化中学为中学部校舍，定于

---

① 何炳松:《呈复本校被敌机炸毁详情》(1937年9月)，南京中国第二历史档案馆:全宗号5，案卷号5309。

② 谢章浙:《潜伏的三年半——母校迁入上海租界内的经历》，暨大重庆同学会编印:《暨南通讯》第1期，1941年5月4日。原件藏重庆市档案馆:全宗0093，目录10，卷号43。

10 月 1 日上课。① “在闸北的炮声炸弹声交响狂喧中，开学典礼草草的举行完成。”②暨大在何炳松校长的主持下用一个暑假的时间经受住战争的考验，从真如搬到美租界小沙渡路，拉开了“孤岛”办学的帷幕。

为了 1937 年度第一学期能准时开学，何炳松校长花费了大量心血。除努力在租界寻找合适校舍外，还合理统筹安排校内教职员工作待遇，重新分配好学校各种经费开支，同时还要兼顾招生事宜。这些看似简单的学校日常行政工作，在战争年代却不易开展。9 月 1 日，何炳松主持召开第 85 次行政会议，出席者有吴泽霖、郑振铎（教务长、文学院院长、文学院中国语文学系系主任及专任教授）、程瀛章（理学院院长、理学院数学系系主任及专任教授）、程瑞霖（商学院院长、商学院国外贸易系系主任及专任教授）、杜佐周（总务长与大学秘书、文学院专任教授）。该次会议议定：于同月 20 日开学；从速函约教职员按时到新校址工作；在《申报》等刊登招生广告；由于学校经费原因，暂时停发教职工的各种津贴，并且只留真如原有校警中的二人保管校产。此外，俟 8 月份经费到后，再给所解散的校警发本月恩饷。③

① 何炳松：《就暨南大学开学及临时校舍呈教育部文》(1937 年 9 月 27 日)，南京中国第二历史档案馆：全宗号 5，案卷号 5309。

② 谢章浙：《潜伏的三年半——母校迁入上海租界内的经历》，暨大重庆同学会编印：《暨南通讯》第 1 期(1941 年 5 月 4 日)。原件藏重庆市档案馆：全宗 0093，目录 10，卷号 43。

③ 《第 85 次行政会议记录》(1937 年 9 月 1 日)，原件藏上海市档案馆，档案号：Q240－1－3。

至于学校各种经费开支的分配，何炳松于 9 月 6 日主持第 86 次行政会议议决：8 月份经费汇到后，“以一部分还必要校债；教职员薪发一半，其余留作筹备开学之用”。用在校全体教职员九月份薪俸之半数购买救国公债。另外开支还包括，比德小学临时办公处职员每人送膳费及车费共 20 元，中华学艺社房租每月暂送 200 元。①

小沙渡路大学部开学后，也不易维持正常的教学秩序。某日，竟有三四十名学生到校滋事，不仅殴打总务长，还抢走校长卫士手枪及秘书室公事皮包等物，并占领学校所有办公场所，逼退是日所有在校工作教职工，以致何炳松不得不函请上海市政府派警察来校维持秩序。何炳松详细叙述了事件经过：

> 9 日上午十时许，本校附属中学学生郑永钦、洪朝基、李国章等会同以前毕业学生及已被开除学生文乃斌、秦德瑜、丘振安等，并勾结校外暴徒，合共三四十人，蜂拥至总务长办公室，向总务长杜佐周声言：彼等组织上海华侨青年抗敌后援会，要求本校让出全部初中宿舍，为该会办公之用。杜总务长以该会未得市党政机关核准，未便成立，当即婉词劝导至一小时之久。讵该生等声势汹汹，无理可喻。竟至攫取办公桌上之时钟向杜总务长头部掷去，幸未命中。乃一拥上前，对杜总务长加

① 《第 86 次行政会议记录》(1937 年 9 月 6 日)，原件藏上海市档案馆，档案号：Q240－1－3。

以殴辱，打碎眼镜，扯破长衫。杜总务长迫不得已退到别室。彼等乃即抢去大学秘书公事皮包。拥至校长办公室，胁迫校长立时离校，并将校长卫士手枪夺去。同时另一部分学生分头至各办公处所，强迫负责人员交出钥匙，驱逐出室。由彼等分别封锁，并扣押校长公用汽车，不许开用。当时校长以校警人少力薄，不能弹压，急电真如警察所速派人员协助，乃始终未见派到。相持至上午十一时半，始不得已被迫催车离校。此时，已知被劫者除卫士手枪及大学秘书处公事皮包外，尚有教务处及文书课图章等件。目前，校中各办公室均为彼等劫持。本校职员无法到校办公。诚恐校内银钱器物险遭意外，并影响当地治安。除急电呈教育部外，相应函达至，希贵市长口饬当地警察到校维持秩序，追回失物，以维持教育而重公安实为公便。①

暨大得以暂安，但孤岛非久留之地。自迁入租界办学始，何炳松就开始筹划学校内迁事宜。当学校在中华学艺社大楼暂得安顿时，何炳松即于 9 月 3 日函请教育部批准暨大内迁，并于 10 月亲赴南京，向教育部部长王世杰详陈暨大应立即内迁办学的理由。教育部即同意将暨大迁往江西。11 月 8 日，何炳松偕同大学秘书杜佐周、庶务课职员程

① 《上海市政府训令社会局》(1937 年)，原件藏上海市档案馆，档案号：Q6－18－283。

铼生等前往江西南昌筹备迁校事宜，沪校校务则交由商学院院长程瑞霖协同郑振铎、程瀛章办理。到达南昌后，何炳松一行得到赣省当局热忱赞助，指定距南昌市西南约六十里的西山万寿宫全部房屋为大学临时校舍，距市区九十里奉新县赤田村张氏大厦为附属中学临时校舍。同月，何炳松又在市内借得省赈委会余屋一栋，组织南昌办事处，派杜佐周为主任，令其负责在赣筹划迁移事宜，并修缮大、中学两处校舍。该办事处使用木质钤记。① 因上海汇兑不便，何炳松便请求教育部暂时将暨大校款汇寄至南昌办事处，其领款收据暂用该办事处钤记，并由校长署名盖用私章。②同时，何炳松电告沪校同人准备迁校南昌事宜。11 月 27 日，沪校三院长等四人召开学校第 95 次行政会议，经商量，议决沪校迁南昌相关事宜：允许一部分学生月考完毕后赴南昌，但必须在第二学期开始前补足本学期未完课程，并且补考学期考试。该部分学生必须在 12 月底前到达南昌。到达后，在南昌未开学前仍受学校严格管理，并且要按学校所规定的每日自修时间自觉自修。教职员则必须在 1938 年 2 月 1 日前集中南昌，除因职务关系外，后期到达者以自

① 何炳松：《为暨南大学内迁事呈文教育部》(1940 年 12 月 9 日)，南京中国第二历史档案馆：全宗号 5，案卷号 5309；《国立暨南大学战时迁校桂林计划》，司琦：《何炳松校长文集》，台湾商务印书馆 1988 年版，第 273 页；何炳松：《为撤销暨大南昌办事处等事宜呈报教育部部长王世杰》(1937 年 12 月 18 日)，南京中国第二历史档案馆：全宗号 5，案卷号 5309。

② 何炳松：《为撤销暨大南昌办事处等事宜呈报教育部部长王世杰》(1937 年 12 月 18 日)，南京中国第二历史档案馆：全宗号 5，案卷号 5309。

动解职论。①经过南昌、上海两方协商，决定于1938年2月前将沪校内迁南昌上课。②

然而，战局变化太快。日军于11月12日占领上海后，即迅速攻陷沪宁路、沪杭路沿路城镇，对南京形成包围态势。鉴于南京形势危急，南京政府于11月19日宣布迁都重庆。12月7日，日军对南京发起总攻。13日，南京沦陷。江西南昌因靠近战区，容易成为前线，所以南昌已不再适合用作新校址。尽管此时沪校内迁南昌的先行学生队伍，即暨南大学学生救亡团③，在俞寿松助教的带领下已抵达南昌，但由于南京失守、九江吃紧，何炳松不得不放弃迁校南昌的计划，并按照教育部指示，于15日撤销南昌办事处，销毁钤记。④

迁校南昌计划夭折后，何炳松仍坚持继续寻求合适的新校址。他对当前教育部迁校政策及学校内迁状况作了整体考虑，认为自从教育部饬令各大学内迁川、桂、滇、黔等地，川省已有国立中央大学迁入，滇省更有著名的西南联合

① 《第95次行政会议记录》(1937年11月27日)，原件藏上海市档案馆，档案号：Q240—1—3。

② 何炳松：《为暨南大学内迁事呈文教育部》(1940年12月9日)，南京中国第二历史档案馆：全宗号5，案卷号5309。

③ 该学生救亡团由60多名学生组成，设有正、副团长，分设宣传、生活等部门。唐敬斋、陈秀椽为正、副团长，江泽黔负责宣传，程光明负责生活。见陈秀椽、江泽黔：《暨大迁校南昌之议与学生救亡团》，《暨南校史资料选辑(1906—1949)》(第二辑)，暨南大学华侨研究所1983年。

④ 何炳松：《为撤销暨大南昌办事处等事宜呈报教育部部长王世杰》(1937年12月18日)，南京中国第二历史档案馆：全宗号5，案卷号5309。

大学迁入，重庆则有国民党政府移都驻扎，唯独“桂省国立文化机关尚属缺如”。而暨大“为国立发展华侨高等文化机关，华侨又多为闽、粤、桂同胞。若能移桂办理，不惟可策永久，不致受敌人任何破坏，即华侨同胞子弟升学亦可不因交通阻滞有违爱慕祖国文化之忱。同时校中图书仪器及员生由沪乘搭外轮，经粤转桂，交通亦便；亦闻桂林近郊原有全省师范专科学校，屋宇宽敞，可借为大学及附中校舍之用。如能改变初定计划，将本校迁往桂林办理，则各方既均可兼顾，校舍亦不生问题，实属一劳永逸之图”①。于是，他函文教育部，提出学校改迁广西桂林的计划。还特派杜佐周前往教育部请示，希望教育部同意：“俾杜佐周代表持赴接洽，迅行迁移，以利时机，而策完全。”②岂料日军占领南京后，溯江而上，直取武汉，改迁桂林的计划顿时落空。

短短几个月，由于战局变化影响，何炳松两次迁校计划均告失败。但他并不气馁，仍旧怀着希望前往湖南长沙向教育部长王世杰请求择地迁校。然而，教育部于此时出现人事变动，因“其时沦陷区学生纷纷退至后方者，日甚一日，此一工作，王世杰部长难以胜任而请辞”，蒋介石请陈立夫出任教育部长。1938 年 1 月 7 日，陈立夫在重庆就任教育部长。③ 新任教育部长推行一系列战时教育政策，其中指令暨大继续在沪维持。何炳松唯有遵部令函告沪校 1937

①② 《国立暨南大学战时迁校桂林计划》，司琦：《何炳松校长文集》，（台北）商务印书馆 1988 年版，第 274 页，第 275 页。

③ 陈立夫：《成败之鉴：陈立夫回忆录》，台北正中书局 1994 年版，第 235 页。

年度下学期仍在上海开学，并令在赣办事人员分别回沪校。其中，曾与何炳松同往南昌办理迁校事宜的大学秘书杜佐周于2月回到了沪校，出席了2月14日举行的沪校第99次行政会议。同时，何炳松还令在赣学生或返沪复学，或就地借读；并于1月下旬取消学生救亡团。但何炳松本人并没有立刻回沪主持校务，而是留在湖南，在长沙商务印书馆内设临时通讯处接洽校务。至此，何炳松第一次迁校努力失败。

1938年7月，教育部令何炳松速回沪主持校务。在湖南大约七个月里，由于劳累过度，何炳松肺病复发，一度住进长沙湘雅医院住院治疗长达两个月。

(二) 勉力维持沪校

何炳松回到沪校后，即于1938年8月29日集合时任总务长程瑞霖(商学院院长兼)、教务长郑振铎(文学院院长兼)、理学院院长程瀛章、大学秘书杜佐周，在沧州饭店召开第106次行政会议，共商学校教学行政大事。此次行政会议系学校最高行政决策会议，出席人员均系学校高层领导；何炳松离沪期间，由程瑞霖负责主持召开。本次行政会议对学校行政组织进行了适度调整：训育委员会改为训育处，设主任一人，由吴修改任；总务处合并于秘书室，改称秘书处，设秘书长一人，请杜佐周改任，原总务长程瑞霖只出任商学院院长一职。另外，按教育部指示，暨大本年度开始实施导师制，由校长指定专任教授若干人为导师，并设立主任导师一人，由教务长郑振铎兼任。训育处吴修主任兼任贷金委员会主席，总管学生贷金相关事宜。① 何炳松校长回校主持校务，使学校工作有了一个主心骨。

不过，该年秋季招生情况不大乐观：“可惜的是招收新生的成绩太差。在香港招了一次，只取得三个，结果是一个都没有来。上海也只取了三十人左右，可是代招内地各校的新生却有两三百人。这反映出一般知识青年大多不愿再在上海受这种不自由的教育。但幸得转学生相当多，大学部人数始终维持在三百人左右。这时，中学部也已迁到了福煦路，添办初中，人数倒超过大学部。”②这预示着维持学校行政、教学工作的正常运转实非易事。

秋季开学后不久，学生组织“九·一八献金活动”，触怒了日军。法租界捕房在日军压力下，借口运动标语中有打倒帝国主义字样而限令暨大迁出法租界。关于这次献金活动，事前是学生征得何炳松同意才开展的。何炳松并非不知道献金活动可能会对学校带来不利，但他毫不犹豫地同意学生们开展活动，这说明了他在孤岛办学所持的民族爱国立场是不容置疑的。据当时组织活动的一名学生回忆：“记得 1938 年的秋天，我们建议为抗日战士(实质上主要向新四军)献金。……我清晰地记得，献金发动日的前二夕，

---

① 《第 106 次行政会议记录》(1938 年 8 月 29 日)，原件藏上海市档案馆，档案号：Q240－1－3。

② 谢章浙：《潜伏的三年半——母校迁入上海租界内的经历》，暨大重庆同学会编印：《暨南通讯》第 1 期(1941 年 5 月 4 日)。原件藏重庆市档案馆：全宗 0093，目录 10，卷号 43。

我曾到何校长家中,争取他的同意。原以为孤岛的形势严酷,献金将触动日军和汉奸的嗅觉,身为校长的他,将不会同意吧!所以一路上我想了许多语言,准备对答或说服。不料一到他书房,刚把意图说出,他就毫不犹豫地同意了。这说明了坚持抗日、团结和进步的主张,何炳松校长跟我们是一致的。……由于学校由法租界迁到公共租界,时过境迁,我也返校继续上课与工作。期间也曾再次去看望炳松校长,偶语及此,他并无任何责怪我的表情,只是说孤岛情况复杂,希望你多多注意,继续完成学业。"①

何炳松于事前、事后对学生献金活动没有丝毫责怪。他一方面支持学生爱国活动,另一方面想方设法维护学校发展。法租界当局发布限令后,他为维持校务各方奔走,甚至亲访法大使诺齐亚,请求法大使收回限令。"暨大战后迁入法租界陶尔斐斯路吕班路口新址上课,近突被当局干涉,被迫停课,校长何炳松曾访法大使诺齐亚未得结果,将另觅校址复课。"②此外,还迭次电请教育部转咨外交部,由外交部出面向法国政府交涉。③ 但迫于日军压力,法方以献金活动干涉了政治为由,仍坚持限令暨大及法租界内其他学校于 9 月下旬一概迁出。无奈之下,何炳松只得暂借公

① 钱今昔:《创业的先驱——忆何炳松校长》,刘寅生等:《何炳松纪念文集》,华东师范大学出版社 1990 年版,第 476 页。

② 《暨大被迫停课》,《教育通讯》,第 1 卷第 29 期。

③ 国民政府外交部电咨教育部:《驻沪法国领事限令国立上海暨南大学迁出法租界》(1938 年月 8 日),南京中国第二历史档案馆:全宗号 5,案卷号 5309。

共租界福煦路暨大附中、威海卫路新寰中学等数处分散教学，借期只半个月。因为中学生白天要上课，所以暨大在他们放学后才能上课（从下午 4 时至晚上 9 时）。半月借期满后，暨大仍未找到合适校址，只得转而暂借赫德路立德中学为临时校舍，上课时间仍然为下午至晚上。暨大这种夜间上课的漂泊日子直至 11 月租到公共租界康脑脱路上的一所教堂才告结束。学生们都非常珍惜此段夜间上课的时光，据当时一名学生回忆："开学后不久，我们便遇到困难。法租界以暨大学生进行献金抗日活动为借口，勒令学校迁出。从此我们就不得不到处流浪。但我们一天没有停课。我们借用公共租界里的中学教室上课。我记得最清楚的是南阳路滨海中学。我们每晚在中学生放学以后开始上课。我们没有一人缺课。在暗淡的灯光下全神贯注地听课、记笔记，肃静无声。"①康脑脱路上的教堂是何炳松在其堂侄何德奎（时任租界工部局华人总办）的帮助下才租到的。11 月间，分散多地教学的暨大终于得以迁到同一个地方。于是，这间基督教教堂二三层被隔成八九间课室，"连仅有的一个天井也搭篷作为课室"②。尽管学生人数已减到 200 余人，但课室仍然拥挤。学校办公室也迁入教堂办公。同时，何炳松又在教堂对面租用一座 3 层小洋房，底层作为膳厅

① 戴敦复：《何校长，我们永远记住您！》，刘寅生等：《何炳松纪念文集》，华东师范大学出版社 1990 年版，第 480 页。

② 暨南大学校史编写组编：《暨南校史（1906—1986）》，华侨印刷厂印刷，1986 年 7 月，第 81 页。

和图书馆，二三层作为物理实验室、化学实验室及诊疗所。另外还在学校附近的马斯南路薛华立路、辣斐德路、胶州路上租到3座学生宿舍，侨生、男生、女生各占一座。

学校有了固定校址后，教学、生活渐渐恢复正常状态。1938年度第二学期，学校课程设置、图书仪器均有增加，还建立了几个化学、物理实验室，从江西运回的书籍也启箱取出使用。鉴于此，为维系暨南侨校的特殊使命，何炳松决定积极筹备南洋研究馆，并复刊因“八·一三”事变而停刊了近两年的《南洋研究》杂志，复刊号为第8卷第1号(1939年4月出版)，此后以季刊形式不定期出版至1941年太平洋战争爆发前。南洋研究馆于“八·一三”事变后由海外文化事业部改组而成，因战争影响，馆务受到极大削弱。何炳松在校局稍定之际，积极建设南洋研究馆，体现了他战时也不忘努力履行侨校之责的精神。南洋研究馆设主任一人，研究员、干事若干名，另设海外联络组主任及多名特约编辑。何炳松聘周予同为馆主任，综理一切馆务；聘彭胜天为研究员兼海外联络组主任，苏乾英为研究员兼干事，李长傅为住校特约编辑。① 此外，附设南洋研究委员会，暨大秘书、教务长、三院院长、各系主任、南洋研究馆主任、图书馆主任为当然委员，其他委员则从侨胞领袖、侨务专家及校内有专门精深研究者选聘(聘期为一年，可连任)，南洋研究馆主任为该委员会当然主席。南洋研究委员会职权有五：规划本大学

① 《国立暨南大学1940年度第一学期职员名册》，《1940年毕业纪念册》，原件藏上海市档案馆，档案号：Y8－1－326。

对于南洋研究之进行事项；审核对于南洋研究馆有关之各项计划；审查关于南洋研究著作稿件；讨论校长交议之有关南洋研究事务；讨论南洋研究馆之其他重要事项。① 由此可见，何炳松以校长身份积极推动与参与了南洋研究馆事务。

然而，康脑脱路上的暨大虽然有了固定校址，校务也有所发展，但汪伪组织的"和平运动"已在上海开始行动，并对暨大实行收买、威胁双管齐下政策。校内教职员学生的生命安危受到威胁：黄雄略被击，沈圣五被狙丧身，吴修险遭绑架，金能襄、周光中接到警告。甚至有日军公然来校逮捕学生。据时人回忆"二十八年（指 1939 年——引者）夏季够凄凉的一幕"："一天，学校正在举行期考的早晨，大家忽的听见尖锐而凄厉的一声呼救，在楼上的朝下面一看，只见十几个持手枪的东洋倭子，推打拉拖的将我们一位同学曳上汽车，这同学虽然极力抗拒，终于被关进汽车，呜的一声开走了。几百个人只好噤声的围绕着静看，目送汽车内的那位同学长堕双行热泪而去。这位同学名王伍本，是侨居台湾的福建同胞，后来敌人的特务人员还到宿舍里来过两次，取去王君的行李。"②鉴于租界内紧张的态势，正常教学秩

① 《南洋研究馆组织章程》，暨南大学综合档案室 2004－XS12－23。此段文字参考张永春老师为《百年暨南史（1906—2006）》撰写的《第三章上海"孤岛"时期（1937.8—1941.12）》，第 102～103 页。

② 谢章浙：《潜伏的三年半——母校迁入上海租界内的经历》，暨大重庆同学会编印：《暨南通讯》第 1 期（1941 年 5 月 4 日）。原件藏重庆市档案馆：全宗 0093，目录 10，卷号 43。

序难以进行，何炳松不得不再谋迁校内地计划。

此次内迁原因，除租界内政局渐趋不利学校外，还有来沪就学的侨生人数大减，严重影响了暨大生源，暨大各地同学会也纷纷请求母校内迁。因此，何炳松于1939年6月7日再度函请教育部准许暨大在昆明近郊筹设分校。然而教育部没有答复。何炳松便于同年7月亲赴重庆教育部请示，但教育部长陈立夫却嘱咐其留沪勉力维持暨大。此后，何炳松经多方打听，得知寓居昆明的侨生颇多，都苦于没有求学机会。何"为顾念侨生学业计，又于11月16日呈请核准本校在滇设立分校，或先将本校附中部分迁往昆明，以为筹备本校分校之预备"①。12月5日，教育部批复："贵校附中仍宜留沪，不必迁往。各专科以上学校于战后迁滇者甚多，贵校亦不必在滇设立分校。"②

至此，何炳松谋求内迁昆明的计划亦告失败。

(三) 孤岛最后两年

1940年3月下旬，汪精卫在南京召开伪中央政治会议，议决成立伪国民政府，采用"青天白日满地红"国旗。伪政权"国民政府"设有五院：行政院、立法院、司法院、监察院、考试院。五院院长分别系汪精卫、陈公博、温宗尧、梁鸿志、王揖唐。30日，宣告"国民政府"正式成立。汪伪政权成立后，即着手"接管"沦陷区的文化教育机构。其中，计划接收上海孤岛上的国立暨南大学，将其改为第一个"南京的国立

①② 何炳松：《为暨南大学内迁事呈文教育部》(1940年12月9日)，南京中国第二历史档案馆：全宗号5，案卷号5309。

大学”，后因时机未成熟而搁置。① 暨大校内也有部分教职员学生受敌威逼利诱而变节。上海政治环境日趋复杂，暨大师生人心不定，纷纷要求学校内迁。

身处孤岛的暨大已深陷极度的危局之中，身为校长的何炳松不禁为暨大的将来而深感忧虑。为避免暨大落入敌手，他于 4 月 11 日“以上海环境日趋复杂，本校学生屡求内迁，谨再函呈钧长（指教育部长陈立夫——引者注）准予设法迁移内地，以为一劳永逸之计，而安全体学生之心”②。直至 9 月 26 日，何炳松才接到教育部 8 月 22 日的批复：令饬暨南大学应在闽浙川黔等省，选择适当地点，先将四年级学生、商学院各级学生及一部分教职员内迁。教育部的这一决定，在何炳松看来已经错失了内迁时机，所以他于 10 月 14 日复电教育部时不无遗憾地说：“本校自应遵办，只以闽浙海口已被封锁，沪越交通又生梗阻，以致内迁之事未能即时实现。”③

坚持内迁是何炳松自抗战以来的一贯态度与做法，但因当局决策迟缓，使暨大内迁错失了一次又一次的良机。至 1940 年，随着战争态势的发展，上海孤岛已难保，而战争

---

① 谢章浙：《潜伏的三年半——母校迁入上海租界内的经历》，暨大重庆同学会编印：《暨南通讯》第 1 期（1941 年 5 月 4 日）。原件藏重庆市档案馆：全宗 0093，目录 10，卷号 43。

② 何炳松：《为暨南大学内迁事呈文教育部》（1940 年 12 月 9 日），南京中国第二历史档案馆：全宗号 5，案卷号 5309。

③ 何炳松：《为暨南大学内迁事呈文教育部》（1940 年 12 月 9 日），南京中国第二历史档案馆：全宗号 5，案卷号 5309。

又破坏了内迁路线。在这种情况下,何炳松排除各种阻力,作出留守孤岛的决定,充分体现了其作为一名校长的魄力与胆识。然而,何炳松这一决定却引来了不少人的误解与责难,尤其是各地的校友会。他们纷纷呈文教育部、侨务委员会,强烈要求暨大必须内迁,同时还在各地报刊上发表有关议论。

1940 年 11 月 10 日,暨南大学旅槟榔屿同学会筹备处主任周国钧对槟榔屿《光华日报》记者发表加紧暨大迁校运动讲话。声称该同学会自 10 月发动迁校运动以来,"国内外各处如英、美、荷各属,陪都、昆明、香港、福州等处同学,纷纷响应,分呈中央各机关,饬令教育部将暨大迁移大后方"①。周国钧还分析了当时国内形势及暨大应该内迁的理由:"南京伪政府企图接管上海法租界及公共租界中之学校,各校当局,因不甘附逆,均在准备停办。查上海原有国立私立大学,多已迁移后方。国立大学即如交通大学,原在法租界徐家汇,现亦在重庆设立分校,惟华侨最高学府之敝母校暨南大学,原址上海真如(距闸北数里),自倭寇侵华,痛遭焚劫。迁居租界,学子星散,侨生裹足,上海因有租界之关系,情形特殊,但自法租界当局,受敌威胁屈服,敌伪强夺法院,情势日非,伪府企图掠夺上海各学校,凡不愿作汉奸工具之学校当局,已决自动停办,消极抵抗。但具有三十

① 《旅槟暨大同学会周国钧发表谈话:伪府企图接管上海各学校,暨大迁校运动应加倍努力》,暨大重庆同学会编印:《暨南通讯》第 1 期(1941 年 5 月 4 日)。原件藏重庆市档案馆:全宗 0093,目录 10,卷号 43。原载槟榔屿《光华日报》,1940 年 11 月 11 日。

余年历史之华侨最高学府，决不能消极停办。”①

1940 年 12 月 4 日，暨大旅森美兰、雪兰莪、彭亨州同学代表傅文楷等为母校内迁事呈文教育部，严厉责问当局缘何不及早内迁暨大：“沪战爆发，上海真如相继沦陷，校舍痛遭焚劫，学子被迫星散。沪上各大学感于环境恶劣，相率迁移。惟我暨大迄未闻有迁校计划，殊为憾事。夫暨大为华侨最高学府，国立文化机构，历史光荣，正气磅礴，理应早日迁后方，俾莘莘学子得受抗战之熏陶。何意迄今仍处于敌伪威胁之下，日受万恶势力之包围，因循苟安，毫无生气，致使海外学子裹足不前，华侨学府徒具虚名？”②傅文楷促母校内迁的爱校心是可嘉的，但他认为迄今未闻迁校暨大计划，似乎不清楚暨大学校当局一直谋求内迁的努力，也就否定了何炳松校长迁校的努力。

同年 12 月 13 日，重庆同学会举行全体大会，选举汪竹一等为理监事，并成立母校内迁协进委员会，“延请留渝母校教职员及热心同学，连同本届同学会全体理监事组成之”③。由该委员会负责组织推动母校内迁活动。暨大重

① 《旅槟暨大同学会周国钧发表谈话：伪府企图接管上海各学校，暨大迁校运动应加倍努力》，暨大重庆同学会编印：《暨南通讯》第 1 期（1941 年 5 月 4 日）。原件藏重庆市档案馆：全宗 0093，目录 10，卷号 43。原载槟榔屿《光华日报》，1940 年 11 月 11 日。

② 《国立暨南大学旅森美兰、雪兰莪、彭亨州同学代表傅文楷等为暨大内迁事呈文教育部》（1940 年 12 月 4 日），南京中国第二历史档案馆：全宗号 5，案卷号 5309。

③ 《重庆同学会小史》，暨大重庆同学会编印：《暨南通讯》第 1 期（1941 年 5 月 4 日）。原件藏重庆市档案馆：全宗 0093，目录 10，卷号 43。

庆同学会还呈文侨务委员会，请其转咨教育部早日办理暨大内迁、以策安全等。侨务委员会转函教育部时，称："查暨大内迁，既可策安全，复能便利侨生升学，似确属急要措置。"①

同年底，国立暨南大学旅新加坡校友胡载坤等呈文国民政府教育部：认为沪变以来，"暨校惨遭敌寇占据，校产荡然，师生迫于辗转流离，学校濒于存亡绝续。当局于无可奈何之中，迁避租界，冀图苟安一时，未作久远之计"。尽管学校当局未尽力内迁办理暨大，但他们"深信政府当局必有善后办法，以慰侨望"。所以请求政府"俯察侨情，严令暨大当局限期迁移后方，切实整顿，庶几华侨最高学府，幸免敌人汉奸之劫持；海外万千学子，得以弦诵勿辍，完成抗战大业"。旅新加坡全体校友甚至在呈文中表达了不达迁校目的誓不罢休的决心："暨大旅马来亚三千同学目击当前母校危机，追怀我政府倡导侨教之丰功伟绩，大义所在，虽安缄默，爰联合南洋各属同学，群起护校，务期达到迁移目的为后已。"②胡载坤认为暨大学校当局苟安租界，"未作久远计"，也不了解何炳松一直筹划迁校的行动。

1941 年初，李元信以国立暨南大学旅霹雳同学会筹备处名义致函侨务委员会，要求侨务委员会商请教育部令饬暨大内迁，内称："据报最近情形日趋险恶，敌伪加紧威胁，

① 南京中国第二历史档案馆：全宗号 5，案卷号 5309。

② 国立暨南大学旅新加坡全体校友胡载坤等呈文国民政府教育部：《为呈请令饬国立暨南大学迅即迁移后方重新整顿以慰侨情而维侨教由》(1940 年 12 月)，南京中国第二历史档案馆：全宗号 5，案卷号 5309。

校名不能悬挂，课程多已变质，优良员工相继远离，所谓华侨学府，名不副实。请讯饬内迁，免受威胁，并扩充院系，以应需求。"①

重庆同学会继成立母校内迁协进委员会后，又于1941年5月4日创刊《暨南通讯》，集中刊登介绍各地促暨大内迁的活动言论。仅该期就转载了《今后的侨胞教育》（潘公展著，原载《中央日报》1940年12月20日）、《暨南大学与华侨教育》（原载槟榔屿《光华日报》1940年12月11日）。

> 前文称："暨大既为负有侨胞教育历史任务的大学，而上海今后更将成为乌烟瘴气的魔窟，决不足以招致优秀侨生的入校，则为续其应负之使命计，笔者建议政府当局社会人士，亟应通力合作，谋此侨胞最高学府的内迁与发扬，使他充分发挥其效能。否则暨大的由衰退而不幸至于沦亡，决非仅关于暨大一校的小事，实足以整个的侨教政策受到相当的挫折。"
>
> 后文称："抗战以来，各国立私立大学皆纷纷迁往后方，独暨南仍留上海，受敌奸之摧毁，致华侨子弟之裹足，却又是华侨父老所一致感觉惊异的事。若说上海虽成孤岛，到底是我神圣国土，应

① 侨务委员会：《据暨大旅霹雳同学会筹备处呈请转咨贵部令饬暨大内迁并扩充院系以应需求等情函请核办见复由》（1941年3月26日），南京中国第二历史档案馆：全宗号5，案卷号5309。

有一座国立大学在那里和恶劣环境奋斗,以作对抗敌奸文化侵略的文化堡垒,那末,留在上海的该不是专为华侨而设的暨南,而应是其他国立大学。若说上海处于敌奸威胁之下,仅属暂时现象,失土终有光复之日,最后胜利又已日益迫近,暨南大学何不再忍辱苟安一下,以避迁移的麻烦与耗费,那末当知华侨父老平时就已不赞同暨南设在繁华的都市,因为华侨子弟是回国受教育的,在上海却极容易染受不良的习惯。甚至有的只会学了花钱的本领,学业则毫无进益。这固由于一些负笈学子的太不自爱,可这又怎能专责他们呢?教育当局是应该将他们安置在良好的环境里善为教导的呀!因此,即令抗战已胜利,暨南也不宜再留在上海。竖横要迁移,何不赶早?……依据一些侨胞的意见,我们认为暨南无论如何也应迁移,首都或西南交通比较便利的地方都可作校址。”

校友种种爱校行为在1940年底前后汇成了一场声势浩大的促暨大内迁运动。这场运动自然对何炳松校长留沪办学的决策造成了极大的压力。

侨务委员会态度倾向于暨大内迁,其于1941年8月20日函电何炳松时,就清楚阐明了令暨大内迁的立场。其详细电文如下:“贵校本年经费曾由部汇案追加十一万八千八百元,又教职员薪差款项经费追加四万七千七百四十八元,合计十六万五百四十八元,原案尚未核定,未便再行请增。又沪上环境日趋险恶,贵校全部均将移闽,原定分校计划及概算，势须变动。现正通盘筹划，不日另行函达。仍希速函在闽人员，多觅房屋，先为准备为要。”①此后，侨务委员会多乐于帮助暨大各地同学会转电教育部，请教育部饬令暨大必须内迁。对此，何炳松经过再三考虑，“深觉在目前若果全部移闽，不特在事实上殊有困难，且似亦尚无此需要。若果实行，反使校局摇动，影响且或将及于此间社会”。因此，他于9月10日致函侨务委员会，详细阐述了暨大暂时不能内迁福建的六大理由：

一、本校前此迭次请求内迁时，浙闽海道尚通，生活程度亦尚未高涨，内迁无甚困难。现则入内孔道仅有广州湾、仰光两路。师生旅费所需甚巨。例如此次本校派员赴闽筹备分校，仅有商学院院长周宪文、训导长吴修等六人，合需旅费已达万元以上。现大学部有教职员一三一人，中学部教职员二六人，每人以一千五百元计，已非二十三万余元不可，学生与工役旅费尚不计算在内，旅运各费势必甚巨。此应请惠加考虑者一。

二、查沪上除本校外，并无其他国立普通大学，此次本校招考新生，投考者达一千余人，足见此间青年期望升入国立大学之殷切。今后为收容沪上一般青年使有升学之机会计，本校似有仍在上海维持之必要。又国立各校师生人数甚多，对

① 何炳松：《就迁校困难致侨务委员会文》(1941年9月10日)，南京中国第二历史档案馆，全宗号5，案卷号5309。

于上海一般人心之维系，确有深切之关系，风声所树，似宜继续维持。此应请惠加考虑者二。

三、查本校学生家景多属清寒，旅费若非由校负担，多数恐难成行。则本校内迁后学生人数势必大减，学校与学生均将蒙受相当之损失。若由校负担则每人以千元计，共需九十余万元，即钧部俯赐负担此项费用，似亦为数过巨。此应请惠加考虑者三。

四、本校大中两部之教职员，大率父母俱存，或则子女甚众，内迁时如携全眷，在势既不可能。如分居两地，则不特内地与上海汇兑困难，而以一人所入负担两地家属生活费用，恐亦为事实所不许。万一届时多数不能成行，则因内地教授人才缺乏之故，本校六年来完整之组织，势难保持，亦殊可惜。假使多数同人愿意内迁，则如何事先对留眷在沪者筹划安家办法，如预发若干月薪之数，以安人心，似亦预先布置，而经费如何筹措，亦一问题。此应请惠加考虑者四。

五、自八·一三之后，国内各大学教授或因父母年老，需要随侍，或因景况困难，未能入内，狼狈情形，一言难尽。本校近年秉承钧部收拾人心，网罗硕彦之盛意，尽量在预算及课程之可能范围内，予以兼任机会，稍资救济。一旦本校内迁，对此辈人才，将必复陷窘境。此应惠加考虑者五。

六、本校前于八·一三后，自真如抢救所得之

> 中外图书计有三万余册，仪器计有五千余件。如果内迁，则此项校产，恐暂无离沪之希望，而内地不特购买困难且亦无从购获，教学上将必发生甚大障碍。此应请惠加考虑者六。
>
> 本校此次所以请求在内地设立分校，不再请求内迁，实由于年来情势变化甚剧，非昔比。认为目下内迁实有许多困难。而上列各项情形，在沪区之国立各院校，均有同感。将来若须全体内迁，亦须事先俯赐核定一种通盘筹划办法。就本校论，现在福建分校虽正在开始筹备，基础未定，然万一此间发生事故，只求旅费有着，尚可随时遵照部定办法，全部内迁。唯如太平洋局势不致恶化，则本校既在闽设有分校，已足副钧部特别注意侨教之至意，而慰数千国内外本校毕业同学忧虑母校前途之心。暂缓内迁，似无不可。①

12 月 9 日，何炳松呈文教育部，表达了心中对外界责难暨大留沪主持诸事颇感委屈，因此请求教育部出面澄清事实，他认为："本校自沪变以来，即行着手筹备内迁，固未尝一日以苟安上海为得计，钧部既迭次命令本校在沪勉力维持，仰见实施国防教育政策之苦心。本校系国立大学，一切措施必遵国策，并静候钧部命令办理。顾外界对于本校所以留沪维持情形或多隔膜，不免责难相加，爰恳钧部请予主

① 何炳松：《就迁校困难致侨务委员会文》（1941 年 9 月 10 日），南京中国第二历史档案馆，全宗号 5，案卷号 5309。

持,代向有关各方说明,以袪群疑。”①此外,1941 年春,何炳松为 1940 年度毕业纪念刊撰写序言时,希望毕业同学能尽力向母校同学及父老说明暨大不得不留沪办学的内情:“近年来母校未能内迁,似颇引起一部分同学的误会。我们须知国立大学留在上海租界中的不止我们一校,国家机关留在上海租界中的不止教育一门。我们的政府决定这个政策,实在有其苦心。我们既是国立机关,当然要绝对服从政府的命令,而且要负责执行其政策。这一点意思我亦希望本届毕业诸同学和在校同学回到南洋或内地时,能够尽力向关心母校的同学和父老代为说明。”②

由于日军侵略扩张日益蔓延,上海孤岛形势越来越紧急,何炳松也无法预料暨大还能在孤岛维持多长时间。尽管内迁存在种种困难,但为保存学校计,何炳松征得国民政府教育部同意,在福建建阳筹设分校,以备学校内迁。1941 年 7 月,特派商学院院长周宪文、训导长吴修等前往建阳筹建分校。12 月 8 日,日军侵占孤岛,何炳松与校其他领导商议,即在当天结束孤岛办学。这天上午,孤岛暨大师生上了著名的“最后一课”。

尽管备受战争影响,校局不稳,但何炳松仍然尽力为师生营造一种学术研究的氛围。学校被迫从法租界陶尔斐斯路迁到公共租界康脑脱路后,他将陶尔斐斯路校址留出两

① 何炳松:《为暨南大学内迁事呈文教育部》(1940 年 12 月 9 日),南京中国第二历史档案馆:全宗号 5,案卷号 5309。

② 《〈暨南大学一九三九年度毕业纪念刊〉弁言》,刘寅生、房鑫亮:《何炳松文集》第二卷,商务印书馆 1996 年版,第 706～707 页。

幢房子作为图书馆，请文学院郑振铎兼任该图书馆主任，后改为张契灵担任。图书馆为“暨大丛书”第一部《中国历代天灾人祸年表》的出版提供了极大的便利。据当时编辑者之一施志刚回忆：“从1939秋到1940年末，每天晚上去图书馆一间办公室从事编校工作，前后两年余。两幢楼房，一盏电灯，楼上是笔者，楼下是传达室一位姓袁的中年工人。”①《中国历代天灾人祸年表》是一部大型专著，共10巨册，由史地系专任教授陈高傭主编，1940年底出版：“它具有较高学术价值，是研究中国通史、社会史、经济史、民族史、水利史、气候学等的必需参考书，被英国著名学者李约瑟博士作为《中国科学技术史》巨著的参考书列出。”②何炳松在为该书作序时高度赞扬了编者埋头努力于学术文化工作的苦干精神，也抒发了对战后把酒话当年的向往之情。他说：“自从‘八一三’事变爆发，本校黉舍毁于炮火，图书化为灰烬，学校局促于上海租界的一角，可谓艰苦万状；但全校师生竟能继续着‘弦歌之声’。而高傭先生和文学院几位教授以及史地系多位学生，仍然计划搜讨，编述校印，埋头努力于本位的文化工作，不问辛苦，无间寒暑，真使我百感交集！然而，转念：全国文化工作者殆都具有这种努力向上的民族精神，而谓这民族将要沦为奴役或绝灭，虽极愚呆，也决不相信人世间会有此惨剧，则又不禁‘色然以喜’！若干

① 施志刚：《回忆母校——抗日战争时期二三事》，《暨南校史资料选辑(1906—1949)》(第二辑)，暨南大学华侨研究所1983年，第89页。

② 暨南大学校史编写组编：《暨南校史(1906—1986)》，华侨印刷厂印刷，1986年7月，第86页。

年后，民族复兴，国家安定，文化工作日异而月不同，我如能和高傭先生、各位教授以及各位学生，促膝围坐，清茶淡酒，纵谈史学，回话当年，那末，我们目前所身受的一切艰苦都已得到无价的心灵的快慰了！”①

何炳松还以一名文化工作者的高度责任心，时时关心孤岛的学术研究情况。正是这种责任心使得国民党政府高层对他屡屡委以重托，时人称“当时迁在上海‘孤岛’的国立大学有三所，即暨南大学、交通大学与上海商学院，在几个校长中何先生资望最高，故重庆的国民党政府有事总是直接致电给何校长”②。1939 年 7 月，何炳松从香港转道重庆述职时，蒋介石闻后大喜：“召君垂询上海情形甚切，君因详为陈述，并力陈上海终为东南人文荟萃之区，非至最后关头绝不可轻言放弃。君归后，教育部因特指令其经理上海各国立大学及各特种文化教育机关之临时经费事宜，政府于是时盖一以东南教育文化事宜责之君矣。”③

1940 年 1 月，何炳松接受郑振铎建议，迭次函电重庆当局以争取公款购买流落上海书肆的古籍珍本、善本，保存国家文化血脉。“所有电报都是由何炳松领衔的，因为他是国立暨南大学的校长，是和教育部有隶属关系，而陈立夫是暨

① 何炳松:《中国历代天灾人祸表·序》，刘寅生等:《何炳松纪念文集》，华东师范大学出版社 1990 年版，第 47 页。

② 夏炎德:《何炳松先生在史学与文教方面的贡献》，刘寅生等:《何炳松纪念文集》，华东师范大学出版社 1990 年版，第 316 页。

③ 金兆梓:《何炳松传》，刘寅生等:《何炳松纪念文集》，华东师范大学出版社 1990 年版，第 226 页。

大校董会的董事。"①由于何炳松领衔积极函请，重庆当局终于同意从"庚子赔款"退款中拨出巨款抢救古籍，并派中央图书馆馆长蒋复璁去沪协商。决定由何炳松、张寿镛（光华大学校长）、张元济（商务印书馆之涵芬楼图书馆创始人及商务印书馆董事）、郑振铎、张凤举（考古学家、版本鉴定家、收藏家）五人组成"文献保存同志会"。按《文献保存同志会办事细则》，何炳松、张寿镛保管经费，郑振铎、张凤举负责采访，张元济负责鉴定宋元善本。在实际操作中，因何炳松与郑振铎同在暨大工作，来往较为容易，故何、郑两人先行商定书籍版本、售价等问题，然后征得张寿镛同意再购买。至于支付所购买书款一项，大多由何炳松开支票交给郑振铎，再由郑转交张寿镛盖章。"好几次，因为重庆方面汇款来不及，何先生还作主从暨大先行借款以应急。"②此外，郑振铎还经常与何炳松商量如何解决善本存放及邮寄等问题。"文献保存同志会"工作了近两年，直至 1941 年 12 月 8 日日军侵占上海租界才不得不停止工作。该会抢救出古籍共三千八百余种，"相当于当年国家原藏之数，其成绩是可观的"③。

由于"孤岛"时期的上海租界，学者云集，许多人守节抗

---

① 刘哲民：《何炳松与"文献保存同志会"》，刘寅生等：《何炳松纪念文集》，华东师范大学出版社 1990 年版，第 350 页。

② 陈福康：《何炳松与郑振铎》，刘寅生等：《何炳松纪念文集》，华东师范大学出版社 1990 年版，第 366 页。

③ 刘哲民：《何炳松与"文献保存同志会"》，刘寅生等：《何炳松纪念文集》，华东师范大学出版社 1990 年版，第 351 页。

战，不愿仰仗敌伪而活，故生活相当窘困。此外，上海学术研究空气沉迷，似乎完全被纷飞的战火所掩盖。为了解救留沪学者生活费的燃眉之急，同时也为了振兴上海学术研究气氛，国民政府教育部从中英庚款中专门拨出经费，责成何炳松组织创办一种学术刊物。何炳松即邀请金兆梓、章锡琛、王伯祥、徐调孚、周昌寿、杜佐周、郑振铎、周予同、王勤堉、徐莲僧等，组成“学林月刊编辑委员会”，于1940年11月出版《学林》月刊第1辑，专辑取名《近百年来的中国文艺思潮》。此后至1941年3月，续出4辑：第2辑《命与生存》，第3辑《教育之实验设计与统计方法》，第4辑《五十年来中国的新史学》，第5辑《东方哲学之体系》。何炳松经常在家中宴请“学林月刊编辑委员会”同人，讨论如何办好《学林》月刊。① 此外，他除向著名学者约稿外，还向青年学者约稿。据当时撰稿者之一夏炎德回忆：“上海‘孤岛’学者云集，教学机会不多，有些人生活比较困难，同时在学术方面需要他们发挥，于是由中英庚款董事会专门拨出一笔经费，责成何先生办一种学术杂志，这份杂志取名为《学林》，每期内容非常丰富，所约撰稿者都是有名望的学者，何先生不嫌我年轻资历浅，就约我撰文，第一篇写的是战时经济的文章，不久又要我写一篇长文《中国近百年经济思想史》，我经三个月而写成交卷，将近十八万字，预备分两期连载。不料才发排付印，太平洋战争爆发，只得停刊，原稿由周予同先

① 金永礼：《记金华两位史学家——柏丞先生与家叔子敦先生》，刘寅生等：《何炳松纪念文集》，华东师范大学出版社1990年版，第373页。

生代为保存。”①《学林》月刊确实起到了缓减栖居上海孤岛的学者生活负担的作用，程俊英回忆佐证了这点：“《学林》杂志的稿费相当高，大家心里都明白，何先生正是以这样的方式来表示他对沦陷区的学者和学术研究的极大关怀。可惜，这份杂志不久就停刊了。”②

① 夏炎德：《何炳松先生在史学与文教方面的贡献》，刘寅生等：《何炳松纪念文集》，华东师范大学出版社 1990 年版，第 316 页。

② 程俊英：《我所了解的何炳松校长》，刘寅生等：《何炳松纪念文集》，华东师范大学出版社 1990 年版，第 273～274 页。

第五章 出长暨南(下)

抗日战争进入相持阶段后，日军加快了对中国的占领，暨大在“孤岛”的办学条件日趋艰难。1941年12月8日黎明，日军突袭珍珠港美国的军舰和机场，同时兵分数路进攻香港、马来西亚、菲律宾、印度尼西亚、缅甸等地，同日，美、英、中对日宣战，太平洋战争爆发。之前以“中立”和“治外法权”为由暂时得到保护的上海租界，被日军迅速占领，迫使何炳松校长率领暨南师生整体内迁闽北建阳办学五年，史称暨南校史上的“建阳时期”。

一、内迁建阳始末

(一) 暨大内迁建阳的背景

“萧墙突变惊华夏，哭罢英雄愤未平。学子莘莘齐奋起，毅然投笔请长缨。”①这是暨南校友、国防科工委原副政委周一萍(1915—1990)，半个多世纪前在上海“孤岛”暨南大学求学时写的一首名为《惊变》的诗，描写了那段艰苦办学的岁月。抗日战争进入相持阶段后，地处“孤岛”的暨大办学处境艰难，学校处在日伪势力包围之中，“校舍设备十分简陋，大家生活更是非常清苦”②。学生在上课时不时有炸弹落在附近，日伪还推行思想战和奴化教育，特别是汪伪政权 1940 年 3 月在南京成立后，加大了对上海“租界”的控制与对抗日爱国运动的镇压，暨大校友平祖仁就因参加抗击日伪的地下工作，于 1941 年 4 月被日伪残酷杀害。③

太平洋战争爆发前，“惟以租界关系，一般人咸认为安乐窝，各地流亡纷纷迁沪，即向设内地之各级学校亦移向租

① 周一萍:《书剑吟》,解放军文艺出版社 1993 年版,第 8 页。

② 徐开垒:《祝贺暨大上海校友会成立十周年》,载暨大上海校友会《简讯》第 41 期。

③ “孤岛”时期暨大师生的爱国活动情况,详见夏泉:《“大学犹海上之灯塔”——试论“孤岛”时期暨南大学的爱国活动及其启示》,载《暨南教育》,1996 年第 1 期。

界，人口激增”①。租界不复存在后，日伪上海市政府于1942年1月10日，提出将暨南大学收归汪伪中央政府直辖。② 同年4月7日，日伪上海市市长陈公博致函上海日本宪兵队：“定于本月9日上午9时，至小沙渡路(今西康路——引者注)康脑脱路(今康定路——引者注)口接收国立暨南大学，即烦转知有关方面。”4月9日，陈公博又颁发训令：“查国立暨南大学自太平洋战争爆发以后即加入重庆在浙东由何炳松主办之东南联合大学。沪校方面初则变象维持，继以经济问题及告停办。……其在沪之校产等拟由本部会同上海市教育委员会接收后备作将来新国立大学之用。”③其时，暨大师生在何炳松的指挥和率领下，已经在建阳落下了脚。

建阳地处闽北，福建又是著名的侨乡，该地易守难攻、交通相对方便的地理位置，悠久的文教传统，侨乡与海外华侨联系频繁，以及国民政府很多战时机构迁居于此，为暨南大学内迁建阳提供了诸多便利。早在太平洋战争爆发之前，为了未雨绸缪，做好持久抗战准备，保存祖国文化命脉，为暨大内迁做准备，何炳松校长多次请示教育部。后经国

---

① 《市教育局关于收回租界教育权意见书》(1941年6月3日)，载上海市档案馆编：《日伪上海市政府》，档案出版社1986年版，第893页。

② 《林炯庵关于附送整理特区教育意见书呈》，载上海市档案馆编：《日伪上海市政府》，档案出版社1986年版，第914～916页。

③ 《市政府关于接收国立暨南大学文件》，载上海市档案馆编：《日伪上海市政府》，档案出版社1986年版，第930～931页。

民政府教育部批准，决定在建阳童游设立分校。在此设立暨大分校，正如人们所指出，实乃“以期与海外侨胞通声气，兼亦以备上海万一之虞”①。

1941年夏，何炳松就特派商学院院长周宪文、训导长吴修等，前往建阳设立分校，以周宪文为分校主任②。应周宪文约请，许杰教授兼任注册科主任。在他们的积极努力下，分校于1941年11月正式开学，招收文理商三学院九系新生240人。据许杰回忆：“当时，暨大分校的事务主任林光汉，是个广东人。初到建阳时，教职员不多，我们每天吃饭的时候都聚在一起，碰头的机会很多，了解的情况也很多。……当年，建阳的县长胡福相，也是浙江人。他的秘书杨百泉，是我在任天台文华小学校长时期的学生。……有一次，周宪文同胡福相在言谈当中，提到已经来到建阳的原暨大教授，杨百泉在一旁插话说：‘许杰教授是我的老师’，于是乎，他们对我便格外的客气。由于这些关系，暨大分校在建阳总算是站住了脚跟。”③

---

① 金兆梓：《何炳松传》，刘寅生等：《何炳松纪念文集》，华东师范大学出版社1990年版，第38页。

② 周宪文（1907—1989），浙江台州人，我国著名经济学家，1935年任暨大经济系教授兼系主任，1936年任商学院院长，1942年任暨大教务长，台湾光复后前往台湾任教。

③ 许杰口述，柯平凭撰写：《坎坷道路上的足迹》，华东师范大学出版社1997年版，第299～300页。

附:《国立暨南大学福建分校教职员职务课程分配表》(1941年11月)①

姓　名	职　务	课　程
周宪文	本校商学院院长兼分校主任教务主任	经济学甲组
吴　修	本校训导长兼分校训导主任总务主任	三民主义甲组
许　杰	专任教授兼导师	基本国文
谢震亚	专任讲师兼导师	基本英文
柯蓬洲	专任教授兼导师	会计学
韩逋仙	专任教授兼导师	中国通史论、理学商业史、经济学乙组
尤崇宽	专任教授兼导师	微积分算学甲乙两组
王勤增	专任讲师兼导师	物理、化学、书法、几何
曾建平	专任讲师兼导师	南洋概论
郭绍文	代理军事教官	
娄子明	训导处生活指导组主任	三民主义乙组
俞剑华	总务处文书组主任	基本国文
林光汉	代理总务处庶务组主任	
马炎昌	会计员	
施子郁	庶务员	
徐在廉	教务员	
许培元	特约校医	救护学
卢志淹	书记兼办合作社	
罗大年	书记	
潘湘波	护士	

① 《福建分校职务课程分配表,暨大职务分配案卷》,上海档案馆 Q240—1—66。

(二) 暨大整体南迁

1941年12月8日，暨大在“孤岛”上完最后一课后，何炳松校长即指示教务长周予同留沪处理校务和南迁事宜，然后率领全校师生整体南迁建阳。台湾周国春校友(1944年文学院教育系毕业)在《忆童游·怀旭庐》一诗中深情回忆了那段“恨敌骑南侵，童游身寄”的烽火岁月：

武夷九曲，考亭书坊；宋明学区，鼎盛建阳。
古镇童游，隔水相望；孔庙巍巍，圣德荡荡。
抗日战起，京沪沦丧；暨南南暨，暂安是乡。
孔庙作校，课诵揖让；童游北郊，草莽拓荒。
鸠工建宅，安抚流亡；竹篱芳香，亦村亦庄。
村舍之东，处处方塘；天光云影，莲池飘香。
朝近旭日，暮送夕阳；冠者五六，发奋图强。
围棋遣兴，清茶芬芳；俚语如珠，陶然欢畅。
油灯伴读，甘苦共赏；旭庐点滴，终生难忘。
四十年来，散处四方；白云亲舍，忆想远方。①

暨大得以整体南迁，为东南一带之大学教育守最后之壁垒，得益于下述数端：一是何炳松校长具有前瞻性，当机立断，早在1941年夏即在建阳设立分校；二是全校师生员工在国难当头、民族存亡系于一线之际，同仇敌忾，抓紧时间在中央银行关闭前的12月6日由校出纳组主任曹增美

① 引自金永礼校友诗:《闻建阳建立“暨大旧址”碑有感》，载暨南大学闽北校友会编:《暨南潭讯》，第5期(1997年12月)。

及时领取12月份的经费和临时费,为南迁提供了经费保障;①三是精心组织,化整为零,分批南迁,并在金华设立了南迁接待站,由训导处生活指导组主任娄子明负责;四是得到国民政府第三战区官兵的帮助,如第十集团军在食宿行诸方面提供了许多便利。暨大在南迁前,将图书设备、文件档案等装箱寄存。自1942年1月起,师生自沪经杭州、金华、江山、浦城到建阳。可以说,抗战时高校的大迁移,无疑是一项壮举。"当时的交通极为不便,经费又匮乏,处于混乱的战争年代,政府的主管部门和各高校当局必须自己筹备经费,制订计划,筹划交通路线,搬迁的地点和新建新校舍。"②南迁的艰难困苦和遭遇的种种磨难,非亲身经历难以言表。据周之瀛、顾汝俊两校友回忆:

> 1942年2月初,刚过春节,同学们二三人为一批,先后离开"孤岛"。周之瀛和我在跑单帮商人的向导下,经杭州后,进入浙东沦陷区。白天绕道走小路,攀山越岭;夜晚经闲林埠偷渡敌人封锁线,蛇行匍伏,趴出铁丝网,穿过公路,便拼命的赶路,顾不得饥寒疲惫奔了几十里的崎岖山路。到

① 据俞剑华回忆,1941年12月暨大"该月经费及临时费通知书于十二月六日发下,是日适为星期六,暨大出纳组曹增美主任迅即向中央银行提出,其他各校均未往取,翌日敌军进占,中行停闭,故暨大经费未受影响,遂移为迁移费,其他各校由一文不名,无法支应,曾陷于极困难之境地。"详见俞剑华:《何师柏丞在建阳》,载《何炳松纪念文集》,华东师范大学出版社1990年版,第253页。

② 苏智良等:《去大后方—中国抗战内迁实录》,上海人民出版社2005年版,第198～199页。

天亮总算幸运才见到一个小镇，在临时摊头上买食品充饥，这时向导才说就在穿过的铁丝网上头还挂着人头呢！以后又行了整整一天，才到我抗日前沿的渌渚。

2月16日平安到达金华，我们高兴地找到暨南大学内迁接待站，地址是金华文昌巷，也就是何校长的家。当时由训导处娄子明接待登记，安排食宿；并代何校长向我们亲切慰问。还说何校长如何煞费苦心的筹备金华接待站，还让出房屋供使用，全部心力都用在迁校和关切师生员工上，在安排好接待工作后，校长又去他处办事了。所以我俩在金华没有见到校长，听到这番话，我俩自然万分兴奋，为回到了母校怀抱而激动。

2月20日，我俩到达建阳母校，已先到的老师、同学都很热情地欢迎，相互热泪盈眶地握手拥抱，确有一种难以言表的激情，倍感母校大家庭的温暖。①

何炳松校长的次女何淑馨校友也深情回忆何炳松校长一家从上海内迁建阳的艰难：

他自己移居到朋友家，蓄起了长胡子，秘密进行迁校工作。第二年四月初动身去内地。我记得我们全家是分头去车站的，上了火车才汇合在一

① 周之瀛、顾汝俊：《从“孤岛”到建阳的一些回忆》，载《何炳松纪念文集》，华东师范大学出版社1990年版，第500～501页。

> 起。一路上胆战心惊，尤其是夜宿浙江萧山的情景至今回忆起来犹令人不寒而栗。住在一家小旅馆里，窗外小河上不停地传出敌船的马达声。我们全家分成几个互不联系的小户，分住在三间客房里。半夜伪警和日本宪兵不时前来查房，隔壁房里的敲打旅客声传来，几乎令人精神失常。离开萧山还要乘坐每艘只能容纳一人的小船去安华，这时才算脱离危险区。①

1942 年夏，暨大总校迁闽完毕，暨大建阳分校名义遂被取消。1942 年 9 月，各院系在建阳全面复课，并利用寒暑假补上了上半年一个学期因迁校而耽误的课程。暨大南迁是抗战时期中国教育史上的一个奇迹，正如论者所称："上海的高等学校众多，真正能够排除万难，迁校成功的只有暨南大学一所。这不能不归功于何炳松校长的爱国热忱和坚韧不拔的毅力，以及师生员工不怕艰苦，团结在校长的周围，共同克服困难的决心。"②因浙赣战争爆发，1942 年 6 月 18 日至 7 月 30 日，暨大又连续召开了 6 次迁校委员会议，商议再度迁校事宜。

(三) 暨大的校舍建设与师生生活

暨大临时校址。何炳松对校址选定与校舍建设十分重

---

① 何淑馨:《怀念父亲》，载《何炳松纪念文集》，华东师范大学出版社 1990 年版，第 584～585 页。

② 俞述翰:《何校长在建阳的日子》，载《何炳松纪念文集》，华东师范大学出版社 1990 年版，第 520 页。俞述翰校友又名俞晶，系俞剑华之子。

视。建阳童游乡是1941—1946年国立暨南大学的临时校址。童游位居建阳县中部，传说南宋绍兴年间重建拱辰桥，落成之日有采药仙童7人游其上，后飞升而去，遂名其桥为童游桥，名其里为童游里，元明清沿用，1949年设乡。民国时童游街多数是土木结构的平房，少数是砖木结构的楼房，还建有庙宇、祠堂、学校和乡公所，居民饮用井水和溪水，照明用松明、桐油灯或煤油灯。① 其地与县城一水之隔，必须乘船才能渡过，当时暨大师生进城要坐渡船。“船是由一人划动的，河的两岸各有一间小屋，划船人就住在里面，夜间进城或回校时，可以把他随时叫醒为你服务。”②

校址以童游文庙为中心。是时文庙年久失修，荒草长满庭院，两庑常住着乞丐。经过整修与兴建，暨大教学、生活用房基本具备。③ 如大成殿扩建后作为大礼堂，明伦堂和东西庑改建成教室、办公室、宿舍，崇圣祠改建成图书馆，董家祠、杨家祠、袁家祠、忠烈祠、三圣庙、起春庵等改建为教职员工和学生宿舍。考虑到建阳“湿气甚重，早晚天气寒凉，现所借用之文庙及明伦堂各部分，应尽先作为员生宿舍部分，加装地板及天花板，办公室及教室部分，加装地板，以重卫生”④。几十年后，暨南学子还念念不忘建阳旧校址，

---

① 《建阳县志》，群众出版社1994年版，第444～445页。

② 李祥麟：《暨南大学在建阳》，载《新加坡暨南校友会四十四周年纪念特刊》(1984年)。

③ 刘建：《大潭书》，文物出版社1994年版，第498页。

④ 《国立暨南大学三十一年度福建分校建设费说明书》，南京中国第二历史档案馆全宗五第3400号。

杨耀宗校友以诗咏志:"抗战烽火遍地起,颠沛流离到潭城。学府暨大迁来此,文庙尽是读书声。"①

1942年4月下旬,何炳松在浙江金华妥善处理好东南联合大学的筹建事宜后,遂于5月上旬"转赴建阳视察暨南大学分校,及商讨上海总校内迁事宜"②。5月10日和11日,他在建阳召集了暨大校舍建筑问题会议,出席会议的有暨大建阳分校的周宪文、吴修、王子瑜、韩逋仙、沈传珍、许杰和俞剑华。会议作出如下决定:"关于校舍建筑问题,似以师生住宅及宿舍为最急要,拟先成立校舍建筑委员会,请王子瑜、周予同、周宪文、吴修、韩逋仙、许杰、俞剑华诸先生为校舍建筑委员会委员,并请王子瑜先生为主任委员。先计划建造职教员眷属住宅,暂定二十幢,单身宿舍暂定二十间;学生宿舍若干幢,一概仍视建筑费情形随时酌定。建筑地点宜在童游村之东边,于距文庙及环峰书院居中地点。至于建筑样式及如何包工等问题,最好能与营造厂接洽决定,决定之后,即可开工。外观不妨朴素,内容须力求合于卫生,不可过于简陋。房屋使用年限,至少须在四年以上。原有旧屋,仍宜尽量利用,藉省公币,唯须加以适当的改造,以求适用而合卫生。至图书馆及教室,可就原有旧屋,加工改造,似亦尚适用,容徐谋添建。"关于校景布置问题,何炳松要求:"应先规划并修筑或整理校内外师生所必经之道

① 杨耀宗:《情系建阳》,载暨南大学闽北校友会编:《暨南潭讯》,第5期(1997年12月)。

② 何炳松:《暨南大学与东南联合大学》,载《何炳松纪念文集》,华东师范大学出版社1990年版,第39页。

路，此于师生鞋袜经济关系不小。在校外周围，宜布置成为一大公园，缀以坚固茅亭，不妨树立刊有白鹿洞书院规约之木牌，以备学生游息或疏散时观摩之用。”①而早在1941年上半年设立建阳分校时，何炳松就向教育部申请国币40万元兴建校舍。为此，学校还专门制订了《国立暨南大学拟建学生宿舍计划》，对建房的一些具体方面，如平地、灰线、底脚、灰浆三和土、装修、地板、平顶、屋架、瓦、墙、走廊、路面、明沟诸方面都有详细规定。根据当时预算，建造40间学生宿舍，约需经费国币19万余元。②

校舍基本建成后，校园内悬挂着何炳松校长撰写的“忠信笃敬”的暨南校训大横匾，大门前方有福建省主席陈仪手书的“声教南暨”四个大字，门口悬有“国立暨南大学”校牌一块，门顶装有大风灯（煤油灯），战时学府气派俨然入目。出生于建阳童游的暨大徐汝瑚教授，对建阳暨大披荆斩棘、克服困难、兴建校舍的印象尤为深刻。③ 多年后他详细回忆了当时的校舍情况：

建阳文庙位于童游南部，北面是一大片平原田地，紧靠后门为建阳至浦城公路。南临建溪，大

① 何炳松：《校长指示事项》，载国立暨南大学《何校长报告记录》（1942年），上海档案馆Q240—1—33。

② 《国立暨南大学拟建学生宿舍计划》（1942年9月），南京中国第二历史档案馆全宗五第5310号。

③ 徐汝瑚（1907—1998）教授在建阳暨大讲授商法、国际公法、国际私法和条约论等课程，曾担任暨大闽北校友会名誉会长。详见暨大闽北校友会编：《暨南潭讯》第8期（1998年10月）等有关资料。

门与建溪彼岸城墙相对峙。东界油溪,溪岸上为水东狗头岩山。西部沿公路下傍直至建溪岸边三圣庙止,为一片长方形,大约一华里的荒野平地,足够扩建校舍之用。因此,暨大以宽敞堂皇宫殿式的文庙为校本部。把大成正殿作为礼堂,东西两庑隔为办公室,再前面左边为校长室,右边为教务处。正殿后面明伦堂修为大教室。正殿左边面积比正殿更宽大的两排房舍,修缮为十个教室和一个教员休息室。再左边至靠宫墙处的一段空坪,则修建为厨房和膳厅。后门为奎星楼,临阳浦公路,楼的前面尚有一片平地,修建为学生宿舍。校本部部署完善后,即着手在文庙西部斩荆棘,辟草莱,圈定一大片荒地,为建筑两座教员宿舍地盘。每座十五间,一共三十间。虽系土木结构,以鳞片木板为墙,但因布置适宜,宽雅幽静,学者居之,尚称舒适。复在童游北面上元坊顶、五谷庵、徐氏祠堂旁(现为童游大队桔子园和花苗场)的荒基上建筑两座楼式的学生宿舍,每座可容纳学生二百人。再利用上元坊顶一带(现自由路尽头处)几座祠堂(如应氏宗祠、黄氏祠堂等),改建为职员宿舍。分别在童游上元坊中部、下坊学坊巷租用三栋宽敞的民房和一座阔厅大栋的公房为教员宿舍。又在童游东面富林村的起春庵设立医院。沿下面的施家祠、袁家祠以及关帝庙(今童游小学厨房)等均辟为学生宿舍。西南部三圣庙设立图书馆。何炳松校长则在学坊巷口(现反修路)一块公有地基上建筑一栋一厅四间平房为校长宿舍。此外尚有一部份教职员工和学生租住了民房。童游民房亦大有人满之患。

为使校内人员出入往返不感困难,除在各宿舍门口的通道上加以整修外,还特地建筑一条小马路,可以通行小汽车,当时命名为抗战路,即从学校大门口直至阳浦公路西段转弯处,即现在县竹器社对面交叉点(就是今县第二中学原校门口),小马路宽阔平坦,步行便利,中间建造一座坚固的木板桥,命名为“致远桥”(即原下马亭处),桥前面竖立一座油漆木牌坊上面书写“暨南教声”,也可以从右至左看为“声教南暨”四个大字。路两旁植有树木,颇为大方幽美,行人至此心胸为之一畅。

暨大迁到文庙后,经过二年的努力,在童游东南西北四境和街巷中整修和建设了不少校舍与道路,使整个童游的面貌,焕然一新,似已成为暨大的“大学城”了。虽然不能和英国牛津那样,成为牛津大学优美瑰丽的大学城,但我以为仿佛似之。①

师生住宿情况。关于当时教工宿舍的简陋情况,1942年夏始在建阳暨大文学院历史系任教过三年的李祥麟教授

① 徐汝瑚:《暨南大学在建阳》,载《建阳文史资料》第二辑。

记忆犹深:"宿舍的屋顶是用很厚的稻草盖的,夏天不热,冬天不冷,望去一片黄色,也颇美观。每一个单位只有一房一厅,厅在前面,卧房在后面。厅的前面就是公共走廊,因为是排屋式的,也就成为左右邻居谈天好场所。走廊颇宽,大家就在走廊上烧菜煮饭。一个炭炉,一口锅,饮食问题便这样解决,生活的简单可想而知。"①1939—1944 年在暨大任教的谢震亚之子谢基校友对此亦深有同感:"教职员的宿舍十分简陋,在屋外的走廊里搭上炉子,烧菜做饭。后来,在草地的另一头新盖了几排平房,作为我们的新宿舍。实际上,新宿舍比老房子更不如,墙壁是用木条板拼合成的,刚搬进来住的时候,很密实,由于新木板潮湿的缘故,过了一段时间,木板干透了,接缝处便出现了一条条裂缝,这家可以偷看邻家内的动静,真是糟糕透了,连洗澡也不保密。更糟的是房顶是用一层层芦苇铺盖的;那地方偏偏又经常刮风下雨,刮大风来把屋顶刮去了一大块,屋内角落处,滴滴嗒嗒漏下雨来,要用脸盆接住,弄得人彻夜难眠;久而久之,房顶的芦苇开始腐烂,时不时有小虫子和红彤彤、光秃秃的小老鼠掉下来。"②至于学生的住宿情况也大多是"毛竹作骨架,芦席糊泥墙壁、茅草、稻草盖顶的草房。窗子用毛边纸片玻璃,涂以桐油增加透光性就算'高级'了"。学生睡双层木架床,几个人共用一张桌子。上铺学生在床头搁一块

① 李祥麟:《暨南大学在建阳》,载《新加坡暨南校友会四十四周年纪念特刊》(1984 年)。

② 谢基:《我记忆中的建阳和在建阳的暨大》,载暨大建阳时期校友会编:《暨大建阳通讯》,第 30 期(2004 年 5 月)。

板，就是读书、抄笔记、写信之处。① 当然也有少部分家境较宽裕的同学，“几个人合租民房居住，其生活则较自由，不时还可以打打麻将消遣，有其优越的一面”②。另有个别住在建阳县城的学生，遇到春季溪洪暴涨，要到对岸童游上课经常耽误，上课钟声敲响了，仍然是“溪洪滚滚渡慢慢”③。

早在暨大迁来之前，1938 年春，福建省政府及其所属机构就从福州内迁闽北、闽西，沿海一些公私立学校也相继内迁闽北。1941 年 4 月，日寇的铁蹄踏入福州，福州难民涌入建阳，城区无形中增加了不少“外江人”。城区大街小巷冒出许多临时的大铺小摊，排出各式各样的货物，满街福州话。据当年《闽北日报》载，“建阳城区人口由九千余人猛增至两万余人”④。1942 年 5 月浙赣战争爆发后，战事西延江西上饶，南抵仙霞岭，又有大批难民从浙赣方向进入闽北。特别是第三战区司令部及其附属机构暂时从上饶退至建阳，以及暨大、东南联大南迁建阳，“小小的山城一时人满为患，挤得让人喘不过气来”⑤。建阳县城一时间出现了畸形繁荣，一方面是饭馆、茶楼众多，达官商贾醉生梦死，另一方面是难民流落街头，以卖旧衣糊口。持续的战争与难民的

① 刘建：《南阙里纪事——中国一个县的教育史话》，华艺出版社 2001 年版，第 127～128 页。

②③ 林钧祥：《忆建阳》，载暨大建阳(时期)校友会编：《暨大建阳通讯》，第 28 期(2003 年 11 月)。

④ 刘建：《大潭书》，文物出版社 1994 年版，第 479 页。

⑤ 刘建：《大潭书》，文物出版社 1994 年版，第 480 页。

大批涌入，导致物价飞涨，百业凋零。建阳暨大的师生生活同样苦不堪言，何炳松校长在一次周会上竟流着眼泪对大家说："大家生活太苦了，我都知道，点灯的桐油买不起，作笔记的墨水买不起，先生们的太太，有做小生意的，赚那么一角钱二角钱，有的教授连换洗长衫也没有……"①

建阳为中亚热带季风气候，光、热、水农业气候资源丰富，土地肥沃，原系产粮之区，粮食能自给自足，主体作物有水稻、小麦、地瓜。② 因为骤然增加了大量人口，"每日食米，所需数量颇巨"，暨大所需由教育部下拨的经费米代金与学生膳费，因战时交通不便，不能按时到校，学校经费左支右绌，应付艰难，而生员又不能一餐无缺，"以致总务处王子瑜先生，每日为米食奔波，至感苦痛"。后由教育部转请粮食部指令建阳县政府发给公米后，粮食问题才得以缓解。③

闽北山地，本是"瘴疠之乡"，由于温差较大，加之缺医少药，人们普遍营养不良，疟疾、痢疾与烂脚病较流行。据经历其事者回忆："奔波逃难而至者，几乎无人不病，病无不剧，甚至有生命危险。其实以医药设备，极感贫乏，故所受疾病之威胁尤为惨重。"④

暨大师生对建阳时期的艰苦生活留下了深刻印象。据时任中文系主任的许杰教授的女儿许玄后来描述："建阳时

---

① 刘建:《大潭书》,文物出版社 1994 年版,第 485 页。

② 《建阳县志》,群众出版社 1994 年版,第 182 页。

③④ 俞剑华:《何师柏丞在建阳》,载《何炳松纪念文集》,华东师范大学出版社 1990 年版,第 255～256 页。

期生活条件是非常艰苦的，我们一家初来时就在潮湿阴冷的庙宇里住了很长时间，后来才搬到新盖的教工宿舍。……苍蝇蚊子跳蚤之多自是不消说得，最吓人的是一种约七八寸长的、背上硬壳发深红色的大蜈蚣，无数的脚在屋内泥地上爬动时竟会发出令人毛骨悚然的'咔咔'的响声。……电灯和自来水自然是想也不用去想的。……另外，吃穿用也都是非常清苦，一切都因陋就简。"①当时，日军飞机还时常轰炸建阳，许杰于 1976 年还赋诗追忆那段"上面飞机下面人"的烽火岁月。为了"跑警报"，许杰带着全家在旷野上奔跑，"有时钻草堆，有时干脆就趴在田野里"②。又如 1943 年 2 月至 1946 年 5 月任教暨大的卓如副教授，尽管当时只有 35 岁，但由于物价飞涨，薪金菲薄，"先生生活十分清苦，以致营养不良，并患有严重的胃病和肺疾；他经常咳嗽不已，容色憔悴，过早的失去了一个中年教授应有的风采"③。

学生的生活情况更加艰难。据 1943—1947 年在暨大文学院史地系学习的钱国屏校友回忆："那时候，大学生生活相当清苦。靠公费伙食过日子，就只能是天天吃烧芥菜和煮黄豆。一个月宰一次猪，半钵头红烧肉，称'打牙祭'。

① 许玄：《绵长清溪水——许杰纪传》，山西人民出版社 2000 年版，第 3 页。

② 许玄：《绵长清溪水——许杰纪传》，山西人民出版社 2000 年版，第 309 页。

③ 魏琦：《卓如教授在建阳暨大》，载中共建阳县委党史研究室编：《暨南大学在建阳》(1990 年)，第 191 页。

个别阔少在童游上唯一的四川馆‘宜园’吃包饭；穷学生只是偶然到那里买两个叉烧包子解馋。”①很多从沦陷区来的学生家信不通，衣履不周，没有经济来源，全靠学校奖贷金维持生计。学生“吃的除笋子外，蔬菜供应极少”，何炳松校长设法搞到大量黄豆，改善学生生活。②“早餐仅供煮熟黄豆一碗佐粥，中晚餐每用米汤煮蔬菜下饭，谈不上油水和调味。”③当时的学生生活被誉为“几粒黄豆下饭，桐油灯下读书”④。俞观义校友回忆，1943 年寒假留在建阳过春节，生活清苦，过阴历年时，有钱人大吃大喝，学生们则饥寒交迫，有同学在宿舍大门贴一副春联，上联是“有睡万事足”，下联是“无考一身轻”，借此苦中作乐解嘲。⑤

尽管困难重重，何炳松对师生的生活非常关心。早在 1942 年 5 月，他就指示学校职能部门为教工调整薪水：“总校内迁教职员月薪自五月份起未在上海支领者，由分校照原薪发给，至于米贴、生活津贴等，亦可暂借一部分，俟内迁完竣后，再行结算。至全校教职员及校工月薪，俟上海同人

---

① 钱国屏:《从建阳到上海——1943 年至 1947 年暨南大学学生活动的回忆》，载中共建阳县委党史研究室编:《暨南大学在建阳》(1990 年)，第 31 页。

② 周之瀛、顾汝俊:《从“孤岛”到建阳的一些回忆》，载《何炳松纪念文集》，华东师范大学出版社 1990 年版，第 501～502 页。

③ 王开甲:《在“建阳时期”的暨大生活》，载暨大建阳(时期)校友会编:《暨大建阳通讯》，第 32 期(2005 年 6 月)。

④ 朱宗尧:《情系母校，情系建阳——暨南大学抗战后期在建阳建校》，载暨大闽北校友会编:《暨南潭讯》，第 6 期 (1998 年 4 月)。

⑤ 俞观义:《暨大生活琐记》，载暨大校友总会编:《暨南校友》，2002 年第 1 期。

多数到达时，再行调整。”①同时学校设立合作社，并由该社设法收买空地或熟地，种植蔬菜，自制豆腐，改善师生生活。②又如1943年6月26日，何炳松主持召开1942年度第5次校务会议，议题涉及教员加薪与食米问题。关于加薪问题，会议决定从下半年始教员普加一级，研究经费依照各教员原有薪水的30%下发；职员薪水加二级，“惟五元一级者增为十元，十元一级者增为十五元，二十元一级者增为二十五元”。关于粮食问题，拟由学校筹款购买，以原价供给教职员。③ 学生也成立经济委员会，要求自办伙食。1942年秋，沈苏儒、沈根源（沈定一）等百余名学生联名上书何炳松，要求改善学生生活和医疗条件，并成立经济委员会，每月一届由同学代表轮流管理伙食，“当选委员热心为同学们办事，努力改善伙食，一般是以加菜次数多少作为衡量工作成绩的标准”④。这一制度一直保持到1946年学校离开建阳复迁上海，改名为伙食管理委员会，此举既改善了同学生活，又促进了同学间的接触与团结。⑤

暨大师生们尽管生活艰苦，但仍充满乐观主义精神，以

---

①② 国立暨南大学《校长指示要项纪录簿》，载《何校长报告记录》（1942年），上海档案馆Q240—1—33。

③ 国立暨南大学《三十一年度第五次校务会议纪录》，载《校务会议记录》（1942—1946年），上海档案馆Q240—1—32。

④ 朱半候：《童游生活片断》，载《新加坡暨南校友会成立五十周年纪念特刊》（1991年）。

⑤ 《暨南大学在建阳时期学生运动大事记》（1941—1946年），中共建阳县委党史研究室编：《暨南大学在建阳》（1990年）。

致“敌寇侵袭的消息频传，而不觉其危”①。这种乐观主义情绪洋溢在师生的言辞中，一位学生在诗中饱含深情地写道：

我们从患难里来，
我们过渡着一个过不完的患难。
这是个何等样的年代啊——
这年代给予我们的少，要求于我们的实在太多了。
惆怅，忧伤有什么用呢？
我们没有回顾，只有快乐和希望。②

(四) 抗战胜利后复迁上海

进入 1945 年，抗战胜利在即。这年元旦，距建阳暨大校门约有百米横跨马路的“声教南暨”牌匾两边贴出这样一副春联：上联是“万象回春正开罗会后胜利可凭失地尽重光相期共醉凯日下新翻破阵乐”；下联是“一年复始溯歇浦来时弦歌不辍故江应无恙将见同归棹真如再现读书声”。寓意抗战必胜，暨大复迁上海指日而待。③ 1945 年 8 月 14 日，日本宣布无条件投降，抗日战争取得胜利。“广播电台欢喜的播出，把全校学生从宿舍里哄了出来！抢买鞭炮，把整条童游街放得震耳欲裂，纸屑满途。鞭炮放完了，又从宿

① 李祥麟：《暨南大学在建阳》，载《新加坡暨南校友会四十四周年纪念特刊》(1984 年)。

② 刘建：《大潭书》，文物出版社 1994 年版，第 499 页。

③ 俞观义：《暨大生活琐记》，载暨大校友总会编：《暨南校友》，2002 年第 3 期。

舍里拿出洗脸盆，打得整天价响，狂欢一场！童游街唯一的蒸笼包店和另一家餐馆都坐满了人，饮酒猜拳，相与欢呼，简直成了疯狂世界！”①何炳松对复迁工作高度重视。早在1945年3月21日，在学校第13次谈话会上，何炳松就复迁上海问题做出三项决定：由各学院院长分别拟订学院复迁计划；由何炳松校长和教务长王勤堉、训导长韩逋仙拟订全校复迁计划；教务长王勤堉主持整理计划之责。② 9月30日，何炳松在前往上海筹划复迁工作前，决定设立暨南大学迁校委员会，由临时主持校务的文学院院长兼代校长沈炼之为召集人，成员包括文、理、商三学院院长，总务长、教务长、训导长，三学院代表各一人，另请学生自治会代表2人列席会议。③ 10月1日，何炳松离开建阳赴沪。在何炳松撰写的《对于全国高等教育机构复员及国立暨南大学复员之意见》中，他为战后暨大的复迁与发展工作绘制了蓝图。对复迁后的临时校址，他主张暂用上海中法工学院旧址及中华学艺社社所。另对学院扩大、南洋研究馆扩大、各院系增设南洋问题的必修课和侨生先修班增设等问题提出了设想。④ 学校还拟延聘一批名师，如王亚南、郭大力、郑

① 王秀南：《胜利前后在暨大》，载《新加坡暨南校友会四十四周年纪念特刊》(1984年)。

② 国立暨南大学《三十三年度第十三次谈话会纪录》，载《关于校长何炳松同部分负责教职员谈话记录》(1943—1945年)，上海档案馆Q240—1—34。

③ 国立暨南大学《关于校长何炳松同部分负责教职员谈话记录》(1943—1945年)，上海档案馆Q—240—1—34。

④ 国立暨南大学《伪教育部关于系科设置、招生、实习、学籍等问题的训令》，上海档案馆Q240—1—173。

振铎、周予同、周谷城等。①

上海真如原有暨大校舍，在“八·一三”事变中被炮火夷为废墟：“真如的暨大给毁坏得干干净净，暨南新村那些洋房，全部烧去了。暨大的宿舍、教室、洪年图书馆也成一片瓦砾，残存的只有科学馆那一幢洋房。……暨大旧址，变成了一所很大的汽车修理厂，连当年的痕迹都看不见了，除了那所科学馆。”②经何炳松“在沪奔走数月”，与有关方面接洽后，“暨大校舍两处，始告确定”③。1946 年 3 月，国民政府行政院划拨上海虹口东体育会路 330 号(原日本女子高等学校)和宝山路(原日本第八国民小学)两处为暨大临时校址。学校以前者为第一院，设学校总办公处与理、商两学院和先修班，以后者为第二院，设文、法两学院。

1946 年春，暨大提前考试后放假，于 4 月开始迁沪工作。学校组织了几辆卡车，将全部图书、仪器，经龙游、兰溪和杭州运抵上海。另一方面，学校向师生分发路费分批回沪。④ 复迁工作历时两月，于 6 月全校迁沪完成。在迁沪过程中，1946 年 5 月，国民政府教育部调何炳松任国立英士大

---

① 金永礼：《何炳松先生出长暨大十年纪事》，载《新加坡暨南校友会四十四周年纪念特刊》(1984 年)。

② 这是两度任教暨大的曹聚仁于抗战胜利后，坐吉普车巡访上海暨大真如校园后的记载。详见曹聚仁：《暨南的故事》，载《新加坡暨南校友会四十四周年纪念特刊》(1984 年)。

③ 俞剑华：《何师柏丞在建阳》，载《何炳松纪念文集》，华东师范大学出版社 1990 年版，第 259 页。

④ 《暨南风云——解放战争时期暨南大学学生运动史》，暨南大学出版社 1993 年版，第 11 页。

学校长。终因积劳成疾，何炳松未及赴任即于7月25日病逝。1946年8月，福建省建阳师范学校接管童游暨大校舍，从建阳麻沙迁入童游孔庙。① 暨大在建阳的5年办学历史至此画上句号。

二、笳吹弦诵在建阳

（一）院系机构设置与学校的稳步发展

建阳时期，为适应战时环境，何炳松考虑到"正处于国家剧变时期，社会动荡不安，交通阻隔，物力维艰"，暨大在体制上实施紧缩。但经过艰苦筹建，学校的软硬件设施仍具备相当规模与水平："教室、礼堂、图书馆、师生宿舍、食堂乃至大操场等教学设施一应俱全，大大胜过'孤岛'时期的里弄房子。……管理严密，不论教学秩序，生活秩序都是井井有条。管理人员不多，精兵简政（如注册组，相当于教务处不到10人，传达室日夜两班只老朱一人），但效率很高，发挥校部助手的作用。"②据史料记载，1941年6月设立暨大建阳分校时，仅有学生200余人，教职员十余人。1942年学校整体南迁后，"学生方面约加一倍有奇，教职员则加三倍有奇"。至1946年复迁上海时，"已有学生一千三百余人，职员七十余人，教员八十余人，工警一百三十余人，人数

---

① 《建阳县志》，群众出版社1994年版，第23页。

② 朱宗尧：《情系母校，情系建阳——暨南大学抗战后期在建阳建校》，载暨大闽北校友会编：《暨南潭讯》第6期（1998年4月）。

之多,已为暨大历来所未有"①。可见,尽管在抗战后期办学艰难,但学校仍得到了稳步发展。

学校行政机构设置一仍其旧。学校实行校长负责制,设有校务委员会,以校长、教务长、总务长、训导长和文、理、商三学院院长、教授代表组成,何炳松为主席和召集人。校务委员会定期开会,凡有关全校重大事务,如建设、招生、教务诸方面均由校务委员会讨论决定,遇到意见相左时,交由校长定夺。② 行政机构设校长室、总务处、教务处、训导处和会计室、统计室。校长室设秘书 1 人,办事员 2 人;总务处先后由王子瑜、盛叙功为总务长,继由俞剑华接任,内设文书组、出纳组、庶务组;教务处分别由周宪文、许杰、王勤堉为教务长,内设注册组、课务组、出版组、图书馆;训导处由吴修、韩逋仙先后为训导长,内设生活指导组、军事管理组、体育卫生组。③ 为了使人们明晰暨大在建阳时期的机构设置及其人员配备情形,现将 1942 年国立暨南大学职员名单附列如下:

校长室:校长为何炳松,俞剑华为秘书兼文学院副教授。

教务处:周宪文为教务长兼商学院教授。盛叙功为注册组主任兼文学院教授,尹育民、林光汉等 7 人为组员。出版组由徐嗣同为主任兼商学院讲师,徐剑德等 3 人为书记

① 俞剑华:《何师柏丞在建阳》,载《何炳松纪念文集》,华东师范大学出版社 1990 年版,第 256 页。

②③ 徐汝瑚:《暨南大学在建阳》,载《建阳文史资料》第 2 辑。

和组员。张契灵为图书馆代主任兼商学院讲师，李曼君、徐警为馆员。

训导处：吴修为训导长兼文学院教授。沈传珍为生活指导组主任，另有训导员 4 人。上校教官张域为军事管理组主任，另有 4 人为军事教官。娄子明为体育卫生组主任，另有体育指导 1 人，事务员 1 人，校医 1 人，护士 4 人。

总务处：王子瑜为总务长兼理学院教授。王继曾为文书组主任，吴榕藩等 6 人为组员。姚启洪为庶务组主任，施子郁等 9 人为组员。马炎昌为出纳组代主任，另有出纳员 2 人。

会计室由陆飏绵为代理主任，朱康玉等 5 人为佐理员。

统计室由王化江为主任，黄剑为事务员。①

在教学体制上设有文学院、理学院和商学院，建阳后期又设立法学院，每一个学院设有若干系科，另设有南洋研究馆。下面试以 1944 年度第二学期（1945 年上半年）学校院系设置为例分述之。

文学院：由沈炼之为院长兼史地系主任，戚叔含为外国语文系主任，方光焘为中文系主任，王书凯为教育系主任。

理学院：由江之永为院长，尤崇宽为数理系主任，章洪楣为化学系主任。

商学院：由周宪文为院长，卢怀道为会计银行系主任

① 《国立暨南大学职员题名录》（三十一学年度第一学期），载《关于校务会议记录及职员题名录》（1940—1942），上海档案馆 Q240－1－31。

(周宪文休假进修期间兼任代院长),林葭蕃为工商管理系主任,卓如为国际贸易系主任。①

法学院:由孙怀仁为院长兼法律系主任,另设政治系、经济系。法学院专任教授有 9 名:孙怀仁、吴兆华、邢文锋、陈柏心、刘杰、陈文彬、林超、吴宿光、姚华廷。②

(二) 教学科研工作和导师制

暨大在建阳办学时期共有毕业生 557 人,③为海内外培养了一批高素质人才,如著名语言学家胡裕树、儿童文学专家蒋风、国家一级演员陈默等就是其中的代表。④ 尽管战时环境恶劣,办学条件因陋就简,但何炳松仍想方设法创造条件,保证学校的教学质量和办学水平。择要大端,这些措施与途径大致有以下五种。

---

① 《国立暨南大学三十三年度第二学期教职员名录》(三十四年六月编印),上海档案馆 Q240—1—31。另据徐汝瑚教授《暨南大学在建阳》一文回忆,理学院数理系是分设的,数学系主任为刘咸,物理系主任由江之永兼任;国立暨南大学《关于学校兼办社会教育统计报告表、员生人数调查表、增设学系及附中等文件》亦记载:1944 年 9 月 15 日,学校决定“理学院自本年度暑假拟将数理系分为算学及物理二系”。上海档案馆 Q240—1—69。

② 详见国立暨南大学学生自治会编印:《国立暨南大学三十一年度同学录》,福建省建阳市档案馆藏。关于设法学院之事,另有资料亦有提及,如 1943 年 3 月 27 日,教育部令暨大设法学院与艺术专修科,上海档案馆 Q240—1—69;1945 年 5 月 26 日,何炳松校长在暨大纪念周会上报告,“暨大拟增设法学院”,详见房鑫亮:《何炳松年谱》,载《何炳松论文集》,商务印书馆 1990 年版,第 577 页。

③ 编辑组:《“国立暨南大学旧址”碑记》,载暨大闽北校友会编:《暨南潭讯》,第 5 期(1997 年 12 月)。

④ 详见钟业坤主编的《暨南人》(第一集)(暨南大学出版社 1996 年版)对建阳时期部分知名毕业生的事迹介绍。

一是敦品励学，激发学生的学习兴趣。何炳松非常重视对学生的德育教育，主张用传统文化和校训对学生进行爱国主义教育。1942年5月，他抵建阳后即谒朱熹祠，指出朱子理学精华为忠、孝、节、义等，要青年们遵守；并强调："抗战方烈，忠、节二字较武器尤为重要。"在1944届毕业同学纪念册上，题以校训"忠信笃敬"；还为1944届毕业生沈宝书赠言："暇日千万莫废读书，士人唯此可以立身。"①在此基础上，何炳松对莘莘学子提出了爱国的要求，希望同学们："要爱护我们的国家，努力'敦品励学'，以报效国家，养成一种抗建人才。我们能有如此的志愿，才能对得起国家和民族。不然的话，那末所谓大学只是一个造就争权夺利的人才的一种机关了，那么国家何必办大学，我们又何必要读书?"他还希望同学们爱护学校声誉，"能尊师重道，精诚团结，互相亲爱，共同为暨大前途而奋斗"。正是在他的大力倡导与身体力行下，"师生养成共同研讨的习惯，多多地埋头苦干，向学术之路上进展"，从而在校园里"养成一种好学敏求的习惯，造成了良好的校风"。②

二是严格教学管理，积极拓展生源。战时暨大教学制度健全，教学管理严格。何炳松对学校实行严格管理，凡违反规定者，决不姑息，对自己的子女亦一视同仁，从不搞特

① 房鑫亮：《何炳松年谱》，载《何炳松论文集》，商务印书馆1990年版，第567、573页。

② 国立暨南大学《三一年度第一学期纪念周校长报告》(1942年11月2日)，载《何校长报告纪录》(1942年)，上海档案馆Q240—1—33。

殊。如他的次女何淑馨原在上海读高中，随父1942年初南迁时离高中毕业尚差半学期，只能拿到肄业证明。她拟以同等学力报考暨大，遭何炳松拒绝，她只好于1943年1月报考设在福建邵武的之江大学。在之江大学学习半年后何炳松才同意她报考暨大一年级，但条件是必须先补习有关功课并取得补习老师的成绩合格认可，在何炳松的档案中还留有当年许杰教授为其女儿补习功课后的评分单。① 当时教务处的工作人员也是认真负责，敢于管理，对学生所选修的每一堂课，均事先安排好固定座位，严格考勤，保证教学纪律严明，教学秩序井然。如负责教务考勤工作的吴达人，在处理史地系一位教授未事先办理请假手续缺课造成教学事故时，依例向全校公布。暨大还非常重视招生工作，如1942年5月13日，学校专门成立招生委员会规划招生事宜，招生人数平均每系25人，9系共225人。1942年暑假再次招生，共计第一次招生204人，第二次招生225人。②又如1944年暨大招生400名，即文学院160名，理学院120名，商学院120名，于7月28～30日考试。考试科目分别为：文商两学院：国文、英文、数学(高等代数、平面几何、三角)、公民史地、理化生物；理学院：国文、英文、数学(高等代数、解析几何、三角)、公民史地、理化生物。考试地点为建阳暨大校本部、屯溪、衢县、永嘉(同时委托闽赣浙粤四省教

① 何淑馨：《怀念父亲》，载《何炳松纪念文集》，华东师范大学出版社1990年版，第587页。

② 《何炳松纪念文集》，华东师范大学出版社1990年版，第432页。

育厅代招)。① 1945 年暨大文学院招生每系 25 人;理学院数理系 40 人,化学系 35 人;商学院每系 35 人。②

三是聘请名师,重视教师队伍建设。建阳僻居一隅。抗战时期"内地人才缺乏,早已普遍发生教荒,而尤以闽北地僻病多,聘请教员更为困难"。但经何炳松"多方罗致,来者渐众"。加之他"礼贤下士,谦恭和蔼,对于教授生活设备,力求完备,故教授来者咸不忍去,而教授阵容,因之日以充实整齐,济济跄跄,贤俊满堂,称东南之秀焉"③。抗战时期,教师流动性较大,但尽管如此,暨大仍敦聘到了一批名师,试以 1944 年暨大文、理、商三学院为例说明之:

文学院共有教师 41 名,其中教授 12 名:沈炼之、戚叔含、王勤堉、方光焘、许杰、韩逋仙、王书凯、盛叙功、胡寄南、魏应麒、刘纪泽、王秀南;副教授 16 名:苏乾英、俞剑华、谢震亚、陆伦章、叶松坡、姚慈贞、陈福清、曹谦、王瑞书、杨朗垣、杨先焘、邹有华、孙正容、谢诗白、陈陵、梁孝志;另有讲师 10 名、助教 3 名。

理学院共有教师 16 名,其中教授 4 名:江之永、尤崇宽、章洪楣、许永绥;副教授 3 名:黄缘芳、赖祖涵、郭公佑;另有讲师 6 名、助教 3 名。

商学院共有教师 21 名,其中教授 9 名:周宪文、卢怀

① 《东南日报》,1944 年 7 月 7 日,详见上海档案馆 Q240—1—81。

② 《何炳松纪念文集》,华东师范大学出版社 1990 年版,第 433 页。

③ 俞剑华:《何师柏丞在建阳》,载《何炳松纪念文集》,华东师范大学出版社 1990 年版,第 256 页。

道、陈文彬、柯瀛、林葭蕃、赵修鼎、吴裕后、陈一平、李培恩；副教授7名：卢世恭、卓如、杨镜清、徐汝瑚、叶作舟、林葆忠、缪杰；另有讲师2名、助教3名。①

在1944年暨大78名专任教师中，包括教授25名，约占1/3；副教授26名，占1/3。另据《国立暨南大学三十一年度同学录》，在上述25名教授名单外，文学院教授还有李祥麟、吴大锟、陈守实等人，理学院教授尚有王子瑜、方德植、周恒益等人，商学院教授尚有郭肇民、尤光九等人。②可见暨大当时师资队伍还是比较强的，具有高级职称教师所占比例较大。如沈炼之是著名的历史学家，盛叙功是著名的地理学家，许杰是著名的文学家，方光焘是著名的语言学家，周宪文是著名的经济学家，胡寄南是著名的心理学家，孙怀仁是著名的财经专家，江之永是著名的物理学家等等，"可谓是人才济济，名家荟萃，使建阳顿时成为我国东南地区首屈一指的'文化城'"。"小小的山城，一时容纳下这么多国家级的专家、学者，可谓是'藏龙卧虎'。"③

建阳时期暨大还聘请外籍教师授课。如1943年秋季，学校由谢震亚推荐聘请 Miss Olive Bell 讲授一年级基本英语课程。她是英国伦敦人，约40岁，时在建阳圣公会任神

① 《国立暨南大学三十三年度第二学期教职员题名录》(1945年6月)，上海档案馆 Q240—1—31。

② 该同学录藏福建省建阳市档案馆。

③ 刘建：《大潭书》，文物出版社1994年版，第499～500页。

职人员。她“发音标准，要求严格，态度和蔼，与学生关系融洽”①。

教师的授课为这些饱经战争洗礼的大学生开启了知识的窗口，他们从中获益匪浅。如周宪文讲授经济学，在童游文庙大礼堂开设，是暨大独一无二的“大堂课”，听课的有各院系的师生，他的讲课虽带有浙江黄岩土音，但讲的内容条理清晰，论据充分，令人信服。又如方光焘先生在暨大开设文学概论、语言学概论和日语三门课，“选修的人特别多，尤其是他的文学概论课。不仅教室里座无虚设，就连教室外的走廊里也总是站着、蹲着、挤满了别系旁听的学生。……他所讲的论题，都是针对现实。结合实际事例进行论证的独特见解，没有什么条条框框的束缚，他讲课的方式总是思辩性的（当时还未提出‘唯物辩证’的说法）。决不是教条式的背诵或引证，他在讲课时，喜欢同学们提问，递条子或口头提问都可以。提问愈多，他讲得愈起劲。从不计划什么大纲进度。所以同学们在他讲课里获得的都是活的知识，兴趣自然很高”②。许杰先生讲授基本国文，“他中等身体，讲话时虽略带有浙江南部的乡音，但使人听了清楚明白。

---

①　俞晶：《建阳时期的外籍教师》，载暨大校友总会编：《暨南校友》，2003年第1期。另据董运谋校友在《回忆我在建阳的片断》一文中亦称，Miss Olive Bell“发音清晰、标准，矫正学生的错误十分认真，写文章的格式、标点符号、发音等一点不马虎”。载暨大闽北校友会编：《暨南潭讯》，第24期（2002年10月）。

②　方文惠：《方光焘教授》，载《暨南大学在建阳》（1990年），第185～186页。

他娓娓不倦地讲解语文知识，并适当引申发挥，尤其是对新文学的评介，常有创见”①。王秀南教授讲授教育学课程，“一向都是先备教学纲要，在黑板之前边写边讲，使在座学生有了条理可寻。原理与实际，并行不悖。每一原理，都佐以实例；没有实例可举的，则编引故事；没有故事可引的，则引用板画说明。总以使学生明白，且能启发问答，自感兴趣盎然”②。

四是倡导学术研究，实行导师制。何炳松坚持民主办学，校园内研究氛围浓郁，他对于学术研究的自由从不加干涉，延聘教授完全以品德学问为标准。他极力主张学术研究的精神，反对急功近利，他认为“大学最高的使命乃在学术研究，在以学术报国”③。当时暨大还实行导师制，每一位教师都要担任导师，负责指导学生的学习、品行与课外活动，学生的“操行成绩”按超、优、中、可、劣五等评定。根据教育部 1943 年颁布的《专科以上学校导师制纲要》规定：“各校(院)应将全校师生，按其所属院系(科)分为若干组，每组设导师 1 人，由校(院)长聘请专任教师充任之，每组学生人数由各校(院)酌定。”④1944 年 9 月，何炳松校长聘请

① 王家槐:《忆许杰老师》，载暨大校友总会编:《暨南校友》，2001 年第 1 期。

② 王秀南:《胜利前后在暨大》，载《新加坡暨南校友会四十四周年纪念特刊》(1984 年)。

③ 《何炳松纪念文集》，华东师范大学出版社 1990 年版，第 425 页。

④ 国立暨南大学《关于专科以上学校导师制纲要、聘任导师及导生分组原则等文件》(1944 年)，上海档案馆 Q240—1—67。

了12位主任导师，分别是：文学院院长沈炼之兼任文学院主任导师，理学院院长江之永兼任理学院主任导师，商学院代院长卢怀道兼任商学院主任导师；中文系主任方光焘兼任中文系主任导师，外文系主任戚叔含兼任外文系主任导师，史地系主任沈炼之兼任史地系主任导师，教育系主任王书凯兼任教育系主任导师，数理系主任尤崇宽兼任数理系主任导师，会计银行系主任卢怀道兼任会计银行系主任导师，国贸系主任卓如兼任国贸系主任导师，工商管理系主任叶作舟兼任工商管理系主任导师。① 除了设立由院长、系主任兼任的主任导师外，学校还设立导师组，每位教师负责指导若干名学生。学校的教学工作会议还不时研究导师制问题，如1944年11月10日部分负责教学人员会议就导师人数分配做出如下决议：一年级学生采用集团指导办法，由训导处拟具；二、三、四年级比照上年原办法酌量调整。学生操行成绩由训导处主办，但成绩特优、特劣者，需与各位导师取得密切联络，互相知照，特别注意。②

五是添置图书资料与设备仪器。南迁建阳时，尽管暨大设法运送部分资料至童游，但仍感书籍奇缺，而建阳山城又无书可购。何炳松于是"除向江山、南平、福州等处商务印书馆搜罗少数书籍外，又请郭虚中先生赴福州专门购买

① 国立暨南大学《何炳松校长1944年9月布告》，载《关于专科以上学校导师制纲要、聘任导师及导生分组原则等文件》，上海档案馆Q240—1—67。

② 《何炳松纪念文集》，华东师范大学出版社1990年版，第428、429页。

图书之任，先后购得中文书数千册，颇多善本，并蒙福州盟友惠赠西文书籍数百册，积之数年，图书馆已颇有可观”①。当时仪器设备也缺乏，理学院学生上课除记笔记外，无法动手做实验。后经学校与设在福建邵武的私立福建协和大学协商，方能暂缓数理、化学两系在教学过程中无法做实验的难题。

在抗战的烽火中，暨南学子普遍感到：国难当头，青年学子唯有读书求知才有出路；念上大学，学好知识，才能报效国家。他们“不仅是不愿在敌人的铁蹄下生活，而是要达到弦歌不辍，涉取学识，提高处事本领，好为社会服务”②。因之，他们的学习热情高涨，“学生勤奋有加，校园内洋溢着颇为浓郁的学术空气”，③“所以这个时期的学生一般说来成绩颇优”④。

(三) 建阳时期的侨生

暨大系“华侨最高学府”，来自东南亚的粤、闽籍侨生众多。抗战爆发后，因战火与交通阻隔侨生渐少。但何炳松仍十分关心侨生的入学、学习与生活情况。1941 年下半年

---

① 俞剑华：《何师柏丞在建阳》，载《何炳松纪念文集》，华东师范大学出版社 1990 年版，第 255～256 页。

② 方起驹：《难忘建阳情》，载暨大闽北校友会编：《暨南潭讯》第 5 期(1997 年 12 月)。

③ 林永照：《忆建阳暨大》，载暨大闽北校友会编：《暨南潭讯》第 5 期(1997 年 12 月)。

④ 李祥麟：《暨南大学在建阳》，载《新加坡暨南校友会四十四周年纪念特刊》(1984 年)。

暨大建阳分校共有侨生30人，占分校生源240人的1/8。这些侨生大多来自新加坡、印尼、缅甸、越南、香港等地。①1941年底太平洋战争爆发后，因东南亚大都为日军攻陷，侨生回国学习就愈发困难，这时在校生源主要以江、浙、闽、皖、赣、粤等省学生为主，但暨大“仍保持华侨大学传统”②，建阳时期在校侨生约有一百人。③ 在教学方面何炳松坚持面向全校学生开设南洋概论，商学院为三年级学生开设南洋商史及法规。1943—1945年为暨大在建阳办学规模较为稳定时期。侨生因经济来源断绝，生活极为困苦，何炳松一方面为侨生筹资发放旅费，另一方面为其“发放华侨学生贷金，使他们维持最低限度的生活”。福州沦陷以及暨大迁闽后，“许多福建的华侨学生也来到闽北，投考暨南大学，也是靠贷金度日。贷金每个月都要造名册公布，由会计室的出纳员发钱”④。当时国民政府侨务委员会为侨生发放特种救济金，如1944年下半年，为28名侨生发放第6期特种救济金，每人600元或800元国币；1945年上半年，为29名

---

① 《国立暨南大学福建分校侨生证件清册》，载《关于福建侨务外来信、侨生申请登记表等》(1941～1945)，上海档案馆 Q240－1－75。

② 李祥麟：《暨南大学在建阳》，载《新加坡暨南校友会四十四周年纪念特刊》(1984年)。

③ 国立暨南大学《关于暑期各级学校员生参加总动员业务、员生救济及欢迎伪教育部长等文件》，上海档案馆 Q240－1－96；另据上海档案馆卷宗 Q240－1－75 有关数据，暨大侨生“1945年上学期97人，下学期98人”。

④ 俞述翰：《何校长在建阳的日子》，载《何炳松纪念文集》，华东师范大学出版社1990年版，第522页。

侨生发放第 7 期特种救济金，每人 800 元国币；①1945 年下半年，为 87 名侨生发放第 8 期特种救济金，每人 1500 元国币。为了说明当时暨大侨生情况，特绘制下表以示。

国立暨南大学 1945 年下半年在校侨生一览表

姓名	性别	院系	姓名	性别	院系
王文海	男	文学院教育系	王瑞章	男	文学院中文系
王永升	男	商学院国贸系	白亚枝	男	商学院国贸系
王天俊	男	文学院史地系	朱宝发	男	商学院工商管理系
王新整	男	商学院工商管理系	朱昌崀	男	商学院会计银行系
邱筱梅	女	文学院教育系	郭贤铀	男	商学院工商管理系
邱兆水	男	商学院国贸系	郭洙再	男	文学院中文系
李法儒	男	商学院国贸系	郭宜顺	男	文学院外文系
李德彦	男	文学院教育系	章士英	男	商学院国贸系
方若萍	女	文学院教育系	许绩铨	男	文学院教育系
林英锦	男	文学院中文系	许道醒	男	商学院工商管理系
林汉首	男	文学院史地系	黄明都	男	商学院工商管理系
林文情	男	文学院教育系	黄茂德	男	商学院国贸系
林绿汀	男	文学院史地系	黄选卿	男	文学院教育系

① 国立暨南大学《侨生特种救济金核办法与领取名册收据》(1945—1946)，上海档案馆 Q240－1－106。各级侨务部门非常关心侨生，如侨务委员会、侨务委员会福建侨务处、福建省侨民紧急救助委员会规定："为谋救济回国升学之学生起见，其华侨身份证明文件经查明属实而经济来源确系断绝者，可照国立中等以上学校贷金暂行规则之规定核给贷金。"详见国立暨南大学《关于侨生救济发放领取及有关救济文件名册等》(1942 年)，上海档案馆 Q240－1－107。

续上表

姓名	性别	院系	姓名	性别	院系
余芹量	男	商学院工商管理系	庄秋影	男	商学院工商管理系
何家沛	男	商学院国贸系	庄绍周	男	商学院国贸系
洪惠美	女	商学院国贸系	庄炳耀	男	理学院数理系
洪何洲	男	文学院史地系	程培秋	男	商学院会计银行系
洪瑞美	男	商学院工商管理系	冯周胜	男	商学院会计银行系
胡汉人	男	商学院工商管理系	张西年	男	商学院工商管理系
俞裕辉	男	商学院会计银行系	张云绫	女	文学院教育系
陈烈文	男	文学院教育系	张建钦	男	商学院工商管理系
陈文光	男	文学院外文系	杨秋飘	男	文学院教育系
陈秀民	女	商学院会计银行系	杨振辉	男	商学院国贸系
陈古然	男	商学院工商管理系	叶文楮	男	理学院化学系
陈杯华	男	文学院教育系	叶大培	男	理学院数理系
陈正福	男	商学院国贸系	叶友德	男	商学院国贸系
陈宝发	男	理学院化学系	郑启熙	男	商学院国贸系
陈观	男	文学院中文系	郑启群	男	商学院国贸系
陈焕瑞	男	商学院国贸系	郑金珍	女	文学院教育系
连宪武	男	商学院国贸系	郑金发	男	文学院史地系
潘其浴	男	商学院国贸系	戴有能	男	文学院教育系
潘嘉奇	男	商学院国贸系	蓝文烂	男	文学院教育系
潘挺民	男	商学院工商管理系	颜金炮	男	商学院国贸系
潘美铮	女	商学院工商管理系	萧镜康	男	商学院会计银行系
蔡洵冬	男	商学院国贸系	梁华光	男	商学院国贸系

续上表

姓名	性别	院系	姓名	性别	院系
蔡声玢	男	理学院数理系	方克东	男	文学院教育系
蔡哲民	女	文学院教育系	林秀生	男	文学院外文系
刘观祥	男	商学院国贸系	林立金	男	商学院国贸系
刘世还	男	商学院工商管理系	林梅英	女	文学院教育系
刘步星	男	商学院工商管理系	洪慕英	男	商学院工商管理系
刘黑楞	女	文学院中文系	陈健藩	男	商学院工商管理系
刘连生	男	文学院史地系	郑昆钦	男	商学院国贸系
熊永沅	男	商学院国贸系	戴祺兰	男	商学院国贸系
卢文泳	男	商学院工商管理系			

当然，在校侨生总人数是要略高于上述领取特种救济金侨生人数的，由于缺乏有效的侨生身份证明，抑或经济条件相对宽裕，①部分侨生未领取救济金。在上述 87 名侨生中，商学院有 51 人，其中工商管理系 19 人，国贸系 26 人，会计银行系 6 人；文学院 31 人，其中中文系 4 人，史地系 6 人，教育系 17 人，外文系 4 人；理学院 5 人，其中数理系 3 人，化学系 2 人。除 10 人为女生外，均为男生。② 从侨生所

① 据邢致中校友回忆，建阳时期有些侨生“衣着时髦，每日都有侨汇，经济来源不断，手头宽裕，出手宽绰，是校园附近几家饭馆、茶室的最受欢迎的常客。”载邢致中：《邢致中作品选》，暨南大学出版社 1996 年版，第 232 页。

② 《国立暨南大学三十四年下半年在学侨生签盖特救金(第八期)领处名册》，载《侨生特种救济金拨发办法与领取名册收据》(1945—1946)，上海档案馆 Q240－1－106。

就读专业表明，他们对商科与文史教育专业感兴趣，而理科则少有人问津。这些侨生尽管与家庭失去联系，但有何炳松的殷殷关爱、政府的救济金，他们虽苦犹甜："想到暨大内迁到这穷乡僻壤全是为了在这国难深重之秋，力保我中华民族的火种和海外赤子之心的灯光，使之永不熄灭，我们谁也无怨无悔，再苦，苦亦甜。"①

三、民主堡垒，革命摇篮

曾任建阳时期暨大教务长、中文系系主任的许杰教授，1989 年为中共建阳县委党史研究室编纂的《暨南大学在建阳》一书题词："民主堡垒，革命摇篮。"这 8 个字形象地概况了抗战中后期暨大师生的爱国民主活动。建阳时期，暨南大学"抗日气氛浓，进步教授多"，被誉为"爱国救亡的民主堡垒"，②在何炳松的倡导下，暨南师生开展了丰富多彩的抗日救亡的民主运动和争民主自由的爱国斗争，在暨南校史上写下了浓墨重彩的一笔。

（一）教师的爱国民主活动

何炳松校长是"抗日战争时期最富民族气节的民主治

---

① 谢基：《我记忆中的建阳和在建阳的暨大》，载暨大建阳（时期）校友会编：《暨南建阳通讯》，第 30 期（2004 年 5 月）。

② 戴敦复：《何校长，我们永远记住您！》，载《何炳松纪念文集》，华东师范大学出版社 1990 年版，第 479～480 页。

校的教育家"①,他坚持"抗日第一,团结至上"②,经常教育师生要发扬爱国主义精神团结御侮。如1944年春,在暨大礼堂的一次纪念周会上,他做中西文化比较研究的演讲,当讲到法国维希政府(傀儡组织)时,他语气坚定地称之为"汉奸",场下一阵笑声。他一时思想未转过来,补充道:"是汉奸政府嘛!"场下仍大笑。他不解笑意,当身旁人员提醒他时,他腼腆地说"噢,法奸!"场下再次发出善意的笑声,此举表明了他"汉曹不两立,忠奸不并存"的心志。③ 在他的倡导下,暨大教师也以学术救国,以手中的笔作为投枪。如许杰教授高举东南文艺旗帜,写出了一批有份量、有影响的作品,"为整个民族解放战争贡献了自己的力量",他撰写了《文艺·批评与人生》中的大部分文章、《小说过眼录》的全部文艺批评文章等。④ 亦诚如许杰于1944年8月20日,在宜乡主编的《前线日报》副刊上所发表的《文艺评介发刊三十期自白》一文所说:"正如每一个国民,每一个青年,都是民族解放运动的民族斗士一样,每一个文艺青年,每一个文艺工作者,也同样的都是文艺战线的斗士,只要你能有一份力量,拿出一份力量,有一分热,发一分光,便算尽了战斗的最

① 林念庚:《何炳松校长的教育思想及民主办学精神——访胡寄南教授》,载《何炳松纪念文集》,华东师范大学出版社1990年版,第326页。

② 姚士彦:《抗日第一,团结至上——记何炳松先生二三事》,载《何炳松纪念文集》,华东师范大学出版社1990年版,第329页。

③ 蓝尤青:《一点回忆》,载《何炳松纪念文集》,华东师范大学出版社1990年版,第537页。

④ 王祖勋:《怀思许杰师》,载《新加坡暨南校友会成立五十周年纪念特刊》(1991年)。

大责任。这正好比驾飞机向敌人的营阵里丢炸弹，固然算是发挥了最大战斗的能力，但替受伤战士洗洗衣裳，缝缝破袜，裹裹创口，也不能说与抗战毫无补益。”①

何柄松校长尊重知识，提倡学术自由，对所聘教授无门户之见，“延聘时完全以品德学问为标准，对于派别向不注意”②。因此，当时一些敢于在课堂上传播马克思主义理论的名师，如主讲经济学的周宪文教授、主讲哲学概论的陈文彬教授、讲授经济地理的盛叙功教授，他们的课程“都闪现出马列主义观点的光辉，深受同学欢迎”③。尤为值得一提的是，建阳时期一些政治身份特殊的人物，如卓如、吴大琨等人亦任教暨大。其中如卓如，他于 1938 年加入中共组织，对马克思主义政治经济学进行过全面系统深入的研究。1943 年 2 月到 1946 年 5 月，他任教暨大商学院并担任国贸系系主任，在暨大主要开设《经济学原理》和《经济学说史》两门课程。《经济学原理》主要讲《资本论》第一卷的内容，《经济学说史》采用苏联卢森贝编的教材。“他经常引用无产阶级革命领袖的评述来加深讲课内容的理论深度。为了避免不必要的麻烦，他把马克思简称为‘卡尔’，称恩格斯为‘费里德里希’，称列宁为‘伊里奇’，称斯大林为‘维萨里昂

① 许杰口述，柯平凭撰写：《坎坷道路上的足迹》，华东师范大学出版社 1997 年版，第 324 页。

② 俞剑华：《何师柏丞在建阳》，载《何炳松纪念文集》，华东师范大学出版社 1990 年版，第 257 页。

③ 赵镜元：《史学家何炳松》，载《何炳松纪念文集》，华东师范大学出版社 1990 年版，第 387 页。

诺维奇'。"①又如著名马克思主义经济学家吴大琨，1939 年初被推荐为上海各界人民慰劳团团长赴皖南慰问新四军将士，被第二战区便衣特务绑架关在上饶集中营。1942 年被保释出狱后于是年 12 月至 1944 年 12 月任教暨大两年，先在外文系教大学一年级英文，后任教商学院，在课堂上称赞马克思的伟大贡献。②

(二) 学生的爱国民主活动

暨南大学富有优良的爱国民主传统。暨南大学南迁建阳后，暨南学子积极参加中共组织、抗日反顽斗争与从军运动，表现出青年大学生高昂的爱国主义精神。

暨大的中共组织活动。南迁建阳后，暨大的学生党员与上海的中共组织失去联系。当时，"在建阳书坊的太阳山上驻地有中共福建省委，它领导闽北和福建全省人民开展抗日反顽斗争"③。学生中原有的一些共产党员和团结在党周围的积极分子，如陈斐然、金家麟、柯以圻、沈根源、林楚平、刘观祥、胡戎、诸仙仙等，仍在团结周围同学，宣传学习马克思主义理论。④ 另外，闽南各地有一些青年以及侨

---

① 魏琦:《卓如教授在建阳暨大》，载《暨南大学在建阳》(1990 年)，第 188～193 页。

② 《建阳革命史》，中央文献出版社 2005 年版，第 99～100 页；吴大琨：《我在建阳暨大时和地下党的联系》，载《暨南大学在建阳》(1990 年)，第 6～7 页。

③ 《暨南大学在建阳》序(1990 年)。1943 年底，中共福建省委南迁闽中。

④ 《暨南风云——解放战争时期暨南大学学生运动史》，暨南大学出版社 1993 年版，第 2 页。

生、侨属青年，是中共联系培养对象，还有部分曾是党领导下参加学生运动和工作的进步学生。党组织认为必须“培养和造就革命所需要的干部和积极分子。一九四三年党决定派党员洪惠美（洪惠）考入暨大，一九四四年又决定派党员林绿竹（张连）也考入暨大，边读书边做党的工作”①。1945年5月，闽西南白区党发展暨大学生王新整、何家沛入党。② 暨大学生的爱国民主活动，实际上是把党领导的左翼进步文化运动的强烈影响从上海带到山城建阳。史地系的沈根源同学在上海参加地下党外围组织学生协会，在上海地下党领导下做过学生工作，在学生中威信较高，曾当选过建阳暨大学生会主席，团结在其周围的有失掉党组织关系的地下党员柳泽萃、陈斐然、金家麟。③ 抗战胜利前，国共两党既联合又斗争，中共闽粤赣边委根据当时局势，为暨大学生党员下达的任务是：“长期埋伏，积蓄力量，等待时机。”主要工作是：通过布置党周围的积极分子，广交朋友，了解情况，团结和培训进步同学，并在他们中间组织和介绍学习进步书籍，如《大众哲学》、《政治经济学教程》、《政治学大纲》等；通过党联系的积极分子在学生社团中，组织活动，

① 张连：《闽西南白区党在暨大建阳时期的组织和活动》，载《暨南大学在建阳》(1990年)，第2页。

② 《暨南大学在建阳时期学生运动大事记》(1941—1946)，载《暨南大学在建阳》(1990年)，第2页。

③ 钱国屏：《从建阳到上海——1943年至1947年暨南大学学生运动的回忆》，载《暨南大学在建阳》(1990年)，第34页。

团结、教育进步学生。① 1946年3月,暨大学生李法儒、方勤(余芹芳)、陈泗东、叶友德、戴棋兰等被批准加入党组织。通过这些活动,“广泛地联系和团结其它地区来的进步同学,逐渐形成了一股比较稳定的革命力量,在暨大的学生运动中开始起着核心的作用”②。

学生的从军运动。抗日战争是一场全民族的战争,在高等学校曾有几次较大规模的学生志愿从军运动。1944年,日军在太平洋战争中整体上已处于劣势,为了支援其困于东南亚和滇缅边境的军队,它急需打通从中国大陆到越南的交通线,遂对豫、湘、桂、黔发动迅猛进攻。国民政府于1944年10月14日提出了“一寸河山一寸血,十万青年十万军”的口号,号召大中学生志愿从军抗日组建远征军。10月23日,蒋介石发表《告全国知识从军青年书》,称:“现在我们经历了七年余的艰苦抗战,而且已到了决定胜败的最后关头,今后的一年,将是我们争取最后胜利的一年,这正是我们知识青年报效国家千载一时最难得的时机……凡我年龄在十八岁以上三十五岁以下,曾受中等教育或具有相当知识程度的青年,只要体格健全,不论依法是否缓征缓召,均得志愿报名参加。”③为此,国民政府制订了《全国知

① 张连:《闽西南白区党在暨大建阳时期的组织和活动》,载《暨南大学在建阳》(1990年),第3页。

② 《暨南风云——解放战争时期暨南大学学生运动史》,暨南大学出版社1993年版,第3页。

③ 《知识青年志愿从军手册》,载国立暨南大学《鼓动学生从军宣传文件》(1944年),上海档案馆Q240—1—516。

识青年志愿从军征集办法》，阐述其宗旨为："提高国军素质，增强反攻力量，争取最后胜利，贯彻抗战目的起见，特征集知识青年编组远征军。"①第三战区也印发了《第三战区青年学生志愿服役办法》，拟在福建招募700名青年学生。②暨大训导处会同学生自治会积极发动学生从军，报名踊跃，"一时蔚成风气，情形之热烈，实开东南学生从军卫国之先风"③。从军学子有江鸿祥、王文海、张定宇等66人，他们还专门编印了暨大《从军学生纪念册》，内刊有何炳松照片、建阳暨大校园建筑素描图，从军学生的姓名、性别、年龄、籍贯、学号、院系年级和通讯地址，另有沈炼之题词："暨南之光。"方光焘题词："自知者英，自胜者雄。"从军学生中除闽、浙、苏、赣等省学子外，还有少量侨生，如来自印尼的文学院教育系三年级的王文海及来自印尼爪哇文学院外文系一年级的苏浩忠等。④ 在过去评价这批从军学生的从军活动时，大都予以否定，我们认为这是有欠公允的。尽管他们从军动机不同，但在大敌当前时他们"万里长征缅甸，舍生冒死不辞"的精神，⑤以及投笔从戎的爱国热情还是应予以

---

① 《知识青年志愿从军手册》，载国立暨南大学《鼓动学生从军宣传文件》(1944年)，上海档案馆Q240—1—516。

② 国立暨南大学《鼓动学生从军宣传文件》(1944年)，上海档案馆Q240—1—516。

③ 国立暨南大学《青年从军宣传文件》，上海档案馆Q240—1—518。

④ 国立暨南大学《从军学生纪念册底稿》(1945年)，上海档案馆Q240—1—515。

⑤ 傅以兰：《千古相思处，师生滴滴情》，载《新加坡暨南校友会成立五十周年纪念特刊》(1991年)。

积极的肯定。①

(三) 驱逐盛叙功、许杰风潮

1945 年 1 月 3 日，在童游文庙出现打倒教务长许杰、总务长盛叙功的标语。训导长韩逋仙立即下令停课，当日下午何炳松主持召开紧急会议，夜，部分学生捣毁许、盛家。②据许杰回忆："一二百学生打着火把，喊着口号，从学生宿舍冲到我们所在教工宿舍。前面的学生手里举着火把，一派明火执仗的紧张气氛……高喊盛叙功和许某人出来。……闹事的学生指名要盛叙功和许某两人滚蛋。"与两人同住一排平房的方光焘、戚叔含、王书凯在一旁劝解。③ 许杰、盛叙功在同何炳松会面后，星夜离开建阳，避居崇安(现武夷山市)。这就是建阳时期暨南校史上有名的驱逐盛、许风潮。综合分析出现这一风潮的主要原因大致有四：

一是暨大"福建籍的教师发牢骚"。他们认为："说暨大办在福建，可是福建本地人一点权利也没有，掌权的都是外乡人，一定要给点颜色让他们看一看。"④ 当时暨大的相当部分生源都来自福建，但从校长到院长、教务长、总务长等以浙江人居多。事后亦证明，"这一次的风潮，幕后的指使人是中文系的福州籍教师魏应麒，学生方面的主要人物就

---

① 钱国屏:《从建阳到上海——1943 年到 1947 年暨南大学学生运动的回忆》,载《暨南大学在建阳》(1990 年),第 39 页。

② 房鑫亮:《何炳松年谱》,载《何炳松论文集》,商务印书馆 1990 年版,第 575 页。

③④ 许杰口述,柯平凭撰写:《坎坷道路上的足迹》,华东师范大学出版社 1997 年版,第 306 页。

是他的兄弟(已经报名参加青年军)。整个风潮的主要参加者,也就是一批福建籍的本地师生”①。

二是教务长许杰的言行引起从军学生的不满。许杰“公然反对大学生参军”,一次“他在上基本国文解释一个典故时,说了‘好男不当兵’”②。当时教育部颁发了优待从军学生的办法,鼓励大学生从军,暨大也制订了若干优待办法。当时文件规定:“一年级学生参加青年军,可以算作二年级学籍,若干年之后还可以算作‘毕业’。”于是有些从军学生要求教务长许杰照办,但许杰坚持认为并在青年军的动员大会上说:“你们报名参加青年军,固然是爱国主义的行为,精神可嘉,国家给你们适当优待以资鼓励,也是应当的。但是,如果以参加青年军为条件提出种种过分的要求,也就和出卖壮丁没有什么两样。”这些话引起从军学生的反感。加之,福建籍的教师为闽省学生取得考试及格分数,希望许杰能通融,但他总是板着一副公事公办的面孔对待他们,这些教师对此颇多怨言。③关于此点,何炳松在致英士大学校长杜佐周的函中亦提及:“此间许君(指许杰——引者注)等之招怨,即纯在对付同人、同学态度过于冷酷而缺乏热情。”④

---

①③ 许杰口述,柯平凭撰写:《坎坷道路上的足迹》,华东师范大学出版社1997年版,第307页。

② 许甫如校友1987年3月13日回忆,林楚平等:《事实和看法》,载《暨南大学在建阳》(1990年),第96页。

④ 房鑫亮:《何炳松年谱》,载《何炳松论文集》,商务印书馆1990年版,第573页。

三是指称总务长盛叙功贪污奎宁丸。建阳当时疟疾流行，几乎人人都有过“打摆子”的痛苦经历，而抗战时期治疗该病的特效药奎宁丸又特别短缺。“暨大好容易搞到一些奎宁，都由总务长亲自掌管。盛先生怕这些金贵药物有什么闪失，干脆把药品带到家里保管，于是师生们需要奎宁只好到他家里去领，这就引起人们的不满，也给闹事者提供了借口，说总务长贪污贵重药品。”①而早在1944年6月11日，文庙路边就曾出现“打倒盛叙功”的标语。② 这时从军学生张贴“不准贪污奎宁丸”的标语，矛头直指盛叙功。

四是由训导长韩逋仙等人策划的驱逐进步教授盛叙功、许杰的预谋活动。据金家麟校友回忆，许杰教授是暨大“态度最明确的进步教授”，盛叙功教授“用马克思主义的观点来讲授地理学”。③ 钱国屏校友亦认为两位教授是“暨大宣传马克思主义的两位主将，又是学生民主运动的积极支持者”，韩逋仙等想赶走“学生信赖的进步教授，把学生的民主运动扼杀在萌芽状态”。④ 当时参加了青年军的董运谋校友的回忆佐证了这一事实。据他回忆，当有从军学生鼓动全体“青年军战士”团结起来驱逐盛叙功出校时，韩逋仙

① 许玄：《绵长清溪水——许杰纪传》，山西人民出版社2000年版，第7页。

② 房鑫亮：《何炳松年谱》，载《何炳松论文集》，商务印书馆1990年版，第576页。

③ 金家麟：《在建阳暨大的两年(1941—1943)》，载《暨南大学在建阳》(1990年)，第11页。

④ 钱国屏：《从建阳到上海——1943年至1947年暨南大学学生运动的回忆》，载《暨南大学在建阳》(1990年)，第42页。

当即表示支持："反正你们都已参军了，校方不会开除你们。"在他的指使下，部分从军学生"点起火把，一哄而到盛的宿舍，并将石头、火把丢到盛叙功、许杰教授房间内，逼迫他们离校"①。

风潮发生后，何炳松对此高度重视。他表示：学生反对盛、许就是反对我。他对盛、许说："希望这一次的风潮，不要闹成以往那样，各拉一派学生来反对另一派。你们两位暂时离校避一避风头，让我理顺各方面的关系，并且，搞清楚风潮的详细情形。"事发次日（1月4日），何炳松与秘书一同到文庙了解事情始末。1月6日，何炳松自兼总务长（后由俞剑华接任），沈炼之代教务长（后由王勤堉接任），②并将风潮始末上报教育部。3月21日，他主持召开第13次谈话会，就风潮问题做出如下决议：盛、许的薪金算至7月份止，另赠旅费3万元，并报教育部备案；由校长公布解释误会，并解散学生自治会，从军同志会以日内入伍姑准免议。③何炳松坚持继续聘用盛、许，照样发薪水，直至抗日战争胜利。避住崇安期间，陆续有师生前往探望盛、许，各地同学会也同情、拥护盛、许，出版了多种壁报为两人辩白，"鲜明地表达了反对排挤许盛二教授的观点"。但由于学校当局的退让，何炳松"受到他周围一部分亲近他的势力的包围"，"反对派势力占了上风"，"造成了驱逐许盛二人是合理

① 林楚平等：《事实和看法》，载《暨南大学在建阳》（1990年），第96页。

②③ 房鑫亮：《何炳松年谱》，载《何炳松论文集》，商务印书馆1990年版，第575、576页。

的客观局面”。① 许杰对于以“自己崇高的人格，对青年、对学校、对自己做出了牺牲”，而仍未受到公正待遇一直无法释怀，1990 年还刊发了当时他为表露心迹而撰写的《七律·建阳暨南大学风潮》：

漆黑一团天地齐，
更深鼠闹不闻鸡。
森森堂庙嘶骸骨，
寂寞东南树战旗。
怒看小鬼装人样，
忙举钝刀剥狗皮。
四壁阴寒风凛冽，
荷戈立雪待晨曦。②

在当时的同事苏乾英副教授前来看慰、深夜坐谈后，许杰撰写的《七绝》一诗中表达了他为人耿直、嫉恶如仇的心情：

狂风过后月赞云，
寂寞寒灯对故人。
幸喜胸中留正气，
滔滔流水不平鸣。③

① 转引自许玄：《绵长清溪水——许杰纪传》，山西人民出版社 2000 年版，第 10～12 页。

② 1988 年 10 月，部分建阳暨大校友重逢建阳，决定编印《暨南大学在建阳》一书，许杰获悉后特将“避地崇安时所作”诗两首抄寄，以志“当年之心境与感受云耳”。许杰：《诗两首》，载《暨南大学在建阳》(1990 年)，第 26～27 页。

③ 许杰：《诗两首》，载《暨南大学在建阳》(1990 年)，第 26～27 页。

这两首诗集中反映了风潮的背景以及许杰的悲愤和乐观的战斗精神。对于这次风潮的评价，是仁智互见，有人认为是“国民党反动势力对革命人士的迫害”，也有人说是“先进与落后的矛盾”，还有人认为是“进步思潮与狭隘的地方主义的斗争”。① 实际上问题的症结是：盛、许得罪了一部分代表地方势力的闽籍师生和一部分当时参军又想谋求私利的学生。“他们互相勾结，在学校掀起风潮。”②

（四）校园文化生活

何炳松关心学生的校园文化活动。对于负责学生活动的训导工作，他认为：“训导不可过于严肃，过于消极，须于严肃之中有乐趣之调剂，及积极服务精神之提倡。”③暨大是一所侨校，生源来自海内外，分布地域较广，加之侨生好动，天性活泼，因之，在何炳松的倡导下，暨大校园文化生活是丰富多彩的。即使在烽火中的建阳暨大，学生们仍举行了很多社团与文体活动，亦诚如周高勋校友所回忆的：“最感兴趣的是在建阳时期的学生生活。那时我们青春时期，风华正茂，向上心切，总觉得世界是美丽的，人间是温馨的。虽然是处于抗日战争的艰苦岁月里，尽管物件条件差，精神生活却丰富无比。回忆这一段生活，大家总是乐滋滋的，认

① 许玄：《绵长清溪水——许杰纪传》，山西人民出版社 2000 年版，第 11 页。

② 王祖勋校友 1942 年秋考入暨大文学院中文系，曾受教许杰，1945 年还曾前往崇安看望许杰。详见王祖勋：《怀思许杰师》，载《新加坡暨南校友会成立五十周年纪念特刊》(1991 年)。

③ 《何炳松纪念文集》，华东师范大学出版社 1990 年版，第 428 页。

为是我们一生中最美满的时期。”①

建阳时期，在何炳松的关照下，暨大学子积极开展学生社团活动。其时成立最早的一批学生社团是：1942 年 12 月 15 日成立的史地学会及末明文艺社、学生自治会；之后又于 1943 年春成立中国文学研究会，1943 年秋成立经济学会，1944 年秋成立太白文艺社，1945 年 6 月成立学林文艺社，1945 年 12 月成立壁报联合会等。② 学生社团众多，争奇斗妍，蔚为壮观，归纳起来这些社团大致有下列三种类型：一是按系科设立的学会(实际上是各系科的学生会)，如史地系的史地学会，中文系的中国文学研究会，教育系的教育学会等；二是按学生籍贯组建的同乡会，如闽西南的泉永漳龙同学会、福州地区的闽海同学会、温州地区的瓯海同学会、苏北地区的江淮同学会等；三是按各自兴趣爱好自由组合起来的文艺和学术性社团，影响最大的有末明文艺社、太白文艺社、学林社、经济学会、史地学会、新闻学会、人文学社等，这些社团不受系科、生源籍贯限制，生命力特别旺盛。③ 下面简要介绍几个重要社团的有关情况：

史地学会：1942 年 12 月 15 日成立，以“增进研究学术兴趣联络会员感情为宗旨”。何炳松批示：“准予登记，并发

① 周高勋：《暨大闽北校友在建阳聚会》，载暨大闽北校友会编：《暨南潭讯》第 12 期(1999 年 10 月)。

② 《暨南大学在建阳时期学生运动大事记》(1941—1946 年)，载《暨南大学在建阳》(1990 年)，第 18～22 页。

③ 《暨南风云——解放战争时期暨南大学学生运动史》，暨南大学出版社 1993 年版，第 3 页。

给登记证，及准予每学期由校津贴壹百元。”①该会创办《时与空》刊物，首任主席沈根源（后改名沈定一），会员有郑钟声、沈德仁、杨春燊、柳泽萃、罗伟、陈祖福、吴可贵、金家麟、王正平、许甫如、王驾、苏寿桐、钱国屏、杨德基、陈忠斌等。史地学会活动生动活泼，运用唯物史观研究历史、地理，经常研讨的问题是：史观和史料的关系、中国封建社会何以延续两千年？该会还多次邀请盛叙功、许杰、方光焘、卓如、沈炼之、陈守实等教授演讲。出版的《时与空》针砭时事，宣传马列。②

太白文艺社：由未明文艺社演变发展而来，社名由许杰所取并聘请其为指导教师。创办人为金尧如、林楚平、张棫（何其青）、周继文和许甫如，会员有唐迪文（唐湜）、黎先耀、陶玉麟（洪滔）、乐秀毓、陈毓淦等。该社“高举着文艺为人生服务，为民主呼喊的旗帜”，“针砭时弊，揭露黑暗”，“除发表了大量以反映抗战中大学生贫困生活为内容的文艺作品外，还有纪念鲁迅先生和响应昆明西南联大‘一二·一’运动的专辑”，“在暨大学生运动中起积极的作用”。③

人文学社：1946 年 3 月 20 日成立，该社章程规定：“凡有共同学习兴趣之同学，经本社社员二人以上之介绍，并经理事会通过后得加入本社为社员。……凡社员均有共同研

① 国立暨南大学《史地学会》，上海档案馆 Q240—1—546。

② 王驾：《学会作熔炉，马列育新人——回忆暨大史地学会》，载《暨南大学在建阳》（1990 年），第 121～131 页。

③ 许甫如：《为民主呼喊的“太白文艺社”》，载《暨南大学在建阳》（1990 年），第 112～117 页。

讨,交换书籍及发表写作之权利。”①该社聘请刘佛年、焦敏之、陈文彬三位教授为顾问,传阅进步书籍,“分散自学”,“隔周讨论,有不清楚之处便请卓如、陈文彬等老师指导,学习新理论大家如饥似渴,十分认真,思想认识逐步提高”。②该社通过“组织革命书刊的学习,与校内进步教授、学者的接触,参加各种讲座、集会抗议示威游行,它逐渐成为一个倾向革命的集体”③。

中国文学研究会:是中文系的系会组织,由吴三省、纪渊、王祖勋等发起成立,初时有会员 30 多人,1945 年增至 40 多人。该会宗旨为:团结同学开展学术研究和创造活动,宣传苏联文艺思想。主要活动是:组织会员阅读和评论苏联进步文艺书籍,开展文艺理论研究,召开文艺专题讨论会、学术报告会以及主办纪念鲁迅文艺晚会等。④

经济学会:由各院系有志于经济研究的同学成立。首批会员有徐善书、周振文等 9 人,1944 年新增施品荣、金永礼等 18 人,1944 年、1945 年又吸收了陈礼贤、林维雁等 16 人。该会有计划、有系统地学习马克思主义理论,如艾思奇的《大众哲学》、胡绳的《辩证唯物论入门》、李方进的《政治

① 《国立暨南大学人文学社章程》,载《文理系各种学会》,上海档案馆 Q240—1—545。

② 赵上畴、黄明义:《忆暨大人文学会》,载暨大闽北校友会编:《暨南潭讯》第 23 期(2002 年 7 月)。

③ 谢光文:《喜重逢》,载暨大建阳(时期)校友会编:《暨大建阳通讯》第 30 期(2004 年 5 月)。

④ 傅春龄:《建阳时期的暨大“中国文学研究会”》,载《暨南大学在建阳》(1990 年),第 132～135 页。

经济学教程》以及《反杜林论》、《资本论》等马列原著。一些名教授如周宪文、王亚南、卓如、陈文彬对学会工作予以指导。该会“实质上就是党领导下的读书会，它教育和培养了不少青年，为革命事业作出了贡献”①。

新闻学会：以研究新闻、阐扬三民主义为宗旨，卢宗汉为理事长。学会主要从事新闻研究和新闻出版工作。“为宣扬校誉，联络校友及练习新闻工作起见”，学会还出版《南风》周刊。②《南风》编辑部同学“每天从当地美军电台和建阳县政府电台拿来国内外新闻的电讯稿件，加以编辑，并且有评论，有副刊，有插图等，在校园中张贴时，常常围了一大堆观众，很受同学们欢迎”③。

除此，比较活跃的学生社团还有学林社、女同学会、教育学会、工商管理学会等。如工商管理学会成立于 1942 年 11 月 20 日，发起会员有 152 人，“以联络感情，砥砺学行，增加研究兴趣，养成服务精神为宗旨”。④ 尤为值得一提的是，成立于 1945 年 12 月 26 日的壁报联合会，在抗战胜利后至暨大复迁上海前的暨大学生活动中，起到了极为重要的作用。“壁联”由太白文艺社、学林社、中国文学研究会、史地学会、一九四六级级友会联合发起成立，宗旨是：联合

---

① 钱彰禄等：《忆暨南大学经济学会》，载《暨南大学在建阳》(1990 年)，第 140～143 页。

② 国立暨南大学《新闻学会》，上海档案馆 Q240－1－552。

③ 杨耀宗：《谁言寸草心，报得三春晖》，载《新加坡暨南校友会成立五十周年纪念特刊》(1991 年)。

④ 国立暨南大学《工商管理学会》，上海档案馆 Q240－1－553。

各壁报社团发扬团结民主的精神;尊重学术思想言语之自由,反对违背民主团结的言论;振奋研究学术的风气。随后,女同学会、经济学会、新闻学会、教育学会、励学社、华侨同学会、戢山友会、衢中校友会、百粤同学会、六睦同学会、瓯海同学会、泱风诗社、英国语文学会、《暨大青年》、泉永漳龙同学会、安定校友会、江淮同学会、庐山同学会、集美校友会等社团相继加入。壁联聘请沈炼之、俞剑华、卓如、方光寿等 18 位教授为顾问。① 壁联成立后,以"尊重人权、赞助民主、爱护学术"为立场,②成立由 24 个学生社团参加组成的编委会,负责《壁联》、《壁联通讯》的编印工作。1946 年 1 月 10 日,是旧政协在重庆开幕之日,暨大的 16 种壁报:《时与空》、《改造》、《艺苑》、《铎声》、《中国明灯》、《暨大青年》、《微芒》、《人言》、《南风》、《太白》、《学林》、《格非》、《南侨》、《南星》、《暨大女声》、《壁联》同时出版,"贴满了明仪堂的两侧,声势相当浩大"。昆明"一二一"惨案发生后,编印了《壁联》第一号增刊,表达了暨大学生要民主、反迫害的强烈呼声。之后又编印了第二号增刊和《壁联通讯》第一期等。壁联的会歌表达了同学们要民主、和平和向往新社会的心情:

拉起手来,同学们!
在民主的旗帜下,我们合力工作。

---

① 《暨南风云——解放战争时期暨南大学学生运动史》,暨南大学出版社 1993 年版,第 4~5 页。

② 详见"壁联"代发刊词,载《暨南大学在建阳》(1990 年),第 242 页。

齐声歌唱、齐声歌唱。
我们在斗争中生长，谁要压迫我们，
他一定灭亡！
拉起手来，同学！
拉起手来啊，同学们！
挺起胸膛，挺起胸膛，走向前去！
阳光照亮了我们的队伍，
看吧！前面展开了新社会的康庄。①

总之，"'壁联'的成立是暨大学生运动的一个重要转折点。从此，暨大的学生运动改变了涣散软弱的状态，开始呈现出一片生机盎然的崭新景象。"②

与学生社团活动相互辉映的是学生文体活动。这主要包括文娱活动与体育活动两方面。先看文娱活动，建阳时期暨南学生成立了暨南剧社、歌咏团、京剧团、平剧社等社团组织。1942年暮春，暨南剧社主办了一次全校师生大联欢，节目有歌唱、舞蹈和话剧《哑妻》。之后剧社还演出了吴天编剧的《家》，丁西林编剧的《妙峰山》，夏衍编剧的《长夜行》，李健吾编剧的《这不过是春天》和陈西禾编剧的《沉渊》。"这些演出给寂寞的山城，带来了春天的温暖，激发了人们的爱国热情。演出期间，座无虚席，有人乘长途汽车远从建瓯、南平、邵武等地前来观剧，对演出交相赞誉，争相传

① 转引自刘建：《大潭书》，文物出版社1994年版，第501～502页。

② 《暨南风云——解放战争时期暨南大学学生运动史》，暨南大学出版社1993年版，第5～8页。

颂。演出不仅扩大了社会影响,还给学校争得了光荣。"①平剧社则于1945年6月举办了何炳松长校10周年晚会。京剧团由金安民等于1942年秋组建,徐克仁、万叔龙、朱述尧、许敬之等先后为负责人,"京剧团的活动在暨大校园里受到不少同学的欢迎","每次演出时,几乎场场客满"。②另据当时歌咏团的负责人陈默校友回忆,他1943年入商学院国贸系学习时,周光歧任歌咏团团长、指挥兼口琴演奏,后由陈默接任团长,当时"奕奕禹甸"是每次必练的四部混声合唱曲,歌声"唱出了同学间的爱,唱出了对母校之情",也给"单调枯燥的学生生活增添了色彩,是歌声加强了同学间的团结与友谊"。③ 当时,暨大学生还在何炳松的支持下,在国民党建阳县大礼堂演唱《黄河大合唱》,"向县民作了抗日与反内战的思想宣传"④。许杰教授为丰富校园文化生活,彰显暨大侨校办学宗旨,则创造了暨南校史上的第四首校歌,深受师生欢迎,歌中唱道:

五千年的文化传统,
四十载的教育方针,
决定了我们努力的目标,

---

① 高崇靖:《何炳松校长与暨南剧社》,载《何炳松纪念文集》,华东师范大学出版社1990年版,第340页。

② 季振宇:《暨大京剧团在建阳》,载《新加坡暨南校友会成立五十周年纪念特刊》(1991年)。

③ 陈默:《片断的回忆·深切的怀念》,载《新加坡暨南校友会成立五十周年纪念特刊》(1991年)。

④ 陆伦章:《我记忆中的何柏丞校长》,载《何炳松纪念文集》,华东师范大学出版社1990年版,第451页。

铸炼成我们奋斗的精神！
我们要用实践去配合理论，
探求学术的真理，把光明宣扬。
我们要步武先驱者的足迹，
把光荣的民族文化广播到南洋。
我们的生活不怕艰苦，
我们的精神刚正坚强。
要把光荣的民族文化，
广播到海外！广播到南洋！①

再看学生的体育活动。暨大一直是体育强校，“体育则始终是全校学生必修之课，也是最为广泛开展的群众性活动。校园里盛开的体育之花，自卅年代前后即开始相继结出累累硕果”②。南迁建阳后，学校条件艰苦，“就体育方面而言，不仅各项运动设备一无所有，即办公室亦仅在训导处办公室内添置一张办公桌临时应付；体育教师也只有体育指导员唐璜一人（负责武术教练），其困难情况，可想而知”。但何炳松认为：“必须重视学生健康，加强体育锻炼，他日才能为国效劳。”为此，学校采取了以下措施积极开展体育活动：一是加强体育师资队伍建设，先后聘请陈陵、费兰芳（女）、王大琛、吴止戈、朱间开（女）等具有副教授、讲师职称

① 近半个世纪过去了，傅湘瀛校友1991年在上海看望许杰先生时，还“情不自禁”地唱起了这首校歌。详见许玄：《绵长清溪水——许杰纪传》，山西人民出版社2000年版，第139～140页。

② 沈昆南：《何校长与暨大的体育》，载《何炳松纪念文集》，华东师范大学出版社1990年版，第331页。

的体育教师多人;二是成立体育部办公室,利用运动场附近一所破庙由师生动手修建;三是开辟运动场,添置体育器材,计有篮球场两个、排球场两个、体操场一处(备单、双杠等)、跑道110米、乒乓球室一间;四是除为一二年级学生开设体育必修课外,大力开展群众性体育活动,如组建男女篮、排球代表队各一支,经常开展早操、课外锻炼、系际比赛和田径单项比赛。期间还与之江大学篮球队举行友谊赛,"何校长亲自到场开球,并致词鼓励,全场欢腾,情况热烈"①。1944年春,美军登陆中国东南沿海,有一个营的美军驻扎在建阳天主教堂,美军经常在周末与暨大师生联谊,如举办辩论赛、与暨大篮球队比赛。举办篮球赛时,据范家震校友回忆:"开始几场比赛中,美军人高马大占上风,后来暨大学子打出小个优势,也扳回了几场球,当时只要双方打球,到处都是观众,校园里从来都没有这么热闹过。"②

① 陈福清:《何校长与建阳时期的暨大体育》,载《何炳松纪念文集》,华东师范大学出版社1990年版,第334~335页。陈福清当时任暨大体育部主任、副教授。

② 陈友直等:《最后一颗子弹留给我》,载福建《海峡都市报》,2005年8月24日。

第六章　筹建联大

作为大学校长，何炳松广为人知的是担任了 11 年国立暨南大学校长。而在 1941 年至 1943 年间，何炳松以筹建委员会主任身份负责筹建过另外一所大学——国立东南联合大学（下文简称东南联大），就鲜为人知。

东南联大是 1941 年底太平洋战争爆发后，国民政府教育部为收容上海内撤各公私立大学学生而筹建的一所高校。它存在的时间短暂，远远不及西南联大或西北联大那样取得过辉煌的成就，但是在烽火连天的抗战岁月里，何炳松一身肩负两役筹建东南联大的艰辛及广大爱国师生不避艰险，不畏跋涉，间关千里，为正义延一线之传，以传承民族文化为己任，所体现出来的崇高民族精神仍值得后人传颂。该校几经周折，先后收容了488名学生，并资助一批其他学校的师生投奔各自母校，其历史功绩亦不可磨灭。加之，东南联大的成长与暨南大学有着密切联系，该校解散后部分院系并入暨南大学，为暨南大学输入新鲜血液。因此，提及身为校长的何炳松，筹建联大这段历史不可不提。

一、国立东南联合大学创办的历史背景

（一）抗战爆发后我国高等教育惨遭破坏，纷纷内迁

抗战前，我国的大学布局主要集中在东南沿海和平津等主要城市，据统计，战前全国共有高等院校108所，仅平、津、沪三地就占了46所，在校学生占全国总数的三分之二左右。1937年7月7日，震惊中外的“卢沟桥事变”爆发，日本帝国主义发动全面侵华战争，中国大地烽火四起，国家、民族处于危亡之中，我国的教育事业也遭到了空前浩劫。

为配合军事行动，彻底摧毁中国，日本从侵华伊始便把破坏中国的文教事业，打断中华民族的精神脊梁，从根本上消灭中华民族的文化生命作为重要目标。日军认为各级学校均为反日集团，所有知识青年均系危险分子，为欲达到其长期统治中国之目的，故极力奴化我青年之思想，摧毁我教

育及文化机关。① 据有关资料记载：

> 到1938年10月的一年时间内，全国108所大专院校中被轰炸破坏的达91所，占全国高校总数的85%，其中25所不得不暂时停办，继续维持的仅有83所。教师由战前的7560人减为5657人，职员由4290人减为1966人，学生由41922人减为31188人，财产损失3360余万元。至于广大师生多年辛苦积累的珍贵资料，更是无法用金钱来计算的。国民党政府承认："当时平津京沪各地之机关学校均以变起仓促，不及准备，其能将图书仪器设备择要移运内地者仅属少数，其余大部分随校毁于炮火，损失之重，实难数计。"②

持续的战争使中国教育面临空前的危机，国民政府认识到：现代国家的生命力由教育、经济、武力三要素组成，而教育是一切事业的根本。③ 为保存文化命脉、培养更多的人才，以拯救国家、复兴民族，国民政府确立了"战时应作平时看"的教育方针，决定将大专院校内迁。当时迁移范围有三：除部分教会及私立大专院校仍留在沦陷区外，一部分迁入上海租界及港澳，一部分在原省区内迁移，大部分则迁至

---

① 《中华民国史档案资料汇编》第五辑第二编教育(一)，江苏古籍出版社1991年版，第298页。

② 教育年鉴编纂委员会：《第二次中国教育年鉴》第一编总述，台北文海出版社1986年版，第8页。

③ 涂文学、邓正兵：《抗战时期的中国文化》，人民出版社2006年版，第178～179页。

西南、西北大后方。于是，战前集中于沪宁杭平津等城市的高校纷纷内迁。据时任教育部部长陈立夫回忆：

> 战事发生以后，华北及沿海沿江一带地区，相继沦陷。而此等地区为专科以上学校集中之地。当时教育部的当务之急莫过于将此等学校的员生及图书设施迁移后方重振弦歌。后来战事增剧，即在后方各校，复因敌机轰炸，亦须由城市迁设郊外。依教育部二十八年的统计，战前专科以上学校一百零八校，因战事迁移后方者有五十二校，迁入上海租界或香港续办的二十五校，停办的十七校。其余十四校，或是原设后方，或是原在上海租界，或是教会大学能在沦陷区继续上课的。①

(二) 抗战前期的上海高等教育

1937 年 11 月淞沪会战结束后，中国军队西撤，日军占领除英法租界之外的上海华界。由于英法中立，上海租界得以暂存，但仍处于日本占领区的包围中，与外界形成隔绝状态，被时人称之为“孤岛”。

战争期间，上海遭到日军轰炸，教育事业损失惨重，一切教育机构和学校教育几被摧毁，而大学的损失最为严重：

> 上海教育界遭遇了有史以来所未有的苦难时期，在敌人飞机的轰炸下，战区的学校是大部分被摧毁了，而学生又因家庭之东西迁徙，住址不定，

① 陈立夫：《战时教育行政回忆》，台湾商务印书馆 1973 年版，第 16 页。

> 大部分也就辍了学，因此即便租界上的学校也因房租高涨和学生稀少而不能维持，三分之二以上的学校都在停顿的状态之中。①

据统计，此期间，上海专科以上学校损失为7673159元，中学损失约为2199954元，小学损失约为259169元，社会教育部门损失约为1860000元，总计为11992242元。②然“八·一三”事变后不久，上海教育却呈现出两种截然不同的景象：

一是日本占领下的华界教育，日伪政权企图在被破坏的华界教育上建立一个新的奴化教育体系，华界教育遭到严重腐蚀，呈现衰败景象。

二是“孤岛教育”的迅速发展。“惟上海租界，因庇外人势力，得保安全，各地难民集于沪上，此一角孤岛，乃呈空前繁荣之景象。”③随着战火蔓延，大批难民避难租界，一边是租界外炮火连天，一边是租界内人口直线上升，当时难民最真实的感觉和最大的愿望就是“到租界上去，最近又最安全”；“冲进租界的人觉得很侥幸”；“走进天堂和地狱的关口，我们轻松地透了口气”。④ 1938年下半年，租界聚集人口400万人，1940年初达到500余万人。集中于“孤岛”的

---

① 上海教育年鉴编印：《廿八年上海教育一览》，1929年。

② 中国抗日战争史学会、中国人民抗日战争馆编：《抗战时期重要资料统计集》，北京出版社1997年版，第343页。

③ 《申报年鉴》，1994年。

④ 马长林：《租界里的上海》，上海社会科学院出版社2003年版，第183页。

人口有富商大贾，他们认为“孤岛”是避难投资的理想场所；流落租界街头的大量沦陷区难民，他们提供了大批廉价劳动力；而这些又吸引着官僚、外国商人和冒险家来此冒险淘金。这一切迅速造成市场的扩大，随着沿海沿江经济发达地区的相继沦陷，“孤岛”经济转趋繁荣。人口的繁盛、经济的复苏和相对和平的政治环境，使“孤岛”迅速成为各级学校的聚集区。

繁盛的人口造成大量新生申请入学，学生人数急剧回升，这种回升的势头一直持续到 1941 年底租界被日军占领。这种状况迫切要求租界出现更多的学校。加之原设于上海华界的各级学校大部分转移到租界，其原来的学生也大部分到原校报到，这些学校的迁入也增加了租界学校数量。另外，东南各省学校，有些也迁往上海租界。一时间，“孤岛”学校变得异常拥挤。据统计，汪伪政权建立前，租界内专科以上学校由战前的 31 所增至 75 所，中等学校由 135 所增至 259 所，集中在租界内不被日伪控制的初等学校也达到 640 所。①

在战争的环境中，上海租界教育的这种畸形繁荣景象注定是短暂的。

1941 年 12 月 8 日，日军偷袭美国设于太平洋珍珠港的海军所在地，同时轰炸英、美军队，太平洋战争爆发，中、美、苏、英对日正式宣战。日军以武力进占租界，上海完全沦

① 张帆、魏惠卿：《孤岛时期的上海租界教育》，载《江苏大学学报》，2005 年第 3 期。

陷，“孤岛”不复存在。据统计，当时租界内所有公私立专科以上学校共计 21 所，其中国立 5 所，私立 16 所。分别是：

> 国立交通大学、国立暨南大学、国立上海商学院、国立上海医学院、国立音乐专科；私立大学有东吴大学、沪江大学、震旦大学、光华大学、南通大学、诚明之江文理学院、上海法政学院、上海法学院、同德医学院、上海女子医学院、东南医学院、东亚体专、上海美专、新华艺专（又有大夏大学上海部分，复旦大学补习班）。①

这些学校校舍大部分被战争破坏，未被破坏的校舍则被日军占领划为军用或被日军控制，另一方面，教师学生失散严重，正常教育难以维系，大多宣布停办，抑或筹划内迁，少数则被汪伪上海特别市教育局强行接收。据陈立夫回忆：“太平洋战争爆发后，所有迁在上海与香港以及原在上海租界办理的学校，乃至原在沦陷区勉强维持的教会大学，都已停闭。其中，一部分员生迁至后方，转入他校，或迁地续办。”②

在上海沦陷前有少部分学校未雨绸缪，深感租界非长久安全之地，在内地预设分校，但是大部分学校还未及筹划妥当，上海“孤岛”即不复存在，一时间，上海租界内众多的学校和师生失去了容身之处，大批学生求学无门的严峻形

---

① 《中华民国史档案资料汇编》第五辑第一编教育（一），江苏古籍出版社 1997 年版，第 747 页。

② 陈立夫：《战时教育行政回忆》，台湾商务印书馆 1973 年版，第 10 页。

势对政府的高等教育形成了极大挑战。"孤岛"的沦陷也使得许多师生失散严重，要把每所大学都整体内迁，人力、物力、财力等资源在当时都不允许，而把这些失散的师生集结成一个新集体"以紧缩归并"①，其可行性相对较大。再次，国民政府认为，战时的青年工作，第一件最紧急的事，便是争取青年。此一措施具有两大意义：一、大凡子女能入中学或大学者，其家庭多半为中上之家，若在后方照顾其子女之学业，其父兄决不为日伪所利用，甘为汉奸；二、奔赴自由区之学生青年，深信国民政府必能为之设法，若来而无人照顾，势必为伪政府所勾引，欲求补救将不及也。故虽花费大量国币，亦属值得。②东南联大的筹建遂被提上议事日程。

(三) 设立东南联大筹备委员会

国民政府教育部为"维护上海高等教育，招致大学人才起见，毅然决定筹设国立东南联合大学于浙江省境，以便收容自上海内撤各专科以上学校之员生"③。教育部规定："上海各大专学校除在内地已设有分校外，一律参加东南联合大学。"④

1942年1月15日，教育部决定成立东南联合大学筹

①② 陈立夫：《战时教育行政回忆》，台湾商务印书馆1973年版，第16～17页，第56页。

③ 何炳松：《暨南大学与东南联合大学》，载《何炳松纪念文集》，华东师范大学出版社1990年版，第38页。

④ 谢海燕：《何炳松与东南联大艺术专修科》，载《何炳松纪念文集》，华东师范大学出版社1990年版，第300页。

备委员会作为筹办东南联大的中枢机构，学校筹建期间的重要事务均由筹备委员会商议决定，由何炳松兼主任统筹全局。教育部“特指令其经理上海各国立大学及各特种文化教育机关之临时经费适宜，政府于是时盖一以东南教育文化事宜责之君矣”①。尽管何炳松当时已经身为暨大校长，事务甚是繁忙，但因其很强的高教管理能力受到国民政府的青睐，还是被任命为东南联合大学筹备委员会主任。

筹备委员会以王凤喈为副主任委员，胡健中、骆美奂、张寿镛、曹惠群、杨永清、黎照寰、樊正康、裴复恒为委员。校址拟设于浙江境内。1942 年 1 月 20 日，加派阮毅成、许绍棣、许逢熙为委员。4 月 6 日、9 日，又增加胡寄南、李培恩、胡敦复为委员。后王凤喈辞职，6 月下旬，任命暨南大学建阳分校主任周宪文为副主任委员。委员会共计有 16 人。② 这些委员大多是上海公私立大学校长，如黎照寰为国立交通大学校长；另有部分委员是地方官员，如阮毅成是浙江省民政厅厅长和浙江第四区行政督察专员（驻金华），1942 年 4 月阮毅成在金华曾抱病参加筹委会会议，许绍棣为浙江省教育厅厅长，胡健中为《东南日报》社社长等。

---

① 金兆梓：《何炳松传》，载《何炳松纪念文集》，华东师范大学出版社 1990 年版，第 226 页。

② 夏泉：《试论抗日战争时期的国立东南联合大学》，载《民国档案》，2006 年第 3 期。

二、东南联大筹建初期的迁移

(一) 在金华设立办事处,召开东南联大筹委会会议

抗战时期要筹建一所大学十分艰难。除了筹建学校教学楼、师生宿舍、图书、仪器等学校基本设施外,单单将教师、学生从沦陷区迁到一个适合办学的地点就是一项极其繁杂的工程。东南联大在筹备初期的首要工作就是接洽上海失散的师生,然后择地迁移。从保存的资料中,我们可以清楚地看到,东南联合大学的迁移并非一帆风顺,起初教育部要求学校设址于金华,但是学校却成型于建阳。迁徙途中历尽磨难,艰苦备尝。

起初,筹备委员会委员大多是上海公私立学校校长,他们必须先妥善处理本校沦陷后的诸多事宜,事繁责重,一时无法内迁。何炳松也因担任暨南大学校长一职,既需要结束上海的校务,又必须规划全校师生及时撤退至福建建阳,也一时无法离沪。1942 年 2 月 2 日,教育部指派胡健中、骆美奂先行在浙江金华酒坊巷金华中学设立筹备处,经过胡、骆二人的积极筹划,3 月 24 日,筹备处正式成立,处长由原暨大训导处训育员娄子明担任,暨南大学商学院四年级学生戴敦复、李德明等为办事员,开始接待和登记从上海撤出的各大学师生。自联大筹备伊始,暨南大学很多工作人员就为此耗费了大量心血,尤其是何炳松为筹建联大劳心费神。

何炳松在上海一边处理暨大迁校工作，一边与其他各校秘密协商内迁事宜，上海美专、上海法学院、大同大学等校都决定内迁。在此前后，慑于日寇淫威，上海商学院院长裴复恒、诚名文学院院长王蕴章、中法工学院院长褚民谊以及部分学术名流变节。当时很多文化名人随时都有生命之忧，大都紧急外出避难，但是何炳松仍不动声色着手东南联大的筹建。3 月 25 日，他秘密携眷由上海乘车赴杭州，换乘民船转至诸暨，再由诸暨乘车于 4 月 1 日抵金华，路途之艰险，日伪之横行密布，非亲身经历无以言状。

何炳松到达金华后马上投入筹备工作，4 月 5 日、13 日、25 日，连续主持召开三次筹备工作会议，商讨筹办事宜，出席会议的有胡健中、骆美奂、许逢熙、阮毅成、许绍棣、李培恩以及杨永清的代表盛振为。会议决定了如下事项：

(1) 将筹备处改成筹备委员会，修订组织规程，决定办事人选。(2) 决定东南联合大学设文、理、法、商四学院及艺术、体育、纺织三个专科。(3) 委员会分设秘书处、总务处、编训处、会计室及设计委员会。总务处分设文书、事务、出纳、交通四组，编训处分设登记、训导两组。聘杜佐周、顾石君、谢海燕、倪贻德、沈仲俊为设计委员，朱中虑为总务处长，娄子明为编训处长，方岳君为会计室代理主任。(4) 委派杜佐周在上海负责一切联络事宜，并派专员分赴临浦、诸暨、南涧、渌渚四个地方设立交通站，以便沿途照料上海内迁师生。①

这三次会议为东南联大的筹建工作起到了统筹全局的作用。首先是会议明确规定了筹备委员会内部人事分配，并规定了具体的组织章程，使得办事人员各司其职、分工合作、纪律严明，改变了之前人员流动办事，责权不明的状态，大大提高了办事效率；二是确定了将来学校的院系设置和学校的基本行政架构，从中可窥见学校建成后的办学规模；最后，明确了下一步的工作计划和任务，为接纳加入东南联合大学的师生创造了有利条件，从而加快了筹建的进程。

在校址选择上，教育部指定学校设于浙江金华，很大程度上是考虑到该地是何炳松的故乡，何对金华了解，方便将来联系各方面的力量办学；另一方面，金华在当时战区划分上属于国民政府第三战区，第三战区司令部设于江西上饶，距离金华较近，第三战区以 3 个集团军 30 个师和 3 个旅约 26 万人兵力设防于浙赣铁路沿线，3 月中旬后又从第九战区调来两个军。② 这里驻扎着国民政府大批军队，军事防备能力较强，国民政府认为学校设在此处能够得到军队保护。

4 月 30 日，何炳松一行开始勘测选择校址。经过反复考察，选择浙江省江山县南乡石门村一处为校址。“佥以自

---

① 何炳松：《暨南大学与东南联合大学》，载《何炳松纪念文集》，华东师范大学出版社 1990 年版，第 39 页。

② 胡汝明：《浙赣之战与金兰战役》，载《金华文史资料》第三集，第 102～103 页。

然环境极优美、可用祠堂又极宏大，以为适合”。何炳松一边请示教育部批准，一边请当地人赵贤科、王道两人协助校舍修建事宜。为了寻求当地驻军支持，何炳松还亲赴上饶拜会第三战区司令顾祝同。当时筹建工作遇到的最大困难是缺乏经费，幸好浙江省民政厅厅长阮毅成也是筹委会成员，他表示，浙江省政府将在人财物诸方面全力支持学校筹建。① 安排妥当后，何炳松又赶赴福建建阳为暨大的内迁做准备工作。

经过筹备委员会全体成员的积极筹建，东南联大筹建工作进展顺利。上海各高校南迁师生参加金华东南联合大学的人数日渐增多。上海美专是最早联系加入联大的学校，后来上海美专成为东南联大的重要组成部分。当时上海美专校长刘海粟前往南洋筹办画展以支持抗战，便指派谢海燕为代理校长，据谢海燕回忆：

> 太平洋战起，我同暨大何校长和总务长杜佐周教授取得联系，经校务会决定迁校内地参加东南联合大学，趁上海疏散人口的机会，我同教授倪贻德乔装印刷商广告商，带学生王昌诚等离开了上海。取道杭州萧山。一路经敌伪九道关哨，始得穿越游击区到达所前，换乘交通船沿浦阳至安华，步行至大陈站，改乘火车到金华。在文昌巷会见何炳松校长，受到热烈欢迎。我致电在重庆的

① 房鑫亮：《何炳松年谱》，载《何炳松文集》，商务印书馆 1990 年版，第566～567 页。

上海美专校董钱新云、陈树人、顾树森等先生，一致同意参加联合大学。①

不久，上海法学院师生一行也撤退至浙江兰溪一带。何炳松获悉后，即派人前往接洽加入东南联大之事，得到积极回应，但迫于战争形势联系难以周全，一时失去联系，后来，该校仍有一部分师生在孙怀仁的带领下历尽艰辛加入了东南联大，成为日后联大法学院的主要支柱。② 上海各校的教职员经过杜佐周的联络接洽，大部准备内迁，或在内迁途中。

内迁是如此的危险，但这些进步青年能够明白国民对国家的责任，以民族大义为己任，誓不愿在沦陷区做亡国奴，决心继续寻求读书的机会，待他日学有所用，报效国家。他们不顾生死，成为东南联大最早的一批生源。东南联大热情地接待这些自发内迁的学生，并根据实际情况，尽力为他们解决入学困难。由于战时混乱，许多学生起程仓促，有的学生往往因证件不符等缘故在办理入学手续时遇到麻烦。如据原上海女子大学一位学生回忆，因与就读学校手续不符合而被拒绝接收，后在何炳松的批准下才得以入学。

东南联大还帮助过很多转校学生。据战时规定，沦陷

① 谢海燕：《何炳松与东南联大学艺术专修科》，载《何炳松纪念文集》，华东师范大学出版社1990年版，第301页。

② 房鑫亮：《东南联合大学——抗战中的高等教育》，《探索与争鸣》，2006年第8期。

区学生可以到内地相关大学借读。因此，交通大学、上海医学院等校一些不愿意留在沦陷区的学生分赴内地就读，在途经金华时，得到了东南联大的大力帮助。仅据 1942 年 2 月 20 日至 3 月 31 日东南联大筹备委员会统计："短短 41 天筹备委员会陆续分送闽浙赣各院借读者 85 名，资助赴内地本校或分校或他校由东南联大筹备组发给路费生 39 名，接收志愿入东南联大者 12 名。"①

（二）迁址福建建阳

联大紧张的筹备工作有条不紊地进行，然而战争年代所有的活动无不与战争的进展密切关联。1942 年 4 月 18 日，美国轰炸机从关岛航空母舰上起飞，空袭日本东京、名古屋等城市，之后在中国浙江省衢县空军机场降落。这是日本本土第一次遭到美机轰炸，日本损失惨重，民心惶恐骚动，朝野责难。为打通浙赣线，攻占和破坏浙江、江西境内的中国空军机场，使盟军空军在中国浙江、江西失去栖息地，降低盟军的空中优势，日军于 5 月 15 日突然向浙东发起进攻，直指浙、赣、闽、皖四省要冲的衢州机场，敌机轮番轰炸衢州，第二次浙赣战争爆发。25 日，日军向金华、兰溪攻击，中国守军以第 79 师固守金华，第 63 师固守兰溪顽强抵抗，与日军形成对峙。27 日，日军攻陷龙游，金华、兰溪守军愈显孤立，遂于 28 日放弃该地转移。6 月 3 日，日军集结兵力向衢州发起进攻，守军第 86 军与优势日军浴血奋战 4 昼夜后，衢州失陷，中国守军向南突出重围。11 日至 14

① 《专科以上院校登记学生名册》，上海档案馆，档案号 Q240－1－195。

日，江山、玉山、广丰、上饶等地相继失守。7 月 1 日，日军最终打通浙赣铁路线，之后集中力量破坏机场和铁路，疯狂掠夺物资。

第二次浙赣战争爆发使上海通往浙江的交通阻断，为东南联大筹办增添了新的困难。

一是原在上海的东南联大筹委会委员无法内撤，加之其他委员散居各地，无法定期召开筹委会会议，大大影响了东南联合大学的决策。何炳松因应情势决定，重要事务由何炳松与周宪文、胡健中、胡寄南、杜佐周、谢海燕诸君就近商决，随时电陈教育部核夺办理，并函报各地委员。①

二是交通的阻断使得上海拟内迁或正在内迁途中的师生“无路可走”，行程更加艰难。据杜佐周回忆：“路上遭遇敌机轰炸，行李全部付之一炬。我短衫、薄裤，陆行数百里，始抵至江山。”②

三是战争使浙江金华一带成为战区，刚刚迁至于此的教职员及学生的生命财产无法得到保障，全体师生面临着再次转移的考验。据记载：“金兰一带日受敌机骚扰，军政教育各机关遂相继向西撤离。”③浙赣战争爆发后的第三天，即 5 月 17 日晚，东南联大 200 余名师生遵照东南联大

① 何炳松：《暨南大学与东南联合大学》，载《何炳松纪念文集》，华东师范大学出版社 1990 年版，第 40 页。

② 杜佐周：《我与何伯丞先生》，载《何炳松纪念文集》，华东师范大学出版社 1990 年版，第 250 页。

③ 夏泉：《试论抗日战争时期的国立东南联合大学》，《民国档案》，2006 年第 3 期。

筹委会委员、《东南日报》社社长胡健中的指示，在当地战区驻军的协助下，由朱中虑等人带领，乘火车紧急转移至江山。何炳松时在福建建阳指导暨大办学，闻讯火速返回金华，这时师生已安全转移至江山。当时又盛传我军计划用诱敌深入的方式作战，显然“江山处浙赣铁路中心，已非妥然之地”①。第三战区长官顾祝同也特意来电建议学校迁至闽赣边界更为合适。为了确保师生生命安全，何炳松不得已与胡健中、杜佐周、谢海燕诸君商定，将筹备委员会员生暂迁至建阳，“一面并电告教育部”②。

1942年5月30日，全体师生在谢海燕、倪贻德、沈仲俊、朱中虑带领下，步行经浦城开赴建阳，“沿途敌机追踪扫射，前后村镇更番被炸，而岭峻山高，风雨时作，员生负笈步行，艰险可想”③。何炳松在同一天先于娄子明乘便车赶赴浦城，借驻文庙作为迁徙师生的食宿用地。同时向各方筹借一些车辆，帮助师生运输行李。6月10日左右，仙霞岭上隐约可以听到炮声，师生紧急离开仙霞岭一带转移至浦城，然而敌人仍然有南下的迹象，于是全体师生不得不立即离开浦城向建阳进发。据谢海燕回忆：

> 刚从浙闽边境廿八都前往浦城的早晨，九架重轰炸机掠空而过，把浦城炸得满街颓墙断壁，尸横遍地，当我们傍晚到达时余烬未熄。一连轰炸三天……我们刚到目的地，不料次日三架敌机便

①②③　何炳松：《暨南大学与东南联合大学》，《何炳松纪念文集》，华东师范大学出版社1990年版，第40页。

来轰炸建阳，弹落车站一带，死伤三十多人。①

加之迁移途中天气非常恶劣，时逢连绵阴雨，道路泥泞不堪，师生们饱受惊吓，食宿无着，肢体劳累，精神憔悴。途中师生遭遇的困难无以名状。但是经过辗转努力，他们克服重重困难，终于在6月24日到达建阳。

三、东南联大在建阳的办学活动

（一）学校初抵建阳

1942年7月28日，日军在摧毁浙赣两省机场的目标基本实现后，日军为确保金华附近各部队于8月中旬撤出，浙赣会战遂告结束。8月中，中国军队收复浙赣各地，局势渐趋稳定。此时何炳松已经带领东南联合大学师生顺利迁到福建建阳。

建阳位居闽北，恰处闽、浙、赣三省交界处，且北面有公路直通杭州、上海，西北面有公路可到达江西上饶和安徽屯溪（抗战时安徽省会），西面公路连通江西，南面公路与战时福建省会永安相接。从地形上看，建阳地处武夷山南麓，境内多山。整体而言，建阳交通便利且易守难攻。所以在浙赣战争爆发后，江浙、福州等地相继失守，但建阳仍安然无恙，敌军无法进入。建阳相对安全的地理位置，为继续办学

① 谢海燕：《何炳松与东南联大艺术专修科》，载《何炳松纪念文集》，华东师范大学出版社1990年版，第301页。

提供了良好的客观环境。此外，建阳历史悠久，人杰地灵，自古有“图书之府”、“南闽阙里”之美称。南宋时代“群贤萃集”，著名理学家、文学家、教育家朱熹晚年在建阳讲学并卒于此，当时建阳的书院数居全国之首。元朝时教育凋敝衰落，但明清后得到了恢复和发展。民国后，建阳文教起色较大，据统计，仅小学就有39所，女子学校4所。① 1929年还兴办了建阳师范。丰厚的文化底蕴与悠久的崇教传统，为发展高等教育提供了良好的社会基础。

另一方面，当时暨南大学已经在建阳办学一年有余，身为东南联大筹备委员会主任的何炳松同时也是暨大的校长，东南联合大学筹备委员会内办事者亦有不少同时是暨南大学的教工，若把联大设在建阳，容易得到暨大的帮扶。加上何炳松身肩两职，公务繁忙，将联大设于此便于何炳松就近主持两校工作。

基于此，何炳松将东南联大筹委会设在建阳童游奎光阁新建楼房里，这里距离暨大只有两三里。何炳松上午在暨大办公，下午赶到联大办公，并聘请罗君惕教授兼任其秘书，这大大加快了联大筹备的进度。

然而建阳只是个小山城，抗战爆发后，特别是浙赣战争后，国民政府军政机关与大量难民迁居于此，人口骤增，已经深感“道大莫容”，后来增加了暨南大学千名师生，住房、粮食、副食品等的供应已经相当紧张，现在又多出东南联合

① 民国《建阳县志》卷六，第十四条《学校志》、十五条《职官》。

大学，一时间物价剧涨，供给更加困难。日军虽无法进入建阳，但并未停止对建阳的破坏，经常派机轰炸，房舍所剩无几，联大在建阳首先遇到的问题即是缺乏校舍。

鉴此，联大特设迁校委员会与校舍设备委员会，主管学校迁移和选择校址工作，聘请谢海燕等人主持具体工作。最初，学生寄住在郊外的民房里，由于当时建阳进入雨季，道路泥泞不堪，学生来往出行十分不便，后经何炳松多方协调，联大终于觅得城郊童游乡的中山室和中心小学作为办公处和学生宿舍。① 当时办学经费十分紧张，房屋虽然条件十分简陋，但是200余师生总算有了栖身之所，大家都十分满足。谢海燕和倪贻德教授负责勘寻校址，他们到近郊乡镇四处考察，谢海燕还独自乘车至莒口，仅凭着一张简略的石印地图，在荒无人烟、时有野兽和强盗出没的山野间步行至麻沙镇。他发现几座文庙颇具规模，可以利用的庙祠也有几处，但交通不太方便，也就不予考虑；后来选定在建浦公路边的一座小山和崇溪畔一处林木葱郁连着沙洲的地方以建筑校舍和体育场。② 谢海燕还手绘了一张示意图和几张建筑图样请何炳松审阅，共同商酌修改。联大总务处派人入山定购了大批杉木，准备用于校园建设。但是这时局势十分不稳，战火蔓延到附近城市，学校不得不商讨再次迁移，建造校舍一度搁置。至8月中下旬，战况渐趋稳定，

---

① 韩文宁：《东南联合大学创设始末》，载《档案与史学》，1998年第3期。

② 谢海燕：《何炳松与东南联大艺术专科》，《何炳送纪念文集》，华东师范大学出版社1990年版，第302页。

后在童游街①找到了一座破旧的寺庙式样的建筑“聚奎阁”，略加修缮，暂且充当教室和办公室，另外建造了一些新的房屋。

东南联大立足建阳后，依照1942年4月筹备委员会决议，着手设立学校的各个机构，为正式开学做准备。

截至1943年5月学校教职员共有34人，这些职员到任时间不一，大多是陆续而至，每个月都有新职员加入，其中1942年11月新加入学校的成员较集中，这反映当时联大筹办工作进行得颇有成效，但从整体数量上看，学校人员仍旧十分紧缺，事务多、任务重。学校主要的行政机构有教务处、总务处和训导处。教务处辅助校长办理全校教学事宜，聘请胡寄南教授为教务长。据档案记载当时的教务处及总务处的情况是：

> 办事人员最初只有1名，到1943年2月时才增加2名，算上教务长一共4人，负责全校学生注册、课程、考勤、文书、收发、出版缮印等事务，工作量较大。总务处聘请朱中虑担任总务长，下设文书组主任1名，办事员3人兼任收发员；书记1名，书记监管卷1人；事物组主任1名，办事员3人，11月增加2人；出纳组主任1名。②

为更好地控制学生的言论与思想，1939年国民政府颁

① 童游街：建阳县东区，属童游里，自桥头直抵起春巷，桥头北折为上坊，南折由营前，东达而南为下坊等。参见民国《建阳县志》卷三，《城市·都图》。

② 东南联合大学《职员登记表》，上海档案馆，档案号Q240—1—720。

布了大专以上学校组织要点 12 项，规定各校除了原有教务处、总务处外，增设训导处。东南联大按照要求，设立了训导处，由娄子明担任训导长，主要任务是：统筹推行导师制的实施，主管学生贷金、救济、疾病照顾及征调等事务，指导学生思想行动，集中青年意志。训导处下设：登记组，代理主任黄如琦；体育卫生指导员 1 名；办事员 3 人，特设女子指导 1 名；书记 1 名；校医 2 人，护士 1 名，共计 10 人。可见当时政府对大学训导处十分重视。

1943 年，国民政府教育部颁布学生军训实施方案，以加强学生体魄，造就思想统一、精诚团结、共同奋斗，以复兴中华民族，完成国民革命为己任的忠勇国民。方案要求凡大学、独立学院、专科学校、高级中学及其同等学校，除女生依另章规定外，均以军事训练为必修科，学生军训不及格者不得毕业。① 为此，联大添设学生训练队部，由文肖麟担任总队长，下设中队长 1 名，书记 1 名，区队长 4 人。

会计室作为一独立部门，以明确财政支出与预算，对校长直接负责，所有款项支出收纳必须由校长亲自签名方能生效。设会计室主任 1 名，由方岳担任，助理员 2 人（其中 1 名 1943 年 1 月任职），1943 年 6 月增添办事员 3 人。②

在学院设置和教师配置方面，会议决定初设文、理、法、

---

① 《中华民国史档案资料汇编》第五辑第一编教育（一），江苏古籍出版社 1997 年版，第 216～217 页。

② 《国立东南联合大学筹备委员会同学录》，南京中国第二历史档案馆，档案号 5—4—516。

商四学院及艺术、体育、纺织三专修科，但限于条件和师资，东南联大真正筹办的院系基本情况如下：

文学院：院长杜佐周；教授2人：胡寄南，王育三；副教授张美春；讲师2人：叶松坡，董启俊。

理学院：院长江之永；副教授严德炯，讲师于绍熊。

法学院：院长孙怀仁；教授5人：陈柏心，吴兆华，邢文锋，刘杰，陈文彬；副教授3人：林超、姚华延、吴宿光。

商学院：院长陈震铣。

艺术专修科：主任谢海燕；教授3人：倪贻德，潘天寿，俞剑华。

先修班：主任娄子明；教导主任王化江；教员17人（大部分为联大各系教授、讲师）。①

令人欣慰的是，东南联大各院系教师23人（其中教授15人、副教授4人、讲师4人）均在1942年8月到任，另有10余人在商谈中，7人待聘。这其中不乏知名教授，如杜佐周、胡寄南、江之永、孙怀仁、谢海燕、倪贻德、潘天寿、俞剑华等。

东南联大之所以能在短短的几个月时间内聚集一批优秀师资，是与何炳松尊师重教，采取多种方式招募人才有着密切关系的。为了聘请到优秀教师，何炳松采取了很多措

① 李莉：《抗日战争时期国立东南联合大学研究》，暨南大学历史学硕士学位论文（2007年），第20页。

施，如请校内外教师介绍，允许自我推荐，挽留途经建阳的其他高校的教师等。对于不愿意留在建阳工作的教师，他也一视同仁热情欢送。如清华大学教授浦江清在上海时曾兼职于暨南大学，后来他在去西南联大途中，因遇水灾加之战争导致道路阻塞，滞留在安徽屯溪，路费用尽，身上值钱之物几乎全部典当仍不能维系生活，他不得不电请何炳松汇款接济，何接到电报后，立即派人汇款。浦江清到达建阳后，何炳松热情接待，在各方面予以无微不至的照料，并热情邀请江浦清留下任教暨大或东南联大，还特意请戚叔含设法挽留。浦江清在详述了不得不去西南联大的情况后，询问能否领取暨大的欠薪。何炳松当即表示，不论是否留下都可领取。于是他领取了几个月的欠薪和津贴 1900 多元。他在日记中写道："此则未曾教课而得干薪，暨大之特别优待也。"①后他又从东南联大领取了旅费 1000 元（凡是从上海内撤的师生均可在东南联大领取旅费）。浦江清在日记里充满感激地写道："昆明汇建阳款迄今未到，赖暨校欠薪及此旅费，否则余将在此耽搁，不能前进矣。此则何柏丞先生待人厚道处。"② 为了表示感谢，浦江清在辞别何炳松时，"告以不能留此地之苦衷，且答应为东联尽力，在人才及图书方面，一路为之留意"③。他旋即致函浙江大学教师徐声越，告知他东南联大拟聘其任教，并详细介绍了学校情况。

---

①②③　浦江清：《清华园日记·西行日记》，三联书店 1987 年版，第 146 页，第 149 页，第 152～153 页。

东南联大办学条件虽简陋，但学校人力资源、人事管理各部门已经基本成熟，为新学期开学作了充分的准备，学校开学指日可待。谢海燕还在何炳松的指示下设计了东南联大校徽，外廓作凸版V形，象征太平洋战争爆发，中国与各个盟国共同抗日，终将取得最后胜利，里面五环则象征东南五省紧密联合。另一方面上海、浙江、安徽、江西等沦陷区及战区高中毕业生陆续来到福建的学生逐渐增多，都在急切盼望大学招考。9月，何炳松致函教育部陈述早日成立联大的理由：

> 东南联大必须早日成立，我以为有三点理由：(一)可使上海各公私立专科以上学校的师生，因内迁有所归宿，继续撤退，不至徘徊海上，观望不前。(二)东南人士，对于联大成立，期望甚殷。(三)东南陷区青年，多一升学之地。①

9月中旬，东南联大接到教育部回电，“有已令该校限期成立之语”。但是正式成立的公文，迟迟没有到达东南联大，将来办法究竟如何，尚须等待。

此时，东南联大的学生除最早在金华收容的上海学生外，1942年8月下旬还从撤退到建阳的沦陷区高中毕业生中录取新生48名，先修班学生38名。②

---

① 《暨南大学1942年度第一学期第4次纪念周校长报告》，上海档案馆，档案号Q240—1—33。

② 夏泉：《试论抗日战争时期的国立东南联合大学》，《民国档案》，2006年第3期。

（二）东南联大与暨南大学的办学关系

1942年7月底，浙赣战争向纵深发展，日本大本营鉴于破坏机场的目的已基本达到，再加上到处遭受我军的打击，于是作出了东西背进后撤，确保金华、兰溪一隅和抚河西岸及南浔路的决策。敌军纷纷东向金华、西向抚河撤退，经过沿途各市、县、乡镇，疯狂掠夺骚扰，残害人民。铁路沿线城市一片恐怖，水陆交通阻断。上海各大学师生能间道相继内迁的为数无几，生源和教师资源给学校的筹建带来了很大压力。教育部决定东南联合大学暂缓成立，继续筹建。

此时新学期开学在即，东南联大已经接纳的200余名学生的学业又绝不可荒废。1942年10月30日，何炳松召集校务委员纪堂、王子瑜、韩逋仙、周宪文、孙怀仁、戚叔含、俞剑华等8人共商东南联大学生暂时入暨大借读的问题，经过讨论，会议通过以下重要决议：

1. 全部学生暂以借读名义在暨大上课；

2. 法学院及艺术专科学生请暨大暂设法学院及艺术专修科以资借读；

3. 本会在暨大借读之学生除军训膳食及医药等仍由本会继续负责外，其他一切活动及奖惩事宜由本会同暨大训导处商同办理之；

4. 本会在暨大借读学生之导师由暨大任科教员担任，关于导师之一切问题由本委员会派员与暨大训导处商同办理之；

5. 学生编级实验因时间关系不及举行，暂以新登记之年级在暨大上课，俟本校学期新课程终了时再行酌办；

6. 所有本会已聘定之教员暂请暨大照聘；

7. 所有借读生之膳食医药军事教官之俸给仍由本会负担；

8. 暨大因增设法学院及艺术专科所需经费，由本委员会同暨大呈部核给。①

11月2日，暨南大学召开新学期第一次纪念周大会，会上何炳松向暨大全体师生正式宣布东南联大学生到暨大借读的决定，并做了详细解释：明日起联大的学生就可以来暨大注册，教员也由暨大照聘，联大的学生以借读的名义加入暨大上课，如果将来联大一旦成立，那么联大的学生仍旧可以回联大。不过，联大学生虽然入本校借读，但是仍旧在联大自己的校舍内寄宿及用膳，至于训导和军事管理方面，仍由联大和暨大当局办理。② 11月3日，联大除先修班外，所有学生在暨大教务处登记注册后正式借读暨大。当时暨大只有文、理、商三学院及一个南洋研究馆，在院系上无法满足上海内迁学生多专业的选择，为此，东南联大在经费本不充裕的情况下，还是筹措经费，帮助当时上海内迁的工农医等院系的学生按照系科性质和本人志愿，转学到大后方有

① 国立暨南大学《校务谈话记录、校务会议记录》，上海档案馆，档案号Q240—1—32。

② 《暨南大学1942年度第一学期第1次纪念周校长报告》，上海档案馆，档案号Q240—1—33。

关院校就读，使内迁的爱国师生能各得其所。

当时，暨大办学也受到战争影响，有部分教师未能到暨大报到，联大教师的加入正好弥补了暨大在师资上的空缺。对此，何炳松颇为真诚地讲道："目前，暨大的教员因尚有一部分未及来校，本来不敷分配。联大的教员有上海内迁的，也有自福建学院、浙大、英大聘来的，道德学问素为国人所景仰，我们现成的请来，真是幸运之事。……现在两校教授合在一处尚可足用，若分为两校，则感不足，所谓合则双倚，分则两伤。"①

何炳松对加入暨大借读的联大学生与暂时受聘于暨大的东南联大教师一视同仁，要求"暨大的同学对联大的同学们当作自己的兄弟姐妹一样看待，不分畛域，互相切磋，为我国抗战期中文化史上留下一段佳话"②。在校务管理上他十分民主，聘请东南联大艺术专修科主任谢海燕和法学院院长孙怀仁、理学院院长江之永、文学院院长杜佐周作为暨大校委会成员参加校务会议。

暨大每周都召开全校纪念周会，会上何炳松会先向全体学生汇报本周的重要事务，之后请一名教授为学生演讲。当时学生非常喜欢参加纪念周会，因为通过纪念周会，学生既能够了解学校的大事，还能够聆听教授的演讲。何炳松对联大教授与暨大教授同样尊敬和爱护，给教授提供科学

---

① 《暨南大学1942年度第一学期第4次纪念周校长报告》，上海档案馆，档案号Q240－1－33。

② 《暨南大学1942年度第一学期第1次纪念周校长报告》，上海档案馆，档案号Q240－1－33。

钻研的机会和演讲的机会，还经常请联大教授为全校学生作报告。如在1942年度第5次校纪念周会上，他这样介绍道："今天的演讲请陈振铣先生担任，陈先生原是交通大学的教授，他不辞辛苦，由上海内撤到屯溪，又由屯溪来到建阳，在东南联合大学担任教课，最近本校请他来帮忙，他研究工商管理，极有心得，故本校请他担任工商管理系主任，此次周宪文先生因父丧请假返故里，并请他暂代商学院院长。陈先生不但学问渊博，对体育方面也负盛名。"①

值得一提的是，东南联大艺术专修科办得有声有色。艺术专修科教室设在童游街西的先农祠，画室由戏台改建而成。谢海燕、倪贻德、潘天寿、俞剑华四位专任教授原为上海美专的同事，都是当时颇负盛名的画家。谢海燕担任西洋美术史、艺术概论两门课程，倪贻德担任素描、色彩画和创作课程，潘天寿讲授中国画和书法，俞剑华在上海美专教过中国画史、画论和透视学、色彩学、艺用解剖学，所以包揽了几门美术技法理论基础课和中国绘画史课。何炳松本人也是一个美术爱好者，对艺术有独到的见解，他经常到艺术专修科和谢海燕等人交流思想，切磋对艺术的感受，并为艺术专修科的办学提出宝贵意见。谢海燕曾经评价联大艺术专修科的教授是少而精的。由于教学设备和画具材料缺乏，何炳松专门派人到福州、南平等地尽量采购。基本练习

① 《暨南大学1942年度第一学期第5次纪念周校长报告》，上海档案馆，档案号Q240—1—33。

没有石膏像就画庙里的泥塑菩萨、附近农村的农民以及童游街的铁匠、水木工和山沟里的畲族猎户，有时还由学生轮流充当模特儿。画素描的木炭是自制的，油画的颜料和画具很难搞到，色彩画以水彩为主。建阳在历史上木刻业非常发达，因而木刻工具材料比较易得，为配合宣传教育还成立了一个课余木刻班。后来有的学生在版画艺术方面崭露头角，饮誉海内外的有张怀江、夏子颐、张树云和葛克俭等人。①

之后，联大师生便成了暨大不可或缺的重要组成部分，暨大的校园里处处闪现着联大师生活跃的身影，联大学生和暨大学生一样参加学校组织的各项活动，每周参加周纪念报告，享受暨大众多名教授的教导。两所高校的师生为寂静的建阳山城平添了许多生机和活力，多年以后，当年的暨大、联大毕业生在回忆学生生活时，印象最深刻的仍是建阳的那段艰苦岁月。这群师生，给建阳带来希望的曙光，为山城人民留下了宝贵的精神财富。②

联大学生经过艰难的迁移，克服种种困难，终于在何炳松和暨大的扶持下有了相对安定的生活，虽然条件艰苦，但总算有吃有住有书读，这是当时众多学龄青年无法享受的。抗战开始后，内迁高校大多集中于四川重庆与成都以及云南昆明等地，其中重庆一地就集中了 25 所高校，其余地方，

① 谢海燕：《何炳松与东南联大艺术专科》，载《何炳送纪念文集》，华东师范大学出版 1990 年版，第 304 页。

② 刘建：《大潭书——中国一个县的历史》，文物出版社 1994 年版，第 505 页。

或因地方狭小，或因交通不便，往往只有一二所高校寄居。① 仍留在浙赣闽三省的大学数量甚少，既无力接收内迁师生，也无法解决当地高中生的升学问题，1942 年 11 月上旬，教育部要求暨大再次招生一次。

为节约时间、避免学生长途跋涉，暨大迅速组织人员到福建建阳和南平、浙江龙泉和江西铅山设考区招生，并在短时间内放榜。在这四个考区中，投考人数最多的是建阳，其次是南平，再次是龙泉、铅山。合计四个考区投考的人数共有 414 人，录取 226 人。龙泉和铅山两区投考人数较少，这是因为学校事先虽然迭次以电报快函委托龙泉县政府和铅山县政府代为宣布，但因受战争影响，交通不便，电讯到达较迟，以致布告不及，远方的学生不及投考。后来浙大龙泉分校和江西的中正大学还要招考一次以收容战区、沦陷区的学生，因此，这次赶不上投考暨大的高中毕业生仍然可以投考两校。②

这次招生录取率约为 55%，与以往的升学率相比是很高的(1941 年夏暨大在上海招生考试时，投考者有 1000 余人，最终录取者不过 360 人，升学率为 36%③)。但仍然有很多学生不能顺利升学，为使其余程度较差的学生不致流

① 史全生:《中华民国文化史》(下)，吉林文史出版社 1988 年版，第 1078 页。

② 《暨南大学 1942 年度第一学期第 2 次纪念周校长报告》，上海档案馆，档案号 Q240—1—33。

③ 何炳松:《就迁校困难致侨务委员会文》(1941 年 9 月)，南京中国第二历史档案馆馆藏，档案号 5—5—309。

浪失学，无所归宿，教育部还特别规定：

> 凡属沦陷区的学生都特别对待，不论成绩高下，一概收入先修班，遵部令划归东南联大办理。……这样联大先修班通过这次招考，共计录取学生 99 人。综合这一次招生，投考的有 414 人，除考取的 226 人和先修班 99 人，不录取的只有 89 人。①

招生刚发榜就有若干名被录取的新生请求入校寄宿和帮助膳食，然而学校没有预料到教育部会下令续招一次新生，所以宿舍、教师均不够分配。后得知城内有一专员公署所办的青年救济站的青年宿舍房屋很宽大，足足可容纳两三百人，于是学校急派训导长韩逋仙先生和总务长王子瑜前往专员公署接洽，专署对办学也十分支持，答应待救济站结束，房子空出来后便借给暨大。联大先修班新生的宿舍预备在城外报亲寺，房子很大，大致可以容纳这批新生。②这两批新生的住宿问题很快就解决了。从这件事情可以看出，何炳松办事雷厉风行，尽管事出突然，他仍然能够运筹帷幄、游刃有余。经过紧张筹备，先修班于 12 月 8 日正式开学。

联大先修班由联大独自开班培养，后来教育部把暨大

① 《暨南大学 1942 年度第一学期第 2 次纪念周校长报告》，上海档案馆，档案号 Q240—1—33。

② 国立东南联合大学《筹备委员会先修班教职员名册》，上海档案馆，档案号 Q240—1—71。

先修班也划归东南联大先修班培养，联大筹委会对先修班的教育工作非常重视，任课教师大多是名教授和讲师。

当时有许多学生认为进先修班学习多费一年的光阴，是很吃亏的事情，不愿意参加先修班，为此何炳松耐心给学生做思想工作：一是指出录取为先修班学生的成绩相对较差，即使这次侥幸录取为大学一年级生，但是到学年结束时，如果成绩不及格将会被留级或除名。二是告诉学生进入先修班还有一个好处，就是教育部有规定：凡是大学先修班的学生读完一学年后，其成绩在前半数的就由教育部免试分发各大学学习。三是表示进入先修班可在这一年当中尽量补习功课，获益更多。如果不进先修班，学生在家中自请家庭教师补习，非但自己耗费过大，就是有钱也没有办法请到这么多名教授指导。① 学校鼓励学生在先修班认真学习，并劝介在校学生若有同学或亲戚弟兄朋友，此次已经考取先修班的话，要他们赶快加入先修班。正因为学校重视联大先修班，所以先修班开办得十分红火，很多高中生踊跃报名加入。

经过两次招生，先修班人数已经达到 137 人。同学们平时一起学习，课余时间同吃同住，感情深厚，还组成学生团体调节课余生活。当时联大和暨大有许多学生社团，先修班的学生也组建学生社团，只是数量相对较少，主要有先修班膳食委员会、第二次先修班膳食委员会、先修班第三次

① 《暨南大学 1942 年度第一学期第 2 次纪念周校长报告》，上海档案馆，档案号 Q240－1－33。

膳食委员会、先修班音乐研究会等。或许是生活太过艰苦，学生对如何改善生活质量非常热心，因而膳食委员会最为活跃，时常想方设法到田间地头去挖野菜、采蘑菇。

关于先修班的招收情况，何炳松在一次纪念周上曾提及：

> 最近还有若干从屯溪过来的上海内迁的高中毕业生，来不及赶上这次考试，我们知道其中如江苏上中、镇中、苏中、松中等校的高中毕业生，说不定有成绩很好的。幸亏东南联合大学奉部令还要招考一次先修班，这些学生以及和其他沦陷区新来而上次赶不上考的，都可以参加，成绩很好的学生，我们并准备收为一年级学生转入本校学习。①

联大先修班的很多学生成绩优异，后来考进了暨南大学深造，这批同学对先修班感情深厚，为了更好联络当年先修班同学的感情，1944 年 2 月，16 名原联大先修班学生向暨大申请成立国立东南联合大学先修班同学会，何炳松对此事非常支持，亲自出席成立大会，担任联大先修班同学会的名誉会长，并派 5 名教师为联大先修班同学会的指导教师。②

联大生源复杂，流动性也大，且当时学校尚未正式成立，国民政府针对战时大学生的一些优待措施也不便推行。

① 《暨南大学 1942 年度第一学期第 2 次纪念周校长报告》，上海档案馆，档案号 Q240—1—33。

② 东南联合大学《先修班同学会》，上海档案馆，档案号 Q240—1—537。

为给学生创造良好的学习环境，何炳松想方设法、多方奔走，竭尽全力为联大学生谋利益，高度重视和关心每一名学生的健康和安危，坚持以情感人，以理服人，使学生管理工作更加合理化，得到广大学生的拥护。这主要表现在五个方面。

一是重视学生的爱国主义思想教育。爱国是中华民族的光荣传统，是推动中国社会前进的巨大力量，是各族人民共同的精神支柱。同时，爱国主义教育更是引导人们，特别是广大青少年树立正确理想、信念，促进中华民族振兴的一项基础性工程。何炳松对国家、民族的感情值得每一个人敬佩。在国家将要灭亡之时，他始终视如何发奋图强、努力奋斗以拯救国家、复兴民族为己任。他曾说过："我们要造就复兴民族之斗士，不要造就争权夺利的政客。"1940年春，汪精卫在南京就任伪职，令上海各校放假庆祝，当时身陷"孤岛"的院校，大多慑于敌伪淫威，莫敢反抗，何炳松坚决拒绝，以"曹汉不两立，忠奸不并存"为誓，与敌伪绝不共存。① 何炳松这种傲然正气、高风亮节的品格深深感染着身边的每一位师生。太平洋战争爆发后，上海的形势一天天严峻起来，后来五个专科以上的国立学校中，有四所学校投降了或附逆了，只有何炳松所主持的暨南大学艰苦内迁，保全了他的清白。②

---

① 诸绍唐：《何炳松先生在教育及史学方面的功绩》，载《何炳松纪念文集》，华东师范大学出版社1990年版，第378～379页。

② 周予同：《哀悼何柏丞先生》，载《何炳松纪念文集》，华东师范大学出版社1990年版，第234页。

何炳松非常重视对联大学生的国家民族观教育。他有一席勉励学生读书的话，至今读起来还是那么感人肺腑，令人回味："我们要爱护我们的国家，努力'敦品励学'，以报效国家，养成一种抗建人才。我们能有如此的志愿，才能对得起国家和民族，不然的话，那么所谓大学只能是一个造就争权夺利的人才的一种机构，那么国家何必要办大学，我们又何必一定要读书。"①

二是严格学生操行评定。学生操行评定是学校德育工作的重要环节，通过操行评定，对学生的道德品质、行为表现作出合理评判。旨在鼓励学生正确评价自己，肯定成绩、发扬优点、克服弱点，纠正思想品德发展中的偏差，促进学生良好品德和行为习惯的养成。东南联大十分注重学生的思想品德，在参考暨南大学等学校相关操行评定的基础上，制定了一套严格的操行评定方案。学生操行根据导师记录和训导处的记录分为超、优、中、可、劣五个等级；学生若曾经受记过、警告处分，操行最高便不得超过中等；操行、学业都列优等的予以奖学金或其他奖励；操行、学业都列劣等的予以撤销登记或开除学籍处分。② 这大大规范了联大学生的行为，促进了学生的成长。当时各所学校制定操行评定的标准各不相同，有根据学生学业成绩的，也有根据学生平

---

① 《暨南大学1942年度第一学期第1次纪念周校长报告》，上海档案馆，档案号Q240－1－33。

② 《第六次处会议记录》，训导处会议记录，Q240－1－93。

日活动的，显然不及联大的评定参照合理。

三是推行贷金制和导师制。贷金制是抗战爆发后，国民政府为使因战争失去经济来源的学生安心求学而推行的一种制度，从1938年始在高中推行，视学生家庭情况和操行及成绩评定，分别给学生不同数额的贷金，待学生毕业3年后开始偿还，偿还期最多20年。随着战争的持续与恶化，贷金制后被改为公费制度。当时暨南大学本校学生已经推行了贷金制度，东南联大借读学生该作何办理？这些从上海和其他省市敌占区内冒着生命危险来到建阳的学生，大多数衣衫褴褛、面黄肌瘦、身无分文，何炳松看在眼里疼在心里，在学校经费十分拮据的情况下，1942年11月19日，他在校长公馆召集东南联大负责人会议，毅然决定："东南联大及先修班自12月份起一律改为贷金。"①此举大大减轻了联大学生的负担和压力。

导师制是抗战期间国民政府借抗战建国之名强化对高校控制的一种措施。1938年3月，国民政府教育部颁布《中等以上学校导师制纲要》、《教育部关于各校实施导师制应注意各要点》，在高校全面推行"训教合一"的导师制度。1939年7月又对导师制加以完善，强调"订立各校训育标准，并切实施行导师制度，使各个学生在品格修养及生活指导与公民道德之训练上，均由导师为之负责，同时可重立师

① 张晓辉、夏泉等：《百年暨南史》，暨南大学出版社2006年版，第118页。

道之尊严”①。暨大于1938年度开始实施导师制，在导师分配上，一年级学生采取集体指导的方法，二、三、四年级学生则按照教育部有关规定，按相应人数分组，指定专门导师。何炳松特别强调“训导不可过严、过于消极，须严肃之中有乐趣调剂，及积极服务精神之提倡”。要求导师以身作则，一切言行要成为学生的楷模，对于学生的个性也要深加体察，对具有特长的学生要引导他们的发展和成长。② 东南联大学生加入暨大借读后，也坚持实行导师制度。

四是加强对联大学生的生源管理。联大收容学生的依据主要是核查前来登记学生的学生证、学习成绩单、毕业证或肄业证，只要学生能出具其中一个证件证明是战区学生身份，联大便予以收容安排。这种宽松的要求，使得许多仓促起程、证件不及带齐或途中丢失证件的学生能够及时到联大报到。最初国民政府筹办东南联大是为了收容上海各高校内撤学生，这也是联大学生的主要来源，先修班成员则以学校所在地福建籍学生为主。但随着战争的发展，周遍各省不少地区的学生也来联大学习。进入联大后，有不少学生不久离开，例如，当浙赣战争结束后，收复区内各专科以上学校，如浙江省立英士大学、浙江大学龙泉分校先后复

① 《国民党临时全代表大会通过之战时各级教育实施纲要》(1938年4月)，见《中华民国史档案资料汇编》第五辑第二编教育(一)，中国第二历史档案馆编，江苏古籍出版社2000年版，第14页。

② 张晓辉、夏泉等:《百年暨南史》，暨南大学出版社2006年版，第118页。

课，为此一批学生又回原校复课。① 这些原因导致联大生源不稳、流动性大，不便于管理。尽管困难重重，联大到结束时还是共收容接纳了 400 多名学生，这是一项非常不容易的工作。

五是积极成立联大的学生团体。尽管东南联大当时还没有正式成立，但是学子们仍为自己是东南联大的一分子感到骄傲和自豪。一群年轻人在沐浴知识的同时没有忘记发展自己的个性与爱好，他们积极组织社团，筹备各种活动，丰富课余生活，各类学生社团如雨后春笋般涌现。联大学生组建了一批学生学术团体和社团，现根据组建时间的前后列表简要介绍如下：

国立东南联合大学学术团体登记统计表：②

团体名称	负责人	成立日期	成员人数
东南联大音乐研究会	汪文林总干事	1942 年 10 月 15 日	7 人
东南联大剧社	沈橱雄社长	1942 年 11 月 22 日	13 人
先修班膳食委员会	赵东文常务干事	1942 年 11 月 22 日	11 人
五届膳食委员会	唐少刚主席	1942 年 12 月 29 日	19 人
会计学研究会	鲍尔一总干事	1942 年 12 月 29 日	10 人
第二次先修班膳食委员会	陈松龄常务理事	1942 年 12 月 30 日	11 人
英文研究会	易家玄主席	1943 年 1 月 4 日	7 人

① 《国立东南联合大学筹备委员会代电》(民国 31 年 12 月 17 日)，南京第二历史档案馆藏，档案号 5—4—516。

② 《国立东南联合大学学生学术团体登记》，上海档案馆，档案号 Q240—1—505。

续上表

团体名称	负责人	成立日期	成员人数
先修班第三次膳食委员会	何承顺常务理事	不详	10人
三民主义青年团建阳分团东南联合大学区队	朱述尧区队长	1943年2月	4人
第七届学生膳食委员会	唐少刚主席	1943年3月30日	18人
第二宿舍4月膳委会	薛冶主席	1943年4月1日	6人
先修班音乐研究会	赵行	1943年5月3日	不详
第八届学生膳委会	唐少刚主席	1943年5月3日	20人
第宿舍膳食委会	钱忠敬主席	1943年5月6日	7人
东南联大女生工作队	谢仁娟队长	不详	5人
东南联大法律学研究会	赫兆煌主席	1943年5月13日	13人
第九届膳食委员会	董善宝	1943年6月1日	15人
东南联大第三膳委会	郭训主席	不详	7人
第十届膳食委员会	周其忠主席	1943年7月1日	12人

以上19个学生社团(另一则档案资料记载了21个团体的名称,但是没有记载各团体具体的内容,本文采纳统计19个有详细记载的团体),女生团体只有一个(这反映出抗战期间读书的女子数量非常少);膳食委员会规模大,人数后来随着团体规模的发展有所增加,活动也多;大多数团体有会计等分工,说明得到学校的经费支持。

学生团体必须先向学校申请,经批准后方得成立。学校对于学生的申请一般予以支持,有时派出教师加以指导,对于学生团体举办活动也给予大力支持,如给学生提供适合活动的场所,提供油灯、纸、笔等基本用具等,在抗战时期物质紧缺的年代，学校的这些点滴帮助往往是雪中送炭。有时学生举办竞赛性活动，需要经费作为奖品，学校也根据实际情况拨出几元钱支持。尽管一切看起来都那么寒碜，可是对于学生来说，举办并参加自己组织的活动是最快乐的事情。当时联大学生总共400余人，而学生团体人数总共在200人以上，这说明学生能找到自己感兴趣的团体参加活动。通过举办各种各样的活动，既丰富了学习生活，锻炼了学生的能力，又联络了学生间的感情。

四、东南联大停办与交接

（一）东南联大停办的原因

何炳松等积极筹建东南联大，多次电呈请教育部尽早批准成立。前文提及在1942年9月中旬时，教育部即有“已令该校限期成立之语”，说明联大成立指日可待。而且事实上，国民政府将东南联大一开始就定位于“国立”的标准（当时国立大学为数甚少），可见国民政府当时创办东南联大的决心是较大的，当时国民政府还有一度扩大联大教学规模的计划。1942年11月30日，何炳松在暨大第五次纪念周会讲话中曾提及：

东南联合大学接到教育部的来电，说有许多新近由上海撤退内迁的学生到了安徽屯溪，又说大同大学校长曹惠群率领一批生员，不久亦要到屯溪，命联大去设法收容；如有必要，应在屯溪设

立分校，饬即遵办具报。①

应该说，东南联大成立的条件大致具备，然而天有不测风云，正当联大师生对学校成立踌躇满志之时，国民政府的一纸命令将一切改写。1942年12月29日，国民政府行政院会议决定："东南联合大学归并英士大学，而将英士大学改为国立。"②

何炳松筹办东南联大，历尽千辛万苦才使得东南联大在建阳站稳脚跟，最终却因国民政府的一纸公文使学校中途夭折。究其原因，据笔者考证主要有以下几点：

一是东南联大先天不足。东南联大存在严重的先天不足，非何炳松一人之力所能扭转。

首先，学校自筹建之日即举步维艰。从择定校址上看，战火使得学校颠簸流离，当何炳松按照国民政府的指示，刚刚在金华找到适宜的地点准备兴建新校时，浙赣战争突起，无情的战火将联大落足金华的计划彻底摧毁。无奈之下，联大师生远走建阳，多方勘察选定校舍，已经开始入山采木，又逢浙赣战火蔓延，建校的图纸只得挂在墙上。在这所大学里，师生缺乏住房，大多借住在当地百姓家中；学生缺少教室，只好借读于暨大。从师生阵容和队伍上看，战火把众多师生堵在路上，使得学校既缺老师，生源也不稳定。显然，战火使得建校蓝图一搁再搁。

① 《暨南大学1942年度第一学期第5次纪念周校长报告》，上海档案馆，档案号Q240－1－33。

② 张晓辉、夏泉等：《百年暨南史》，暨南大学出版社2006年版，第172页。

其次，联大自身文化根基浅，短期内无法形成文化合力。东南联大是为接收上海公私立大学的流亡师生而设，其教师、生源从不同学校中来，他们原有自己的母校，有各自的大学文化内涵，很难在短期内将自己融入联大，也很难去创造、发展联大的新文化。

二是与时任教育部长陈立夫“分区大学制”的指导思想有关。所谓“分区大学制”，是指在各地区设立综合大学或专门性专科学校，以达到各地区文化平衡的高教制度。战前，我国高等教育地区发展很不平衡，太平洋战争爆发后，大学频繁迁移，大学区间分布更加不均，许多地区连一所大学也没有。因此，陈立夫任教育部长后，大力推行“分区大学制”。据陈立夫回忆：

> 关于地理分配不合理一节，原来大学集中于少数地区，因为战争的迁徙，此种不合理情形已自然解决一部分。我在决定各校迁移地点时，也会注意合理分布的原则。但是因为战时种种限制，又因战区时有变迁，所以没有达到完全合理分配的理想。我当政府在武汉时，也会有一种通盘计划，将大学的文、理、法三学院合成综合大学，在后方分区设置；将农、工、医、商、教育等专门学院由大学分开，就各地区需要分别设置。当时并拟有各地分设综合大学和专门学院的蓝图。①

① 陈立夫：《战时教育行政回忆》，台湾商务印书馆1973年版，第19页。

显然，陈立夫的指导思想是：在各地区根据需要，设立由文、理、法三院合成的综合性大学；在后方分区，设置农、工、医、商、教育等专门学院；同时，他还拟定了在各地分别设立综合大学和专门学院的具体计划，以均衡各地区文化发展的需要。有学者对这种观点还进行了深入细致的阐述。①

当时，有悖于这一思想所办的大学，政府都不予以立案，并勒令解散或归并，如“省立福建大学”即是一例。1940年，陈仪筹办省立福建大学，设农、医、法三学院及师范专修科。但就在福建大学将举行开学典礼的前一天，陈立夫以新设法学院应由国家直接办理为由“不准立案”，并令其归并厦门大学，福建大学犹如昙花一现。②

而符合这一思想要求的大学则应运而生。例如，浙江

① 有学者对“分区大学制”的优点以及这种制度的目的做了详细的论述，认为：分区大学制精神不可漠视。分区大学制优点在分区举办大学，集中较专门学识之训练，培植与扩展。此点至为重要……政府分区举办大学之重要目标为：（一）训练高级专才，为国计民生工作，对于地区需要未予漠视；（二）培植高级专才，承先启后，为学术工作，对于地区特别需要之研究特加注意；（三）适应地区供求，以免长途跋涉，并增加工作之便利，如调查研究资材之获取；（四）分配文化中心以均匀提高各地区之文化，大学本为文化中心，一切举措常为社会模仿，所有活动常与社会息息相关。若能适应分配，不重床叠屋，可能提高各地区之文化水准。根据此种分区举办大学之目标，公立私立各大学之位区应有适当之分配，大学课程亦可地区稍加分别，以适应当地情形之需要。（详见《关于大学教育改进之商榷》，载《新中华》，民国三十二年十二月出版，第97页。）

② 当时福建各大学多迁闽西山区，同时还新成立一些学校，加上迁入省外的学校，到1942年，福建高校已有11所，学生2638人。详见刘海峰、庄明水：《福建教育史》，福建教育出版社1996年版，第554～555页。

地区因浙江大学、浙江医药专科学校、杭州艺术专科学校、之江文理学院纷纷迁出或合并，导致浙江地区大学真空。因此，在1938年成立“浙江战时大学”（即后来的“国立英士大学”）；在江西地区的江西工业专科学校、江西医学专科学校因日寇入侵南昌中断（后恢复），以致江西当时也没有大学，中正大学由此诞生。陈立夫承认：“到战后，情况发生变化，大量学校内迁。江西没有大学而设中正大学，浙江没有大学而有英士大学。”①这表明，在他心目中，英士大学是已经定位在浙江的大学。

太平洋战争爆发后，浙江境内仅有省立英士大学一所，仍未彻底改变浙江高等教育不足的局面。而东南联大1942年初设于金华，也是发展战时浙江高等教育的需要。但是，联大后来迁至建阳，1942年，福建高校已有11所，这就违背了“分区大学制”的原则，东南联大被兼并就具有了一定的必然性与合理性。

三是国民政府有意扶植英士大学。英士大学是抗战爆发后，浙江省政府为安置战地失学青年，于1938年11月筹备成立的省立战时大学。为纪念革命先烈陈英士，1939年5月正式定名为浙江省立英士大学，1939年10月正式开学，1943年4月改名国立英士大学，国立东南联合大学法学院及艺术专修学院被并入。英士大学因遭受战争，一部分曾迁到江西龙泉，但大部留在浙江境内。

陈其美，字英士，辛亥革命先烈，浙江吴兴人，国民党元

① 陈立夫：《战时教育行政回忆》，台湾商务印书馆1973年版，第19页。

老，深得蒋介石推崇；同时，他是陈果夫、陈立夫兄弟的叔叔，关系非同一般。此外，当时浙江省教育厅厅长许绍棣是陈氏兄弟的心腹，设立英士大学便于陈氏兄弟借此在浙江教育文化方面扩张派系势力。据时人回忆：

关于改名“英士大学”的经过是这样：浙江战时大学成立后，曾多次向教育部立案，均未获准。因为当时由陈立夫任教育部长，规定均须国立，省立大学和私立大学都不准办。后来不知何人想出个办法，将浙江战时大学改名为“英士大学”再去立案。这样一来，教育部高等教育司就不敢坚持原来的规定，只好签请部长陈立夫去决定是否准予立案。后来陈立夫批了“照准”，立案的问题就解决了。①

联大被撤时，英大给人留下的印象是：“人事贫乏，设备空虚，又地处前方，常受战事影响而播迁。校局艰难，可谓达于极点。”②“在战前一无基础，而在战后不但空无所有，连学校究竟设在什么地方，尚在各方面争辩之中。”③

可见，英士大学的筹办历史并不比联大长多少，经过四

① 《英士大学迁校运动始末》，载马玉田：《文史资料存稿选编》，中国文史出版社 2002 年版，第 163 页。

② 杜佐周：《我与何柏丞先生》，载《何炳松纪念文集》，华东师范大学出版社 1990 年版，第 200 页。

③ 阮毅成：《记何炳松先生》，载《何炳松纪念文集》，华东师范大学出版社 1990 年版，第 266 页。

年的发展，到 1943 年，其在校生也不过 600 名。① 比较而言，经过一年半的发展，至 1943 年 6 月，联大共有学生 488 人，并资助转校师生 100 余名。而且，英大的办学条件比联大也无明显优势，并存在着严重的先天不足。停办东南联大的命令下达后，有的人为此大哭，惋惜联大被撤销，不愿意离开。“许多内迁师生议论纷纭，指责教育当局假公济私。”②

另外，当时教育部规定大学申办均须国立，省立大学和私立大学不准办理；英士大学乃省立出身，却安稳立足并顺利晋级为国立，也说明英士大学与国民政府上层关系密切。

面对社会议论，国民政府不得不做相应修改，把联大的法学院及艺术专修科并入英大（联大的法学院及艺术专修科恰恰是联大最具规模和富有特色的院系，当时英大又恰恰没有文科专业，这样一来，英大就成了文理兼备的综合性大学），文、理、商三院并入暨大。

就这样，同样先天不足的英士大学非但没有减弱竞争力，反而轻而易举地将东南联大收入囊中。

（二）东南联大停办的交接

此时，何炳松心里非常难过，自己一手筹办的东南联大顷刻烟消云散，一年多的心血几乎白费。对此，他感到十分遗憾与无奈。

---

① 袁成毅：《浙江通史》，浙江人民出版社 2000 年版，第 206～207 页。

② 《何炳松与东南联大艺术专修科》，载《何炳松纪念文集》，华东师范大学出版社 1990 年版，第 306 页。

后在拟办移交手续之际,新任英士大学校长吴南轩辞职,移交之事被迫拖后,直至 1943 年 5 月 12 日,行政会议最终决定,改任东南联大筹委会设计委员兼文学院院长杜佐周为英士大学校长,两校交接工作方得着手实施。6 月 2 日,教育部指令东南联大文、理、商三学院并入暨大,法学院与艺术专修科并入英士大学,要求 7 月底移交工作结束。

接到命令后,联大即着手准备学校并归事宜。经过努力,东南联合大学整理出文卷移交,并给前往英士大学师生遣发路费,帮助运输行李,妥善处理交接事项。至此,仅存在 1 年零 9 个月的东南联大不复存在。

尽管东南联大一词,已成为历史之陈迹,但何炳松"经营创造之苦心孤诣,在数百员生心中,则永留一不可磨灭之痕迹"。由于各种主客观原因,学校最终未能成立,"然我教育部筹设东南联合大学之至意,实属高瞻远瞩,为中国抗战教育史上值得纪念之一页"①。

① 何炳松:《暨南大学与东南联合大学》,载《何炳松纪念文集》,华东师范大学出版社 1990 年版,第 42 页。

第七章 办学思想

作为一位饱受儒家思想浸润、"五四"风潮冲击与欧风美雨洗礼的知识分子，何炳松一生致力于教育思想的传播和教育实践的笃行，撰写了一批教育论著，发表了许多具有重要价值的理论文章，一生尽瘁于文教事业，留下了弥足珍贵的教育思想。其丰富的教育理念不仅体现了他对于教育问题的深刻理解和对教育现象的透彻分析，也反映了他主政暨南大学等校时的办学思路。现将其教育思想分为五方面进行简要分析。①

一、学行并重，注重文化传承

大学肩负着为国家培养高素质人才的特殊使命，同时又是一个嗣承、传播、创新文化的重要场所。作为一所华侨大学，与其特殊办学性质相适应，暨大素以向海外传播中国传统文化为己任。饱受欺凌的侨胞千辛万苦把子女送回祖国学习，主要目的就是为了接受祖国优秀文化的熏陶，培养其民族情感和爱国主义思想。暨大向来就很重视用中国传统文化对学生进行为人处世、道德修身方面的教育，这对传统文化不是十分熟悉的侨生而言，对其进行基本的道德教育和情感培养是十分必要的。"忠信笃敬"的暨南校训就深刻地体现了这一点。作为一位著名的教育家，何炳松一向追求自身人格的完善，注重修身养性。何炳松自身积淀的深厚文化底蕴和优秀品格言行体现在其教育思想中，他掌校后即从以下两方面加强对侨生的品德教育。

一是大力倡导"忠信笃敬"的校训，勉励学生以此作为立身处世的行为规范。"忠信笃敬"一词源于儒家经典《论语·卫灵公》："子张问行，子曰：'言忠信，行笃敬，虽蛮貊之邦，行矣。言不忠信，行不笃敬，虽州里，行乎哉'？"暨南大

① 本章有关内容可详见夏泉：《何炳松的华侨高等教育思想和办学实践》，《教育评论》1999 年第 1 期；夏泉：《再论何炳松的教育思想》，《暨南教育》1998 年第 2 期。

学建校伊始即以“忠信笃敬”作为立校校训，一直恪守、传承并努力发扬光大校训精神。何炳松自幼就深受传统文化浸润，是一个饱读四书五经的儒家学者，对中国传统文化不仅非常熟稔，而且存有浓厚的眷念之情。因而，他十分热衷于用中国几千年的传统道德的精华对侨生进行品德教育，以期使侨生从优秀的传统文化中汲取丰厚营养。一所大学能否培养出有益于国家、社会的合格人才，是衡量其办学成败的重要标志。何炳松认为：“毕业同学服务之成功与否又足以反映母校教育之成绩。”他对毕业同学寄予厚望：“不佞与全体教师日常既已爱校爱国之旨与我全体同学相共勉，今兹更希望本届毕业同学离校之后，随时随地仍能本其爱校热情，实践母校忠信笃敬之校训，共同努力于民族复兴之运动，藉以增进本大学之荣誉，发扬本大学之精神。”①何炳松还主张学行并重，即修身养性与精研学术同等重要。在他看来，“精修学业报效社会是一方面，砥砺品行为人表率又是一个方面”。他希望侨生通过陶冶情操，立德、立言、立功，为国家和民族利益牺牲个人利益，实现“穷则独善其身，达则兼济天下”的抱负，而且还希望侨生“无论在言论、行为以至仪态谈吐，都应该使人一望而知你是受过高等教育的人”。广大暨南学子没有辜负母校的教育培养，他们毕业以后，或投身于民族解放事业，为祖国独立、民族振兴做出应有的贡献；或服务于海外侨胞，在事业上有所成就，为促进

---

① 何炳松：《暨南大学1936届毕业同学纪念册弁言》，《何炳松文集》第二卷，商务印书馆1997年版，第698页。

当地社会发展和中外经济文化交流发挥积极作用。

二是重视道德感化、人格熏陶和民族气节教育。何炳松治校如同治学般严谨、认真。他治理学校，一方面靠联络故旧，延揽名流，另一方面靠自己的学者风范与人格魅力。他以“修身齐家治国平天下”作为恪守的信条与人生的至善境界，力图以人格的自我完善与“慎独”为基础，通过治理家庭，进而达到平天下的目的。所以，他不仅在言行上为人师表，敦品励学，而且还严于律己，宽以待人。何炳松很注重自己的人格形象，平时穿戴都很整齐朴素，衣物、书籍均存放有定处，不失学者特有的风度与气质。对学生也没有什么架子，十分随和，在生活上对员工体贴入微。据张立回忆：“他的礼贤下士，是我执教以来极罕见的。诸如新的教师一到，校长即请到家中餐聚；每逢春节，校长不仅先到教师家贺年，而且还请全体教师以至处、组人员到他家中喝杯‘春酒’；每个学年终了，都是校长亲自双手捧着聘书送到教师家中，十分殷切地说：‘来年还劳先生支持办学’等等。他的这些表现如果不是忠心耿耿于教育事业，那是为了什么呢？至于他生活困苦、身后萧条，律己甚严，待人以宽，亦为众人所皆知，其女上大学不是暨南，而是之江一例，已可概见其律己之严。”①

何炳松认为，“主持校务者宜以家长自居”，与学生应“常常谋面，谆谆教导”。他“自始即注意学生现状之调查”，

---

① 张立：《高风亮节，万世长存——纪念何校长冥诞一百周年》，《何炳松纪念文集》，华东师范大学出版社1990年版，第459页。

如与学校其他负责人共同研究对未录取或迟到的学生如何妥善处理，对于清寒用功的学生如何补助等问题。在学校经费许可的条件下，尽量增加奖学金和清寒学生补助金。在建阳山区，物资匮乏，疾病流行。何炳松更加为师生的生活、健康问题日夜操劳，争取教育部、地方政府的粮食、药品及其它物资的供应，救济从沦陷区来的学生。例如，后来成为香港《文汇报》总编辑的金尧如就曾受过何炳松莫大恩惠。当他 1942 年辗转流亡到建阳暨大时，因为生计无着而找到了何炳松。据其追忆："我们的何校长三天内就为我们解决了大问题，今天找哪一位校长恐怕还决定不了。他很讲究工作效率，爱护青年学生，保护我们青年学生。我第一次见到他，就是代表学生去向他办交涉。我很怀念当时的情景，使我们近百名学生有地方住有饭吃。"①当时，许多国内学生和华侨学生断绝了经济来源，他们依靠贷学金、补助金度过了几年艰难岁月，完成了学业。为了帮助贫苦学生，学校还实行工读制。有的学生一边学习，一边工作，如到暨大教工子女补习学校担任一些教学工作，得到一些酬金，维持生活。当年的暨大学生胡士珪、徐家驹、沈宝书就曾深情回忆："从 43 年下学期到 44 年上学期，也就是我们在四年级时，我们做了一段课余的工作，领到一些补贴，大概每月十多元。做这项工作，第一，为学校教务处及时完成了工

① 金尧如：《一代学人，毕生良师》，《何炳松纪念文集》，华东师范大学出版社 1990 年版，第 516 页。

作;第二,我们经过这段工作的实践,初步养成了对工作的严肃、认真的作风。第三,我们家在沦陷区的学生,由于有的音信不通,有的汇款困难,发生经济拮据,我们领到了贴补,对书籍费日常生活零用,得到了解决。那时没有勤工俭学的制度,然而这却是实实在在的勤工俭学,不过有点'秘密'罢了。"①何炳松和学校对学生的关怀,不仅在当年激励着他们加倍努力学习,而且在走上社会之后,仍无法忘怀。

更令人敬佩的是,何炳松还以自己的实际行动表明自己坚贞不屈的民族气节。1940 年,汪伪政权粉墨登场,要求大中小学校放假一天以示"庆祝"。何炳松不惧淫威,对放假指令不予理睬。1941 年底太平洋战争爆发后,日军进占上海租界,何炳松立即召集重要教职员商量对策,在"孤岛"上完了著名的"最后一课",才撤退至福建建阳继续办学。在建阳山区,他与全体师生同甘苦、共奋斗,克服重重困难,坚持办学。在这一时期,暨南大学的光荣爱国传统和民主办学精神进一步得到发扬光大,为复兴民族和海外华侨发展培养、输送了一批优秀人才。何炳松正是凭着自己完善的人格和高尚的道德力量,以及宽厚慈祥关心爱护侨生的长者风范,感化、熏陶侨生。其言传身教于无形中陶冶了一代学人的道德品质,坚定了他们为祖国和民族的崇高事业献身的信心。

① 胡士珪、徐家驹、沈宝书:《我们在暨大"勤工俭学"》,《何炳松纪念文集》,华东师范大学出版社 1990 年版,第 539 页。

二、学以致用，尽力学术救国

何炳松执掌暨南期间，虽受战事影响，交通受阻，时局变幻莫测，仍尽力维持原有办学原则，并不断做出调适，以应对战局变化，其最高宗旨就在于坚守华侨教育之阵地，为国家、民族以及千千万万海外华侨父老培育有用之才。诚如他自己所言："自'八·一三'以来，吾全体师生，更应遵忠信笃敬之校训，而辅以刚毅不拔之精神，一心一德，与国家民族同其休戚。以此德操，淬勉自强，余将来不徒足以复兴吾校，抑且足以复兴吾民族国家。"①在国家和民族处于生死存亡的抗战时期，何炳松本着一个爱国知识者的良知，坚决反对躲在"象牙之塔"为研究而研究，为历史而历史，而且这种认识自始至终指导着他的办学实践。何炳松在学术上最有造诣的领域无疑是历史学，早年他在谈及怎样研究历史时曾说："是故研究历史者，当推求过去进化陈迹，以谋现在而测将来。"而历史的功用则"在于帮助我们来明白我们自己同人类的现在及将来"。"我们要研究历史，并不是因为过去可以给我们种种教训，实在因为我们可以根据历史的知识，来明白现在的问题。因为唯有历史可以说明现在各种制度"。② "推求过去以谋现在而测将来"，这就是何炳

① 何炳松：《国立暨南大学二十六年度毕业纪念刊讲词》，见暨南大学档案室所藏复印件，档案号：2004－XS12－23。

② 何炳松：《何炳松论文集》，商务印书馆 1990 年版，第 6～7 页。

松为现实服务的实用主义的学术观。推而广之，他不仅在历史学领域，而且在其他诸学科领域也都主张学以致用。

何炳松对侨生大力倡导学以致用的思想，在就职后的第一次全校大会上他指出："现在国势阽危，国难严重，许多人已经无书可读，在国家尚未灭亡之时，我们应发愤图强，努力奋斗，以拯救国家，以复兴民族！我们在有书可读之时，应努力读书。"①他告诫学生要敦品励学，以便日后用自己所学的知识报效国家，服务社会，"养成一种抗建人才"（即抗战建国人才——引者注）。这就要求暨大所培养出来的学生，立身行事应先为国家民族着想，"当前是抗战御侮，将来则是谋求国家民族的兴复强盛"。他提出的培养目标是："要造成复兴民族之斗士，不要造成争权夺利的政客。况且暨南比其他大学另有特殊之使命，将来本校毕业同学，必须能向海外发展，能在海外立足。"②

他一再要求教员发扬学术研究的精神，以著作贡献社会，"当作和国人商榷的资料"，以便充分发挥"学术救国"的精神，让自由研究的气氛弥漫暨南园。事实证明，何炳松的这一学术思想得到了良好的践行，这具体表现在以下两点：

首先在学术上，暨大在抗战时期尽管处于"孤岛"和闽北，条件艰苦，但仍取得了较大成绩。如南洋研究和华侨研究就颇具特色，在海内外有一定影响，对当时国人了解和关注南洋起到了积极的促进作用。又如陈高傭教授主编、何

①②　何炳松校长在1935年9月12日开学典礼上的讲话，《暨南校刊》，第143期。

炳松做序的《中国历代天灾人祸表》一书，具有重要的学术价值，英国李约瑟的巨著《中国科学技术史》，将其列为教学参考书。

其次，暨大学生毕业后，无论是返回侨居地为当地服务，还是投身于抗日救亡的洪流中，都能利用母校所学的知识，“有的功成于革命，有的建树于海外”，为社会的发展，为促进中外经济文化交流做出了较大贡献，用自己的言行为暨南校史增添了光彩。

暨大办得颇有起色，社会舆论对暨南也越来越看好。1936 年 1 月《东方杂志》刊载文章评论全国各类高校时，交通大学校长黎照寰就认为：“广州的中山大学，上海的暨南大学，武昌的武汉大学，北平的清华大学都像春花怒放，成绩斐然。”何炳松校长对此深感欣慰：“因全校师生的一心一德，共同奋斗，不特校务渐入正轨，学术空气也日趋浓厚，凡是爱护本大学的人，无不奖勉有加，甚至把本大学和清华、武汉、中山等大学相提并论，我们全校师生感愧之余，自当格外努力，期于最短期间，把本大学造成一个名副其实的高等学术研究的机关，希望能为国家造成若干健全青年，毕生从事于学术救国的工作。”①

三、关爱侨生，突出侨校特色

何炳松掌校后，为把暨大办成具有华侨教育特色的大

① 张晓辉、夏泉等：《百年暨南史》，暨南大学出版社 2006 年版，第 76 页。

学花费了大量心血。虑及暨大生源主要来自南洋这一特殊背景及其所肩负的使命，为突出侨校特色，何炳松主要采取了以下三方面的措施①：

第一，在课程设置上充分考虑到南洋的实际情况。

第二，大力培养海外华侨教育师资，推动海外华侨教育事业的发展。

第三，加强有关南洋问题和华侨问题的学术研究。

上述侨校特色，正如胡寄南教授所言，体现了抗日战争时期的“暨大是名副其实的华侨最高学府”。作为一位谦和的长者，何炳松对学生无微不至地关怀，对学生的意见和困难最能体谅，因而赢得了侨生的爱戴。何炳松“关心他们的生活和学习，爱护他们如同子女”②。

四、重视学术，坚持兼收并蓄

作为一位学识渊博的开明学者，何炳松在学术领域贯彻兼收并蓄的方针。何炳松在学术上采取兼收并蓄的学术方针是有渊源的。暨大在传统上学术气氛宽松和谐固然是重要原因，但在很大程度上何炳松是受了蔡元培的影响。何炳松于1917—1922年在北大任教期间，对蔡元培校长兼容并包的教育思想耳濡目染，有亲身感受，北大的民主空气

① 这些措施，可参见本书“第四章出长暨南（上）”的有关内容，兹不赘述。

② 黄如琦：《何炳松与东南联大的学生》，《何炳松纪念文集》，华东师范大学出版社1990年版，第507页。

也曾深深感染着他。例如，何炳松掌校初，立即公布了学校组织大纲，设立了学校最高议事机构——校务会议。他指出："一个大学决非一二个人所能办好，必须群策群力而后可。校务会议就是一种表现群策群力的机关"，"校务会议的性质实为本校一个最高的议事机关，凡本校一切大政方针，都应由本会议决定"。校务会议成员由校长、大学秘书、教务长、总务长、院系负责人、附中及实验学校主任、教授代表等20余人组成，实际上延续了北大教授治校的传统。与何共过事的人对此感触尤深，据曾代理过暨大校长一职的沈炼之回忆，何在执掌暨大时"某些方面体现了蔡先生的办学思想"①。

后来，郑振铎在《悼何柏丞先生》一文中，对何炳松在学术方面的开明态度给予了高度评价，他说，何"做了十多年的暨大校长，暨大的学术空气始终是纯洁的。……对于学术研究的自由，从来没有受到任何干涉。有好几次，仿佛有什么外来的压力，他也极力地代为疏释着，极力地主持着正义。而有了问题，本人的确从来不知道有此事，他也从来不谈到。所以，十多年来的暨大，从来没有发生过什么思想问题。总在二十多年前了，有一次，我们几个朋友们发生了很严重的事件，险有被捉的可能。但过了几时，这件事却渐渐地消灭无行了。事后才知道是柏丞先生极力疏释的结果。

① 沈炼之：《忆柏丞先生》，《何炳松纪念文集》，华东师范大学出版社1990年版，第445页。

他自己却始终不曾和我们谈过这事"①。正因为有何校长的倡导、鼓励，暨大的学术研究才蔚然成风，社团林立，刊物如雨后春笋。整个校园，"学会林立，壁报争鸣，戏剧社与歌咏团相印生辉，学术活动频繁，自由研究成风，使战时的教育阵地上充满生机与活力"②。对此，何炳松自己亦颇感欣慰地承认，在他掌校后，"全校校务渐入正轨，即难能可贵之学术空气，亦复顿行浓厚，融合气象确已弥漫全校"③。暨南学术园地呈现出一派百花吐艳、各派学说互相争鸣的繁荣景象。

何炳松尊重学术研究的自由，采取兼容并蓄的学术方针，允许唯心论与唯物论、民生主义与剩余价值学说并存，让中国传统文化遗产与西方先进文明共处。对所聘教授无门户之见，"延聘时完全以道德学问为标准，对于派别向不注意，故所聘教授大有包罗万有，左右逢源之妙"，他主张"用人不疑，疑人不用"，④他放手让教授们各自将其学术观点传授给学生。一些名师在课堂上传播马克思主义理论，如"周宪文教授主讲经济学，广泛地介绍经济学一科，以

① 郑振铎：《悼何柏丞先生》，《何炳松纪念文集》，华东师范大学出版社1990年版，第236～237页。

② 《暨南大学在建阳的情景》，《建阳文史资料》第七辑，1987年10月。

③ 何炳松：《暨南大学1936届毕业同学纪念册弁言》，《何炳松文集》第二卷，商务印书馆1997年版，第697页。

④ 俞剑华：《何师柏丞在建阳》，《何炳松纪念文集》，华东师范大学出版社1990年版，第257页。

剩余价值的观点，阐明资本主义积累的过程。陈文彬教授讲哲学概论，盛叙功教授讲经济地理，也都闪现出马列主义观点的光辉，深受同学欢迎”①。他还不时邀请知名人士、专家学者来校演讲、开设讲座。如前文提及的吴大琨教授，是马克思主义经济学家和抗日救亡的进步人士，从上饶集中营刚被释放，即被何炳松聘为暨大经济学教师。值得一提的是，1945 年 9 月，何炳松还邀请《资本论》的中译者之一、厦门大学王亚南教授开设中国社会经济改造问题研究讲座，“全面历史地阐述了中国现行社会经济制度特别是中国农村封建土地制度的存在，是中国社会经济长期停滞、落后的根本原因，只有解决中国的社会经济制度，中国的经济才能得到发展”②。王亚南“卓有成效地引导学生去掌握与运用马克思政治经济学的理论观点，去认识旧社会这具尸体的症结所在”。他的演讲深受暨大师生的欢迎，“点燃了革命理论的火种，推动当时暨南学生私底下主动自学《资本论》。春风又绿江南岸，在闽北山村学习马列主义，桐油灯下啃《资本论》，蔚然成风，成为当时同学们的自觉行动，其影响无疑是深远的”③。毫无疑问，这种状况如果没有学校当局的默许支持是不可能实现的。何炳松此举需要很大的

① 赵镜元:《史学家何炳松》,《何炳松纪念文集》,华东师范大学出版社 1990 年版,第 387 页。

② 周震东等:《记何校长二三事》,《何炳松纪念文集》,华东师范大学出版社 1990 年版,第 562 页。

③ 张晓辉、夏泉等:《百年暨南史》,暨南大学出版社 2006 年版,第 160 页。

勇气和胆识，这正是他兼收并蓄的治学与治校态度的具体体现。

五、健全制度，提高办学水平

何炳松接任暨大校长时，学校学风不正，派系众多；少数特殊学生无端生事，根本无视校纪校规。在一次入学考试中，教务长张耀翔发现有人冒名顶替，当即令顶替者退出，未料“邻座有个暨大附中的学生党棍，从腰里拔出手枪，逼耀翔说：如要赶他出去，我就开枪”①。直到何炳松亲自赶来，才将两人逐出考场。为了从根本上扭转学风，把暨大办成学术空气浓厚的学校，何炳松本着“力谋全校人事之安定（包括罗致名贤担任讲席及学生管训尽量从严两个方面），力筹各项设备之充实”的宗旨，②迅速采取了系列果断措施，包括调整学校领导机构成员及公布学校组织大纲，积极选聘优秀师资，整顿校纪，严惩违规学生；同时大力推进学校的硬件建设等。

作为一位长期从事教育工作并有着丰富教育行政经验的教育家，何炳松深知要办好一所学校必须拥有一流的师资，还要有一个高效的行政构架。前文已经阐述何炳松贯彻兼收并蓄的学术方针，不分派别、不分信仰，大力延揽名

① 程俊英：《我所了解的何炳松校长》，《何炳松纪念文集》，华东师范大学出版社 1990 年版，第 271 页。

② 何炳松：《暨南大学 1936 届毕业同学纪念册弁言》，《何炳松文集》第二卷，商务印书馆 1997 年版，第 697 页。

师，所以暨南大学能够在局势艰难动荡的“孤岛”时期和抗战烽烟四起的建阳时期延聘众多名师来校任教、任职和讲学。何炳松校长还本着精干高效的原则，对学校行政机构作了调整。

为了实现“学术标准化”，暨大各院系根据何炳松关于“提高程度，课程合理”的要求，在总结以往经验的基础上，改进和完善教学制度，努力提高教学质量，重新制订了教学总则和有关制度，对具体的培养目标、学分制，主系辅系制、课程设置、教学要求等均作了明确、具体的规定。

学校学分制规定：除全校的公共课外，每个本科生在四年之内，必修课和选修课必须修满 136 学分。主系辅系制规定：每个本科生以其就读的系为“主系”，在第二学年开始时，必须在本学院或其他学院选定一个系作为“辅系”，并在 2 至 4 年级，修足 15 至 24 学分。实行学分制、主系辅系制，目的在于使学生不仅能打下较为牢固的专业基础，而且可以根据各人的兴趣和需要，选修有关课程，有利于扩大知识面，增强适应性，培养一专多能的人才。

为了完善学校制度，加强学生管理，暨大还实行导师制。每一位教师都要担任导师，负责指导学生的学习、品行与课外活动，学生的“操行成绩”按超、优、中、可、劣五等评定。考虑到前文对暨大导师制已作说明，在此仅以暨大 1945 年度第一学期导师组名册为例列表以示该制实行之一斑：

附:国立暨南大学导师一览表①

组别	导师姓名	导生人数	组别	导师姓名	导生人数	组别	导师姓名	导生人数
1	方光焘	15	21	朱敬妍	22	41	卓如	23
2	俞剑华	16	22	王秀南	23	42	宋家修	23
3	曹百川	16	23	邹有华	22	43	徐汝瑚	24
4	刘纪泽	15	24	姚慈贞	15	44	杨朗垣	24
5	魏应麒	20	25	尤崇宽	14	45	卢世恭	24
6	李雁晴	17	26	章洪楣	13	46	缪　杰	18
7	杜天縻	15	27	黄缘芳	12	47	陈一平	24
8	谢震亚	14	28	江之永	13	48	杨镜清	24
9	沈炼之	16	29	洪逮吉	13	49	陈文彬	24
10	周其勋	11	30	吴逸民	13	50	林葭蕃	22
11	王志恒	12	31	赖祖涵	14	51	林葆忠	25
12	梁希彦	11	32	张国熊	15	52	周宪文	22
13	戚叔含	17	33	季天佑	15	53	张　立	23
14	王勤堉	11	34	郭公佑	12	54	陆伦章	18
15	林观得	10	35	叶作舟	24	55	章伯璋	20
16	王文杰	9	36	柯蓬洲	23	56	王瑞书	16
17	孙正容	18	37	卢怀道	24	57	苏乾英	18
18	谢诗白	12	38	王化江	24	58	盛伯梁	16
19	王书凯	22	39	梁孝志	24	59	陆思涌	14
20	胡寄南	21	40	赵修鼎	24	60	徐杏贞	15

① 国立暨南大学《关于导师导生名册及导师分组表等》,上海档案馆Q240—1—61。

从上表可知,60 位导师均为男性,共指导了 1069 名学生,每名导师指导最多的有 25 人,最少的 9 人。因商学院生源较多,每位导师指导学生也相应较多,文学院次之,理学院最少。

何炳松还以会议、座谈、个别交流、信件等方式了解学校情况,借此弥补制度规定之不足,以利及时调整学校管理的规则和措施。仅从当时的校刊记录,就可以看到他经常主持校务会、院、部委会议和教务会议,一度还兼任附中主任和中华学艺社理事长。何炳松十分注重做到上情下达。他以纪念周作报告、发布公告等形式及时与师生沟通,坦率提出自己的观点。在建立制度、健全机构、加强沟通、寻求共识的同时,他严厉惩处严重违纪的学生并予以及时公布,以儆效尤。在开学后短短的两个月中,仅见于校刊记录的处分就达 5 起。在正面引导与严厉惩治并举之下,学校面貌一新,社会各界给予了一致好评。

1945 年抗战结束初始,何炳松在其撰写的《对于全国高等教育机关复原及国立暨南大学复原之意见》一文中,坦陈了对于当时教育现状的思考和教育发展走向的关注。该文开头即阐明:“近年国人对于整顿全国高等教育问题提出意见虽多,而最为人所注意者,厥为数量与素质二点。一般意见,似多着重于:(一)量的减少与合理的分配以节省国家之负担而求全国文化之平均发展;(二)质的提高以求专门研究之进步。”何炳松结合当时的国情和高等教育发展的实际情况,并借鉴国外发展高等教育的经验,指出我国的高等教育机构“数量并不过多”,“学校并不过于集中”,认为我国高教仍有极大的发展空间。至于战后暨大的复原问题，何炳松从校址、学院与南洋研究馆扩充、各院系增设有关南洋之必修科目、侨生先修班增设、添办侨务科系以及学生人数与校舍问题等七方面加以阐述，体现了一位校长高度的责任心。①

总之，何炳松的办学思想吸取了中国传统文化的精华，能够推陈出新，与时俱进。在执掌暨南大学的岁月里，他既注重对侨生进行中国传统文化教育，大力倡导"忠信笃敬"的校训，采取措施突出侨校特色，同时又鼓励侨生认真研习西学，努力做到中西文化融会贯通。在学术上采取兼收并蓄的开明态度，倡导学以致用，学术救国，注重兴办教育与复兴社会、拯救国家的密切联系。他认为："一个青年来读了大学，随便是做学问还是做事业，都还只是个开端，他们的人生道路还很长。我们的责任不仅是向他们传授知识学问与谋生技能，更重要的是要培养他们成为目光远大、襟怀开阔、有气度有事业心有社会责任感的人。"②

---

① 《伪教育部关于系科设置、招生、实习、学籍等问题的训令》，《对于全国高等教育机关复原及国立暨南大学复原之意见》，上海档案馆，档案号：Q240—1—173。

② 林楚平：《山城旧事》，《暨南往事》，暨南大学出版社 2006 年版，第 119 页。

第八章 人格魅力

“暨大在建阳校舍是借用童游镇之房子——文庙，一座古式之高大庙宇。……一千多莘莘学子得于此弦歌不辍，俨如一个大家庭。校长便是我们这个大家庭的慈父，有人说东南各大学最谦和的校长便是他，学生的意见学生的困难他最能体谅到，从不会轻易大声骂人一句。因而在他的指导下如冬日的阳光，照得每一个青年，虽炮火隔绝了家乡，仍是照样地不失父母之爱。”①建阳时期暨大的一名学生把当时暨大比喻成“一个大家庭”，把校长何炳松比

① 马均权：《我的校长——何炳松》，刘寅生等：《何炳松纪念文集》，华东师范大学出版社 1990 年版，第 276 页。

作“这个大家庭的慈父”，流露出战争年代校长师生间温馨的人间真情。何炳松确实像父亲一样，日夜为暨大师生员工操劳：多方筹款，解决师生员工衣食住行等生活困难问题；认真安排好毕业生的工作问题；耐心化解师生员工矛盾，甚至不惧危险保护师生生命。此外，他对亲人点点滴滴的关爱，也同样感人肺腑。

不论是作为校长、教师、朋友，抑或作为亲人，何炳松都以实际行动关爱着身边的每一个人，甚至达到忘我境地。他的一生，留给后人的是一笔取之不尽的精神财富。

下文尝试从后人回忆录等遗存史料中，挖掘何炳松点点滴滴的感人故事以飨读者，让读者亲自感受、体味其永恒的精神魅力。

一、“衣食父母”

“孤岛”时期的暨大师生随校迁至建阳，随身所带行李不多，有些行李甚至又遭炮火烧毁，所以当他们到达建阳时，很多人可说是身无分文。在这种情况下，何炳松要为他们解决衣、食、住等问题，实在不易。重重困难迫使何炳松必须尽快采取措施筹集款项，以解决师生员工的基本生活问题。他甚至把自己的衣物送给缺衣的教授。最后，他不得不向建阳当局求助，而在这过程中受到部分不解内情的师生员工误解，颇伤其感情。何炳松如此艰苦支撑着战时暨大这个大家庭，其心中的苦衷难以向外人道明。因此，他曾一度向教育部辞职以求解脱。在教育部不同意的情况下，他再度振作精神，坚持办学至生命最后一刻。

何炳松除关心在校师生的困难外，还重视即将离校的毕业生的就业去向，并多方努力为毕业生推荐、联系、落实工作。

（一）及时解决师生员工吃、穿、住等生活问题

暨大内迁建阳后，何炳松曾将自己的衣物送给一些教授。据当事人杜佐周回忆，他在内迁建阳途中接受过何炳松的衣物。苏乾英在到达建阳后，也接受过何炳松所送的被单。据苏乾英回忆："我内迁时行李带得不多。抵建阳后何校长对我们大家关怀备至，时常到教工宿舍来看望我们。一次他看到我家棉被都破了，回去就派人送来两条新土布被面和两条已有小孔的旧绒布被单。"①何炳松不仅拿出自己的衣物解决某些教授的燃眉之急，还拿出自己家中的食物与教授们分享。其中所体现的他与教授们患难与共的精神，感动了当时不少教授。又据苏乾英回忆："每年春节他总是和师母一起来到教工宿舍向各家拜年，见到孩子并发红包。他们并不进屋来叨扰，只是在门外作揖高声说：'恭喜！恭喜！'他家自己养猪，每逢杀猪，总买上许多笋，烧成红烧肉送给教职员工。有时自己家中做了腐乳就分送大家。他身为校长，却平易近人，在童游街上连遇到教职工家属或孩子都要让道问好。"②苏乾英 1929 年考入暨大，1933 年毕业留校任助教。他在校期间经历郑洪年、沈鹏飞（代）、何炳松三任校长。据其回忆，何炳松接任校长时，前校长郑

①② 苏乾英：《回忆何校长二三事》，刘寅生等：《何炳松纪念文集》，华东师范大学出版社 1990 年版，第 453～454 页。

洪年私下对他说："何炳松当校长，接我的班，我非常乐意；因为他是学者，所以在校董会上我投了同意票。"①

然而，建阳暨大师生员工的困难，不是何炳松一人的衣服、食物所能救济的。所以，他不得不出面多方筹措经费、寻求帮助与支持。

暨大内迁建阳的第一年冬天，由于大多数学生在内迁过程中带来衣物不多，难以抵御这个寒冷的冬天。何炳松便向第三战区司令长官顾祝同、政治部主任邓文仪及当地驻军、政府官员等筹措到一大批军大衣，并从福建省银行和建阳县政府两处借到不少款项，解决了师生吃饭、住宿问题。当时学生中私下流传何炳松向顾司令长官求助情景的"趣话"："这时正值抗日战争的最艰苦阶段。校长呕心沥血把暨南大学维持下来，有时不得不向国民党当局求情，为成千的莘莘学子和成百的教职员工而请命。有一次，国民党第三战区司令长官顾祝同到建阳的暨南来视察，面对这位东南半壁河山的国民党最高统治者，校长违心地说了：'长官呀，栽培呀！'后来，学生一直善意地拿这句话来笑话我们校长。他像慈祥的父亲一样为我们子女的教育操心。我们学生，内心明白他老人家的一片苦心，而深深地敬爱他。"②学生中的这段"趣话"，既体现了学生对校长的理解之情，又体现了何炳松借款维持校务的艰辛。

---

① 苏乾英：《回忆何校长二三事》，刘寅生等：《何炳松纪念文集》，华东师范大学出版社 1990 年版，第 453 页。

② 缪丹：《黄金时代的回忆》(上)，《暨南校史资料选辑》第 2 辑，暨南大学华侨研究所 1983 年，第 95 页。

何炳松为学生向建阳警备司令钱东亮筹借一批棉军衣时，差点被学生们的“年幼无知”误了大事。一名学生在何炳松墓前凭吊时满怀深情地倾述着当时的情景：“那是抗战进入最艰苦的年代，一批批青年学生，颠沛流离，从沦陷区奔向后方，来到闽北山城建阳，投身在您主持下的国立暨南大学。难生们个个一无所有。这年，寒流过早地侵袭山城，您请来了当时建阳警备司令钱东亮，名为训话，实为让他亲眼看看难生们的艰难处境。钱司令面对这群衣衫褴褛穿戴单薄的难生们大谈其艰苦抗战的大道理之后，说自己身上这件皮夹克，是几年前朋友送的，至今仍在穿。不料这一来，却引起难生们哄堂大笑。钱司令显然是被笑得恼怒起来了，当即从腰间拔出一支乌亮亮的手枪，重重地扔在讲台上，继而向台下瞋目扫视，高声吼道：‘笑什么！’这位司令终于意识到自己出言不妥，就知趣地匆匆结束了。可以想象，作为一校之长的您，当时的处境是困窘的。但您不慌不忙地立起身来，没有批评难生们的失礼，也没有为司令的威慑所惊倒，而是从体谅难生们的疾苦出发，用浓重的金华官话说了一段钱司令是我们的父母官，暨大离开他就难以生存类似意思的话，说得司令一脸怒气顿时云散烟消。不多几日，满满几车棉军衣裤就送来了，分发给难生们御寒。”①领到这批军棉衣的学生或许有所不知，何炳松为了赢得钱东亮对学生的帮助，花费了不少心思。他让夫人出面与钱

① 徐克凡：《凭吊何校长之墓》，刘寅生等：《何炳松纪念文集》，华东师范大学出版社 1990 年版，第577～578 页。

东亮的太太友好相处，并让夫人于 1943 年 3 月 22 日设宴与钱太太结为姐妹。何炳松对此举颇有“不得不”的苦心，这在他致女儿何淑馨的信中有隐晦流露，他在设宴前一日下午五时写信给女儿称：“明日妈和赵、钱两司令夫人结为姐妹，定下午四时宴请各人相知友好，想又有一番热闹。这是因赵、钱夫人和妈非常要好，而两位司令又帮助学校极为热心，不得不同意结义之举……”①

1943 年冬，暨大内迁建阳的第二个冬天来临，而当年入校的学生过冬棉衣大多没有着落。何炳松在学校周会上回想抗战以来暨大师生艰难的生活、学习、教书情形时，忍不住当着全校师生哭了起来。据当时参加周会的一名学生事后回忆：“1943 年 11 月 15 日，校长在周会上流着泪对大家说：‘大家生活太苦了，我都知道：点灯的桐油也买不起，作笔记的墨水也买不起，先生们的太太，有做小生意的，赚那么一角钱二角钱，有的教授换洗长衫也没有……’说得同学们也哭泣了。”②何炳松的泪水饱含了其与师生患难与共的至真情感，他为师生所受的苦难而感伤不已，感情至诚，足见其对暨大师生的爱惜之情。事后，何炳松积极与救济会联系，使同学们有机会申请吃豆浆、领取衣被等物，还增加了补助费。不久，何炳松便筹到一批“军棉衣”，使从沦陷区来的同学得以有衣服御寒过冬。

① 何炳松：《致何淑馨（五通）》，《何炳松文集》第二卷，商务印书馆 1997 年版，第 766～767 页。

② 傅以兰：《永恒的哀思》，刘寅生等：《何炳松纪念文集》，华东师范大学出版社 1990 年版，第 555 页。

然而，也不是所有师生都能理解何炳松校长的一片苦心。尤其在抗战接近胜利的年头，受战事影响，学校校务更难维持。何炳松为求得学校生存，不得不更积极地与福建当局各方人士结交，由此引起了一些师生的误会。当时学校教务长俞剑华之子就读于暨大英国语言文学系，他对此就有很深的体会："抗战越接近胜利，学校的形势越严峻。轰炸的威胁已成过去，疟疾也逐渐得到控制，日本侵略军深入腹地，阻断了湘桂铁路，学校经费来源中断，广大的教职工薪水无着，尤其是发不出给华侨学生的贷金，他们处境更为困难。……建阳城里有几家银行，当地的党、政、军、宪都能对银行施加影响，要贷大批款项很不容易，这个阶段，何校长经常请客，宴请那些银行和当地有势力的人物。借得钱来维持全校师生员工的生计。不知内情的人对何校长很有意见，说现在何校长跟那些官僚们打成了一片，有失学者和大学校长的身份。有的则说，何校长也想当官僚了。这种局面一直延续到抗战胜利之后，何校长奉命迁校回沪的时候也并没有基本解决。其实何校长个人生活非常俭朴，自奉很薄，表面上是觥筹交错，其实这里面的苦衷不是外人所能知道的。45 年抗战胜利何校长奉命离开建阳去返回上海筹划迁校的时候，请文学院院长沈炼之教授代理校长。有些教师天天包围代理校长讨欠薪，……这时候人们才想起何校长在的时候不用愁可以安心教学的日子。"①

① 俞述翰：《何校长在建阳的日子》，刘寅生等：《何炳松纪念文集》，华东师范大学出版社 1990 年版，第 525～526 页。

大约与此同时，何炳松向教育部长朱家骅发送了辞职电报，还托阮毅成在朱面前表达其辞职之意。据阮毅成回忆："三十四年（1945 年——引者注）六月，我再到重庆出席本党（指国民党——引者注）的第六次全国代表大会，又经过建阳，何先生托我如到重庆后，代他向教育部部长朱骝先（家骅）先生表达辞职之意，他真诚的愿意回到浙江，从事通志的修纂工作。而我到重庆之后，见到了朱先生，还未及开口，朱先生就说：'你这次回去，经过建阳，务必劝何先生打消辞意。'原来，在我到重庆之前，朱已接何先生的辞职电报，朱恐我帮何先生讲话，所以一见面就先封了我的口。"①何炳松辞职原因或许与主持暨大的困难及别人的误会有关。不过，此次辞职未成，何炳松并没有过多怨言，他重振精神，再度挑起暨大回迁上海的重担。

（二）积极为毕业生安排工作

何炳松不仅负起解决暨大师生员工衣、食、住等生活问题的责任，还亲自安排好每届毕业生的就业事项。建阳暨大接收了不少沦陷区、战区的学生，每届毕业生人数增多；况且，抗战年代，以学生之力不易找到工作。何炳松便亲自为各届毕业生积极联系工作。

如 1942 届毕业生毕业前，恰逢太平洋战争爆发，"孤岛"暨大总校停课内迁建阳。毕业班最后一个学期被耽误，临近毕业的学生四散：有的跟随总校内迁建阳，继续未竟的

① 阮毅成：《记何炳松先生》，刘寅生等：《何炳松纪念文集》，华东师范大学出版社 1990 年版，第 265～266 页。

学业；有的则离校他往。教育部只允许发给这届毕业生临时毕业证书。戴敦复是该届毕业生随总校内迁建阳的一个，他在迁往建阳途中，遇见何炳松，并被何炳松聘为东南联大筹委会工作人员；到达建阳后不久，生了一场大病。后来他病情好转，被何炳松聘为暨大助教。这是身为校长的何炳松对历经磨难的1942届毕业生深切关怀的一例。

周之瀛系1943届毕业生，在何炳松的推荐下，进入江西赣州税务局工作。1990年，周在何炳松诞辰一百周年前夕撰文感怀："我们内迁建阳的1943年毕业生，何校长向各方联系，为我们介绍就业，使我们更能安心愉快地走上工作岗位，为祖国效力。"①太平洋战争爆发后，暨大南迁建阳，其时周之瀛正是大学三年级学生。他与顾汝俊在跑单帮商人的帮助下，离沪投奔建阳分校，于2月20日到达建阳。在何炳松安排下，所有分校课程于6月结束，分校名义则于7月底结束；总校学生于6月中旬至9月底补课（补足1941年度下学期课程）。1942年度第一学期拟于10月中旬开始。周之瀛对此感激不尽："使我们能在43年春、秋如期毕业，所有内迁同学无不感激何校长不废课业的最大关怀。"②

沈宝书系1944届毕业生，据其回忆："何校长输送王超立、孙时亮、姚海伦、奚粹贞、马超泉、黄元庆、陈志杰、张叔英、黄震霄、沈宝书等十人到江西盐务局是很费心力的。何

①② 周之瀛、顾汝俊：《从"孤岛"到建阳的一些回忆》，刘寅生等：《何炳松纪念文集》，华东师范大学出版社1990年版，第502页，第501页。

校长和37届校友毛明道书信来往多次，在毛明道的努力下，我们按照录用的规定通过考试而被录用的。”①

对此，毛明道撰文作了详尽记述：“1944年我在赣州江西盐务管理局工作时期，曾接到何校长自福建建阳来函，告知暨南大学44届毕业同学人数不少，而处兹抗战时期地方沦陷甚多，谋求职业，殊非易事。为安排同学们都能就业，心中如焚。询问我能否在盐务机关方面在不违背盐局的规章制度的可能范围内为本届商学院毕业的同学们设法介绍，安排就业之机会。函辞谦切，语气仁慈，使我感受甚深。我当即遵循何公旨意，持原函向盐务局局长恳商，积极推荐。并征得局长的同意，按照盐务机关用人制度必须经过考试，以十数名为限的情况函复何校长。不久校方即介绍姚海伦、奚粹贞、王超立、孙时亮、沈宝书、黄元庆、陈志杰、马超泉、黄震霄、张叔英等十位同学来赣应试。经过考试，全部及格；后皆被录取为会计员、统计员等职（另外有三位44届同学经何校长介绍到赣州税务局工作）。”②

季振宇系1945届毕业生，毕业前夕，何炳松亲自聘其为助教。据他回忆：“大约1945年5月，我们1945届学生毕业前夕，有一天何校长专请卢怀道先生（代商学院院长）和我到他家去，他依然笑容可亲地说‘密斯脱季，我和卢先生都想留你当助教，不知你是否愿意？’一个堂堂的大学校

① 沈宝书：《怀念何校长》，刘寅生等：《何炳松纪念文集》，华东师范大学出版社1990年版，第509页。

② 毛明道：《回忆何校长二事》，刘寅生等：《何炳松纪念文集》，华东师范大学出版社1990年版，第544页。

长,对待一个普通的学生如此有礼,如此尊重,实令人感动。”①

当何炳松得知1945届毕业生中有一位浙江大学借读生潘天民曾当过四年教师,一位中央大学借读生杜某的父亲是中将军官,他便于1945年4月将两位学生邀请至家中,诚恳地请求他俩帮助解决同届毕业生出路问题。潘天民事后感叹:“作为一个综揽全面的大学校长、一个埋头钻研学问闻名全国的历史学家,竟能如此专心、全面而细致了解学生关怀学生,时时处处为他们的毕业后工作着想,这是我始料所不及的。”②

(三)师生生命的“守护神”

何炳松作为暨大“一家之长”,为“家庭成员”谋衣、谋食、谋住房已非常不易。但在建阳这座山城,还有一个大恶魔——病魔,时刻威胁着暨大师生的生命。何炳松大力购买治病药品,采取积极措施预防、治疗疾病。他对生病师生关爱备至,不少师生在他的关爱下战胜病魔,获得了第二次生命。下面是几位声称“何校长给了我第二次生命”的师生的感人回忆。

如在1942年春,戴敦复以该年“临时毕业生”及东南联大筹委会办事员身份来到建阳暨大,不久便病倒。他在病

① 季振宇:《回忆何伯丞校长二三事》,刘寅生等:《何炳松纪念文集》,华东师范大学出版社1990年版,第511~512页。

② 潘天民:《何校长对毕业生就业的关怀》,刘寅生等:《何炳松纪念文集》,华东师范大学出版社1990年版,第546页。

中得到了何炳松等人的关照。据其回忆："我来建阳先后患疥疮和疟疾。6 月间患慢性痢疾。8 月病情恶化。学校将我和另一位浙江同学迁到一座名叫将军庙的简易病房中去住，并派来一名略懂医药常识的工友照顾我们。……在我长期患病期间，……有次何校长亲自来庙垂问病况。我说破庙太冷。他再三叮嘱工友要精心看护。当天就送来屏风。12 月初我在病床上接到助教聘书。我便从东南联大的办事员转为暨大助教了。我这个背井离乡的游子在死亡的边沿上能被抢救过来受到无微不至的照料，在康复之后，不能不感谢老师们的关怀和帮助，尤其是何校长。他亲自顾问我的疾病，及时解决困难，并在我病入膏肓、不省人事的情况下，仍聘任我为助教，不啻雪中送炭，更为难得。"①

像戴敦复那样，不少初到建阳的师生也因水土不服病倒。"我们这些生长在上海大城市的青年，刚来到这依山傍水，绿草如茵、空气清新的新校园，真是兴奋极了。但是不久，我们都因为水土不服，加以山区瘴疫流行，一个个都先后病倒了；发高烧、发奇冷、呕吐，甚至昏迷不醒，差不多每个人都打起'摆子'来。"②暨大迁到建阳不久，受浙赣战事影响拟另迁南平。何炳松在忙于筹划迁校南平时，念念不忘如何合理安置好建阳生病师生。据当时一名生病学生黄仁回忆：他本人就被何炳松校长安排到童游镇老乡家中养

① 戴敦复：《何校长，我们永远记住您！》，刘寅生等：《何炳松纪念文集》，华东师范大学出版社 1990 年版，第 485～486 页。

② 黄仁：《怀念敬爱的何校长》，刘寅生等：《何炳松纪念文集》，华东师范大学出版社 1990 年版，第 517 页。

病。直至浙赣战局稳定，暨大从南平回迁建阳后，何炳松再把他接回建阳暨大："因我病危，(何校长)特地从南平延聘了留德的名医为我诊治，还想方设法购买专治恶性疟疾的特效针药，延请了专人单独护理我。这在当时战火纷飞、交通不便、缺医少药、学校经费拮据的战争年代里，是多么难能可贵啊！同时何校长还请女生管理员徐淑贞老师慈母般细心地照顾我，……每当我回想起在建阳母校的一段经历，总使我深深地怀念何校长，是敬爱的何校长对我一个普通的学生，在战时那样艰苦环境中想尽办法为我延医治病，使我从死神手里逃脱出来，是何校长给了我第二次生命。他那种爱生如子的高尚精神，那种深厚至诚的师长感情使我永生难忘！"①黄仁病愈后，于 1946 年春季在建阳毕业，接着随校回迁至上海。

1943 年秋，刚考取暨大中文系的一年级新生郁群在已撤销的东南联大先修班宿舍里等待开学时，不幸患上了痢疾。因为该生没钱到县医院治病，便叫同乡去联系学校医务室，但他没有正式注册入学，医务室不肯接收病人。最后，同乡直接找到校长何炳松，郁群才得以被及时送入校医务室治疗。因治病原因，郁没能参加开学典礼。中秋节那天，何炳松来医务室看望病员，给他留下了难以忘怀的"第一次见面"印象。郁回忆："何校长穿着一件白衬衣、灰色的西裤和一双黑皮鞋，独自一人笑吟吟地已跨进了医务室的

① 黄仁：《怀念敬爱的何校长》，刘寅生等：《何炳松纪念文集》，华东师范大学出版社 1990 年版，第 518 页。

大门，正在和欢迎他的医务人员随便地谈着：‘……我不是来看病的，我是来看看大家的！今朝是中秋节，病员们一定更会思念亲人和故乡，医务室给大家准备了月饼没有？小菜要尽量弄得好一点！……’”①无论是节日还是平时，何炳松心中都记挂着这些远离亲人、故乡的生病学生，不仅尽力改善医疗条件，还积极改善病人伙食。据医务室工作人员回忆：“当时学校伙食以空心菜及黄豆算是高档营养食品，有时伙食团内杀猪，何校长都一再吩咐要有特别菜加添给病员。”②在物资匮乏的战争年代，在暨大这个大家庭里，病人受到特别照顾，常常能吃到黄豆。

1944 年上半年，学生庞文兰口吐鲜血，疑为肺病。该生自随校到建阳起就经常生病，恶性疟疾时不时发作，并伴随高烧。而当时肺病是没有特效药的绝症，该生顿生悲观绝望之情，“似乎就此等死吧了！”但庞文兰大难不死。据其回忆：“何校长知道后，马上让我从集体大宿舍搬到单独一间小宿舍去住，以便安心静养，并请林念庚和韩素厚二位陪伴我照料我。……今天，我庆幸自己居然能活到 69 岁的古稀之年时，怎能不怀念我们的何炳松校长，要不是他，我早已不在人世啦！”③

---

① 郁群：《第一次见到何校长》，刘寅生等：《何炳松纪念文集》，华东师范大学出版社 1990 年版，第 551 页。

② 张惟璇：《何校长对医务工作的关心》，刘寅生等：《何炳松纪念文集》，华东师范大学出版社 1990 年版，第 547 页。

③ 严符曾、庞文兰：《何校长把我们从病魔手中夺回来》，刘寅生等：《何炳松纪念文集》，华东师范大学出版社 1990 年版，第 554 页。

1944年9月23日，考取暨大商学院国际贸易学系的一名新生赶到建阳宿舍，未来得及报到就病倒了。该生在住院治病的日子里充分感受到了何炳松对生病学生的关爱："我在住院治疗期间，深感何校长为学生的健康，费了多少心血，多方聘请医护人员，添置药品器械，办好医院。何师母代表校长每月定期到医院来探望病员，鼓励病员安心治疗，并带了家中蒸煮的营养菜分发给病员。当时我们远离亲人，在贫病中得到校长这样亲切的关怀和爱护，增强了我们对疾病斗争的信心。我暗下决心，要争取早日康复，参加学习。"①

暨大师生在建阳的四五年间，从未远离过疾病的威胁，"内迁师生刚从颠沛流离中安顿下来，一个个地卧床呻吟。病情也不尽相同，一日疟，间日疟，恶性疟，回归热，来势凶猛，师生被折磨得死去活来，疟原虫侵袭脑细胞，还会发精神病。教职员工不论男女老少几无一幸免。当地又缺医少药，苦不堪言。"何炳松本来就身体瘦弱，患有肺结核，"经常在病榻上商量工作，为全校师生操劳"。而作为校长，他以坚强的意志与毅力，鼓励全体师生"熬"过一个又一个难关，在这瘴疠之地，坚持教书、学习，弦歌不辍。1943年秋考取暨大英国语言文学系的学生俞述翰（暨大教务长、教授俞剑华之子）事后感叹："没有何校长那样赤诚的爱国之心，那样作为暨南大学师生员工的核心支柱，这个高等学校也是维

① 严符曾、庞文兰：《何校长把我们从病魔手中夺回来》，刘寅生等：《何炳松纪念文集》，华东师范大学出版社1990年版，第553页。

持不下去的。”①何炳松积极改善医疗条件，时刻关注生病师生，鼓励他们积极战胜病魔。至抗战胜利前夕，疟疾这类病魔终于得到了有效控制。

病魔是可怕的，而在那个生死相搏的战争年代，还有比病魔更可怕的党派斗争。即使在相对平静的校园里，也时时有师生被抓走。每遇这种情况，何炳松总会尽最大努力从“党派虎口”中救出自己的师生。对此，徐克凡有过生动的记述：“暨大学生思想活跃，学术团体很多，进步学生失踪，时有所闻。每当听到您的学生被捕了，您总是二话不说，把长衫一披，礼帽一扣，斯的克一拿，亲自上司令部去保释营救学生出狱。”②1941 年到暨大任教的陆伦章教授也有过这样的追述：“柏丞先生建校在这闽北荒凉的建阳小县里。同时这里又是国民党三战区总部、专署驻地，以及国民党东南特工中心中美合作所亦在此地。环境险恶，要想发展他民主办学的一贯信念谈何容易。这其间他的逆来顺受、委曲求全和为了保全学校、维护全校师生安全所作的种种努力，我是略为知道一些的。……当我看到的何校长撑着一把伞（遮太阳），步履艰难地独自走过童游桥到对岸时，我心里总默默想到，他们（引者注：即驻扎在建阳的国民党军政要员们）又来找学校的麻烦了。这位老校长又要到对

① 俞述翰：《何校长在建阳的日子》，刘寅生等：《何炳松纪念文集》，华东师范大学出版社 1990 年版，第 523 页。

② 徐克凡：《凭吊何校长之墓》，刘寅生等：《何炳松纪念文集》，华东师范大学出版社 1990 年版，第 578 页。

岸去顶着了，有时每日竟有好几次。”①

文书科职员俞述翰亲眼目睹何炳松保护学生陈斐然的经过。据其回忆：暨大迁校至建阳不久，“有一封福建省政府的公函，通知暨南大学，说有一名‘异党分子’从福建永安潜逃来闽北，可能‘混’在暨南大学当学生，要学校给予扣留云云。我父亲（即俞剑华，时任暨大教授——引者注）拆封之后直接给了何校长。经查这名学生在分校时已经入学。何校长指示我父亲设法给他一些暗示，这名学生不久就悄悄离开了学校。我还记得这个学生的名字叫陈斐然。这件事发生在42年秋天，何校长到闽北不过两三个月”②。陈斐然系学校未明文艺社社长。该社一名重要成员金尧如对此也有回忆：“1942年下半年，我们成立了一个未明文艺社。‘未明’即天还没有光明，社长是陈斐然同志，我也是社员。大概到年底，国民党把他抓走了，国民党还讲要清查全体未明社社员。何校长对他们说：这是我们学校里的事，陈斐然你们有证据讲他是共产党员，我没有法子，其他学生你们没有证据，不能动，让我来处理。结果我们都没有什么事。”③综合二者的回忆可知，陈斐然应该系在离校后被国民党抓走的。何炳松极力保护学生生命的爱生之心由此可略见一

① 陆伦章：《我记忆中的何伯丞校长》，刘寅生等：《何炳松纪念文集》，华东师范大学出版社1990年版，第449～451页。

② 俞述翰：《何校长在建阳的日子》，刘寅生等：《何炳松纪念文集》，华东师范大学出版社1990年版，第522页。

③ 金尧如：《一代学人，毕生良师》，刘寅生等：《何炳松纪念文集》，华东师范大学出版社1990年版，第516页。

斑。

对于如何处理学校内部师生间的矛盾，作为一校之长的何炳松经常左右为难。因为无论是教师抑或学生，都是他所不想“委屈”的，更何况当时师生矛盾背后有人存心煽动。在1945年1月3日的学生驱逐盛叙功、许杰风潮中，他就颇感为难。风潮发生后，他让盛、许两位教授暂时离校，并拍着胸脯说：“我绝不出卖朋友。”①但后来因为局势不允，何炳松未能将两位教授再调回暨大任教。不过，他于3月21日即决定继续支付许杰的薪水至7月为止，另赠其旅费3万元。② 而许杰教授因此事对何炳松误会颇多，1982年他还回忆认为：“这风潮来势很汹涌，我们为避免事态扩大，就离开建阳。这事说来很多，何炳松也有许多不对。他开始拍胸口不出卖朋友，但结果仍是出卖朋友。我现在也不去说他。”③许杰教授认为何炳松于风潮事后立即撤掉他和盛叙功的教务长、总务长职位，另选他人出任。实际上，何炳松在风潮后曾一度自兼总务长，另让沈炼之代教务长，空缺此两职位等待盛、许两位教授回校续职；不过，其时时局变动颇快，两位教授已不可能重回学校，何炳松才聘任新教务长、总务长。由此不难看出，何炳松在维持学校发展

① 许杰口述，柯平凭撰：《坎坷道路上的足迹》，华东师范大学出版社1997年版，第305页。

② 房鑫亮：《何炳松年谱》，刘寅生、谢巍等：《何炳松论文集》，商务印书馆1990年版，第576页。

③ 许杰：《我在暨大任教的时候》，《暨南校史资料选辑》第2辑，暨南大学华侨研究所1983年，第83～84页。

及处理师生矛盾方面常常陷入何等尴尬的处境。

二、文化斗士

何炳松以自己羸弱的躯体、外柔内刚的书生本色营造了建阳暨大这个精神文化家园，使战火中不少青年学子得有求学之地，由此为保存中国的文化血脉作出了应有的贡献。然而，他在守住暨大这方文化水土的同时，也念念不忘上海其它中专以上院校失校学生的苦楚，于是毅然挑起保护东南文教堡垒的重任，顶住重重阻力，努力筹备国立东南联合大学，以收容更多在战争中失学的青年。从教育部于1942年1月15日下令筹设东南联大到1943年7月下令停止所有筹备工作，东南联大存在时间约一年半，并且仍处在筹备阶段而未能正式成立。然而，何炳松在筹设联大过程中所表现出的坚守东南文教堡垒的决心，表现了一个在炮火中屹立不倒的文化斗士形象。

1941年12月8日，太平洋战争的爆发殃及上海租界。在硝烟炮火中，不少大专以上学校仍滞留在上海“孤岛”。为维护上海高等教育，避免日军、敌伪蹂躏这些学校，教育部下令筹设国立东南联合大学，“以便收容自上海内撤各专科以上学校之员生”。1942年1月15日，任命何炳松为筹备委员会正主任委员，主持相关事宜。而同时，何炳松正为停止暨南大学上海校务、进行内迁建阳等事忙得不可开交，直到4月1日才离沪抵达金华东南联大筹备处就职。筹备东南联大是一份费时费力的苦差事。筹委会委员组成就十分复杂，各方意见难以统合。委员中大多是上海公私立大学校长，另有部分委员是地方官员、报社社长。① 4月间，筹委会主任何炳松主持召开三次筹备会议。据抱病前来参加会议的筹备委员阮毅成所言："三十一年(1942年——引者注)四月，何先生从上海内迁金华，召集开会，我正于病疟之后，抱病去参加。以上海各学校情形的复杂，内迁交通的困难，及中央许多法令上及经费上的拘束，我就颇为何先生担忧。"②阮毅成所论及的筹设东南联大"三大困难"皆有先见之明，他对何炳松主持筹建东南联大的担忧也不是多余的。5月浙赣战事爆发，迫使筹备委员会及两百余师生撤离金华，迁往江山；因日军炮火追击，再离江山，经浦城辗转到建阳。何炳松与东南联大筹备委员同仁一起亲历了这次迁移之苦，据他回忆："沿途敌机追踪扫射，前后村镇更番被炸，而岭峻山高，风雨时作，员生负笈步行，艰险可想。"③何炳松一家与筹委会设计委员谢海燕、倪贻德分乘两条民船，最后撤离金华。到达江山时，遇见另一名筹委会设计委员杜佐周。杜只穿着短衫、薄裤，其行李衣物已在战火中被烧毁。悲喜交加中，何炳松从自身所带的有限衣物中拿出几件送给杜佐周救急。何炳松与东南联大同仁患难与共的

① 夏泉:《试论抗日战争时期国立东南联合大学的筹建》,《民国档案》2006年第3期。

② 阮毅成:《悼惜何伯丞先生》,刘寅生等:《何炳松纪念文集》,华东师范大学出版社1990年版,第238页。原载《读书通讯》第117期,1946年9月。

③ 何炳松:《暨南大学与东南联合大学》,刘寅生等:《何炳松纪念文集》,华东师范大学出版社1990年版,第40页。

精神，对杜佐周触动很大，多年后，杜仍记忆犹新："迄太平洋事发……全校内撤未定，我寓所被敌人搜索，内人被掳，经旬日而始释放。我化装潜行，亦经旬日始达自由区域。但当车行至龙游胡镇时，敌军流窜业已迫近金华。路上遭遇敌机轰炸，行李全部付之一炬。我短衫、薄裤，陆行数百里，始抵江山。与何师相见时，真是悲喜交集，不知言将何出。何师安慰之余，赠我以四季所需的衣服。这数年来，物质艰难，无力新添，可谓全依何师之衣，私心感戴，终身难忘。"①从江山到达浦城时，恰遇日军轰炸浦城，何炳松完全将自己的生命置之度外，把仅有的几张车票交给筹委会三位设计委员（谢海燕、倪贻德、杜佐周），让他们尽快离开危险的浦城。何炳松这种先人后己的精神赢得了同仁的尊敬，当时同行的谢海燕对此有详尽记载："我们刚从浙闽边境廿八都前往浦城的早晨，九架重轰炸机掠空而过，把浦城炸得满街颓垣断壁，尸横遍地，当我们傍晚到达时余烬未熄。一连轰炸三天。好容易买到几张到建阳的车票，何校长先人后己，冒着轰炸的危险，让我和倪贻德、杜佐周先走。"②

东南联大师生两百余人，经过险象环生的长途跋涉，于6月24日安全抵达建阳。暂借童游乡中山室为办公处，中心小学为学生宿舍。由于当时从浙赣撤退的军政机关及避

① 杜佐周：《我与何伯丞先生》，刘寅生等：《何炳松纪念文集》，华东师范大学出版社1990年版，第250页。

② 谢海燕：《何炳松与东南联大艺术专修科》，刘寅生等：《何炳松纪念文集》，华东师范大学出版社1990年版，第301页。

难民众均集中在闽北，造成了当地“物价暴涨，房屋无余”，何炳松对筹集东南联大学生食宿、医药、用具等项费用感到了空前困难。① 尽管如此，他还是积极主持招生考试、礼聘教师、勘测校址。8 月下旬考试录取新生共 231 名，9 月中旬聘有 41 名教授。而沪浙皖赣陷区、战区高中毕业生投奔福建者急增，需尽早成立东南联大。何炳松于 9 月迭次致电教育部，请求尽早成立东南联大。但因战事破坏了交通，导致滞留上海的其他师生无法内迁，教育部乃令筹备委员会继续筹备工作，接收上海撤退的师生，“大学暂缓成立，现有学生并入暨南大学”②。11 月，在东南联大登记的大学肄业学生入暨南大学借读；12 月，在东南联大登记的高中毕业生也开学。东南联大筹备工作进行了大半年，何炳松护送东南联大师生从金华安抵建阳后，同时兼顾东南联大、暨大两校校务。其间的辛酸，甚至令他数起辞职之念。11 月 2 日，何炳松在暨大大礼堂举行的第一次纪念周上深有感触地说道：“此外还有一件事，要向诸位报告：就是关于东南联合大学的事情……蒙教育部委我兼任主任委员，主持其事。我因为才轻任重，主持两校精力实在不够，所以先后曾向教育部电请辞职至五六次之多，至今尚未获批准。”③辞职未成，何炳松任劳任怨继续主持东南联大工作。在这次纪念周上他还特别强调暨大学生要友好对待联大学生：“我

①② 何炳松：《暨南大学与东南联合大学》，刘寅生等：《何炳松纪念文集》，华东师范大学出版社 1990 年版，第 40 页，第 41 页。

③ 《国立暨南大学何校长报告记录》(1942 年 11 月 2 日)，上海档案馆藏档案，Q240—1—33。

并希望暨大的同学对于联大的同学们，当作自己的兄弟姐妹一样看待，不分畛域，互相切磋，为我国抗战期中文化史上留一佳话。”①话中透露出何炳松对尚未有固定校舍的东南联大学生充满了怜爱之情。当时参加东南联大筹委会工作的黄如琦亲眼目睹了何炳松关爱东南联大学生的场景：“何校长对东南联大的学生与暨大的学生一视同仁，非常关心和爱护，关心他们的生活和学习，爱护他们如同子女。他常常去东南联大学生宿舍看望同学们，和他们亲切交谈，为他们解决生活和学习上的困难。建阳的气候不大好，晨雾很重，师生们水土不服，患病的人不少，特别是‘打摆子’（恶性疟疾）非常流行，何校长经常嘱咐总务和医务部门，千方百计地购买了许多药品，为师生们治病防病。”②曾与何炳松一同来建阳的谢海燕（时任东南联大艺术专修科主任）也认为何炳松十分尊重人才，爱护教师，谢回忆：“我和潘天寿教授在建阳期间相继患了恶性疟疾，他亲自送来特效药，并过问饮食调养等问题。他怕我寒冷，还赠我一件何夫人手织的毛线衫，使我身心格外感到温暖。像这样关怀师生，急人所急，纾人所难的例子，在暨大和联大师生中是举不胜举的。”③

---

① 《国立暨南大学何校长报告记录》（1942 年 11 月 2 日），上海档案馆藏档案，Q240—1—33。

② 黄如琦：《何校长与东南联大的学生》，刘寅生等：《何炳松纪念文集》，华东师范大学出版社 1990 年版，第 507 页。

③ 谢海燕：《何炳松与东南联大艺术专修科》，刘寅生等：《何炳松纪念文集》，华东师范大学出版社 1990 年版，第 305 页。

何炳松一直致力谋求早日成立东南联大。11 月 23 日在暨南大学第 4 次纪念周上详细解析早日成立东南联大的理由后，追述其于 9 月间曾迭次电请教育部允许早日设立东南联大，而直至 11 月中旬才间接接到部电，有令东南联大"限期成立之语，不过正式公文至今尚未收到"①。言词间流露出对教育部办事拖沓的不满。不料，12 月 29 日，行政院会议却议决欲将东南联大归入英士大学后，从而将英士大学升格为国立。至翌年 6 月 21 日训令，将东南联大筹委会所有的文、理、商三学院学生并入暨南大学，法、艺两院科并入英士大学；7 月底正式结束筹委会一切工作。对此决定，即有许多内迁师生议论纷纷，指责教育当局假公济私。有的人竟为此大哭，"既惋惜东南联大被撤销，也不愿离开暨南大学和何校长"②。时人对当局如此草草了结东南联合大学颇具微词，从中可窥见东南联大命运背后的复杂原因。阮毅成也为苦苦致力东南联大筹建工作的何炳松感到不平："何先生的心血算是白费。"③

尽管如此，何炳松筹建联大表现了其"举东南文教之责尽置诸两肩"④的高度责任心及致力办学、不为名不求利

① 《国立暨南大学何校长报告记录》(1942 年 11 月 23 日)，上海档案馆藏档案，Q240－1－33。

② 谢海燕：《何炳松与东南联大艺术专修科》，刘寅生等：《何炳松纪念文集》，华东师范大学出版社 1990 年版，第 306 页。

③ 阮毅成：《悼惜何伯丞先生》，刘寅生等：《何炳松纪念文集》，华东师范大学出版社 1990 年版，第 239 页。

④ 盛俊等：《祭何伯丞先生文》，刘寅生等：《何炳松纪念文集》，华东师范大学出版社 1990 年版，第 232 页。原载《读书通讯》第 117 期。

的教育家气度。

三、曲酒温情

何炳松对待亲朋也别有一番温情。金华同乡傅东华称他"情厚",属于情质类,观乎何炳松平生的待人处世,这一评价颇为精当。

他一生"既不过度节俭,也不奢侈靡费,而待人极为宽厚"。胞兄炳文早逝,其子女多人的生活及教育皆由他负担。1933年何炳文长女阿芝出嫁时,不但嫁妆非常体面,而且何炳松亲自回金华选择字画古玩等陈设,婚礼铺张的程度远远超过他自己两个女儿的婚礼。① 此外,何炳松还资助、扶持两位曹姓内侄:曹增美、曹增炜。何炳松生前对亲友颇多资助,其病逝后,"对自己两个女儿并未能留下多少遗产"②。其侄子何德樟回忆:"叔叔对子侄一视同仁,没有偏爱,六岁起我就患哮喘病,久治不愈,当时英产的鳖鱼乳白鱼肝油是唯一疗效较好的药物。叔叔每次返回金华总为我带来,这样一直延续十数年从未间断。"③

何炳松很重感情。他曾先后在同乡的追悼会上、侄子的婚礼上、师生大会上哭过。同乡金筱甫(兆銮)先生在上

①② 何炳棣:《读史阅世六十年》,广西师范大学出版社2005年版,第19页,第25页。

③ 何德樟:《静夜追怀我的叔父》,刘寅生等:《何炳松纪念文集》,华东师范大学出版社1990年版,第581页。

海病逝，“公祭时推柏丞兄为主祭，他自撰祭文自己读，读到一半便哭不成声了。其实这位金先生跟他也并没有特别亲密的交情，然而他哭了”。他感情细腻、真挚，情到深处真实地哭泣。在胞侄何德明的婚礼上，他又一次在众人面前泣不成声：“这胞侄是他哥哥的儿子，他哥哥早死了，大部分靠他的力量培植到大学毕业，婚礼是借上海中华学艺社举行的，当然由他以家长的资格做主婚人。婚礼的程序有家长训辞一项，他讲到了德明如何从幼丧父，如何孤苦伶仃，现在总算叨天之幸，学成有室——于是他突然的哭了，哽咽不能成声的哭了，致使全场肃然几分钟，他方才能继续说下去。”①在建阳暨大师生周会讲话上，他因感怀师生生活条件的艰苦自然而然地动情痛哭，听者也忍不住跟着一起哭了起来。

何炳松对女儿的生活起居、学习、人格培养，点点滴滴，无微不至，循循善诱。太平洋战争爆发后，暨大南迁至建阳后，何炳松在暨大尽力帮助、录取沦陷区高中毕业生及大学未毕业学生。而他的小女儿何淑馨于1942年春随暨大迁至建阳时，也是一名高中毕业班学生，但最后一个学期却被战争耽搁了。由于建阳当地没有高中，何淑馨想按当时战时教育政策，以同等学力考取暨大。但何炳松却认为女儿成绩没有达到高中毕业水平，坚决不同意女儿报考。既然不能报考暨大，何淑馨不得已便瞒着父亲，于翌年春以同等

① 傅东华：《与我相处大半世的何伯丞》，刘寅生等：《何炳松纪念文集》，华东师范大学出版社1990年版，第245页。

学力考取了福建邵武的之江大学。何炳松对学生宽宏大量，但对同是学生的女儿却如此严格，颇让人费解。但从他写给在之江大学就读的女儿的五封信中，颇能窥见一颗慈父心。这五封信主要写于1943年2月底至4月初，每星期一封。每封信中都叮嘱女儿在衣食方面要注意“寒暖适宜、饥饱合度”。得知女儿在校伙食不好后，何炳松心中着急，想方设法托人给女儿送去衣服和饭菜，“兹乘联大新聘军事(主任)教官文肖麟先生赴邵省亲之便，托其带上：肉松一筒，干菜肉一瓶(热后再吃)，粽十六个(热吃)，套鞋一双(连鞋穿方合适)，夹衫一件，法币四万(夹衫中系尔自己之钱包)，望检收”。女儿离家求学到之江大学不到几个月，何炳松便心生挂念女儿之情。他在信中叮咛女儿：“尔校如有七天春假，望尔设法回家一走，以慰远怀。”而本人也抓住办公空暇，借过往邵武之机，看望只身求学之江大学的女儿：“我因奉召赴渝任中央训练团党政班指导员，大约下月中旬即当起程，恐无暇赴邵也。不过如便车过邵，可能稍留，当访尔一次，但亦不能预定耳。”不知何炳松这次“看望女儿”有没有成行。不过，何淑馨在之江大学读了一个学期后，便转学考入暨大，省却父亲在百忙之中仍要对不在身边的女儿的一番担心。何炳松在信中还告诫女儿读书要以人格培养为重，“读书固然要用功，而人格的培养尤其重要”。要“以和待人，以严律己”，“校规要守，师长要敬，对同学要‘泛爱众而亲仁’，说话要宽恕”。在专业知识的学习上，他要求女儿：“在大学，宜以培养高等常识为主，切不可偏于一二门。

无论何种课程，读了都是有益。读的学科愈多，则常识愈富（天文地理声光化电无所不知，岂非快事）。有了丰富常识，再习专门一科，那就可称全才了。而关于修养心身的书，尤宜多读多体验，务成为一个健全优良的公民。修养心身，莫过于'服务精神'四字，在家为家服务，在校为校，在社会为社会，在国为国。不求名利，只求利人，自小能如此，年长了就要成为一个受人敬爱的人了。否则就是自私自利的小人，要受人鄙视与唾弃（先贤所说义利之辨，即是此意）。尔是聪明人，望尔即日起发挥出'服务精神'，凡事为公而不为私。"①此外，他与两个女儿在家中演唱昆曲，一家人自弹自唱，其乐融融。其女何淑馨回忆："父亲对昆曲实在感兴趣，因此他不仅闲来自学；教我们姐妹俩唱，他自己吹笛伴奏；叫我们俩上台学演汤显祖所著《牡丹亭》中的《游园惊梦》；在建阳苦于无处觅曲谱就默写《林冲夜奔》等曲子，在孤岛时期还和一位英国人乐维斯先生合著《中国诗词及昆曲谱》（英文本）一书。"②

何炳松与亲朋分享的多为快乐，而工作上的困苦，他很少与人言及，只默默地把苦闷的心情消解在一杯杯酒水与一首首昆曲中。曲酒成了他颐养性情和缓解工作压力的一种重要方式。连其女儿何淑馨也观察出自己的父亲："拿起昆曲谱，一边打拍子，一边哼的时候，肯定是请到了一位好

① 以上所引信函均见何炳松：《致何淑馨（五通）》，《何炳松文集》第二卷，商务印书馆 1996 年版，第 763～768 页。

② 何淑馨：《怀念父亲》，刘寅生等：《何炳松纪念文集》，华东师范大学出版社 1990 年版，第 587 页。

教员或发现了一个有前途的学生，因而心情舒畅。”①与何炳松共同经历过“一·二八”事变、“八·一三”事变、孤岛暨大最后一课的周予同说：“和先生共同经过‘一·二八’之变，经过‘八·一三’之变，又经过‘一二·八’之变。我们忍受，我们镇定，我们照应该做的步骤默默地做去。我们没有丢自己的脸，同时没有丢国家民族的脸。在事变已过，局势大定以后，总是承先生的厚情，邀少数友好喝一次酒，我们斟了满满的一大杯。‘干了吧！’一饮而尽，我们会心地笑一笑，人生是值得留恋的，人与人之间是确有说不出的温情的啊！”②暨大迁到建阳后，师生也多闻何校长喜酒。对此，俞剑华教授说他：“善饮酒，多而不醉。校中同仁嗜酒者亦甚多，量无逾者。纪念会日毕业级学生二百余人公筵，每人奉半觞为寿，一一尽之无难色……茶余酒后，往往手拍牙板，命爱女歌昆腔一曲，或命外孙表演拳术，以为怡性养情之助。”③不过，“善饮酒，多而不醉”的何炳松却在纪念会日毕业级学生二百余人公筵大醉一场。这说明了酒在何炳松一生中的重要性。甚至晚上挑灯著述时，何炳松也喜以酒相伴，金兆梓曾这样说他：“君（即何炳松——引者注）嗜酒，且无量，漏夜著书，伴之者惟酒盈樽，且呷且书不知倦；

① 何淑馨：《怀念父亲》，刘寅生等：《何炳松纪念文集》，华东师范大学出版社 1990 年版，第 587 页。

② 周予同：《哀悼何伯丞先生》，刘寅生等：《何炳松纪念文集》，华东师范大学出版社 1990 年版，第233～234 页。原载《读书通讯》第 117 期。

③ 俞剑华：《何师柏丞在建阳》，刘寅生等：《何炳松纪念文集》，华东师范大学出版社 1990 年版，第 258 页。

余固亦酒徒也，时时从君饮，酒后君辄清谈娓娓，若挹清泉于不竭之渊，然虽醉甚而出言有章不似余之酒狂。”①

四、雅化桃李

（一）师生共庆“何校长长校十年”

何炳松与暨大师生共患难，度过抗战最艰苦的年代，他的精神、他的为人深得暨大师生口碑。作为暨大校长，他赢得了教师员工的敬重，获得了学生们的爱戴。正因有此深厚的感情，是故师生们于1945年6月1至3日为何炳松长校十周年举行了三天的庆祝活动。这种师生举校同庆的纪念活动，在中国教育史上可谓盛况空前之举。

1935年7月2日，何炳松任国立暨南大学校长，至1945年7月已届10年。为了隆重纪念这一暨南校史上的盛事，1944年，由方光焘、娄子明、周宪文、戚叔含、俞剑华、胡寄南、盛叙功、江之永提议，卢怀道、王书凯、许杰附议，拟于1945年6月隆重举行纪念何炳松校长长校10周年活动。他们在提案中详述了理由：“本校虽有四十年之历史，校长任职十年者以何先生为第一人；国内各大学校长能任职十年者亦殊不多见。况何先生接事于校局兀臬之际，支撑于困难严重之时，经营擘划，艰苦卓绝，校誉日高。太平洋战争爆发后，尤能不避艰险，毅然内迁。上海大学不啻十

① 金兆梓：《何炳松传》，刘寅生等：《何炳松纪念文集》，华东师范大学出版社1990年版，第228页。原载《读书通讯》第117期。

数，而能完全内迁者，仅有本校，大学校长内来者，仅有何先生一人。是不特维本校弦诵于不辍，并能留天地正气于不坠，桃李满门庭，不愧树木雅化，弟子遍天下，宛然洙泗遗风。”①何炳松对此“谦让不遑，而全校员生之情绪则十分热烈”。时任暨大总务长的俞剑华担任何炳松长校10周年纪念筹备委员会主任委员兼任纪念活动大会主席团主席，筹委会下设会务组、编辑组具体负责有关筹备事宜。1945年6月1～3日，学校连续三祝活动。② 这些活动包括：由编辑组出版纪念册一种；建立纪念碑，因急于复迁未最后完工；举行1945届毕业同学公筵和庆典晚会；5月26日文、理、商三学院师生还自动发起签名祝贺活动。

学生方面为庆祝何校长长校十周年也主动组织了庆祝晚会。“民国三十四周年六月一日是何炳松（柏丞）校长长校十周年纪念日。我们是三十四年毕业班的学生，受何校长人格风范的熏陶为时最久，人数也最多，所以级友会于是年两个月前决定，为何校长长校十周年举行庆祝晚会。”③连食堂也专门集餐邀请何炳松校长与学生共进晚餐。

据当时主持建阳暨大袁家祠学生食堂工作的董福景校

---

① 国立暨南大学《拟组织何校长长校十周年纪念会筹备委员会案》，载《关于校长何炳松同部分负责教职员谈话记录》（1943—1945），上海档案馆Q240—1—34。

② 俞剑华：《何师柏丞在建阳》，载《何炳松纪念文集》，华东师范大学出版社1990年版，第257页。

③ 徐克仁：《庆祝何校长长校十周年平剧晚会》，刘寅生等：《何炳松纪念文集》，华东师范大学出版社1990年版，第568页。

友回忆:“适逢何校长长校十周年,在这个喜庆的日子里,全校师生举行了各种各样的庆祝活动。我们在袁家祠食堂用膳的同学为了表达对何校长的仰慕之情和教育之恩,在当时物质条件极其艰苦的条件下,由食堂加了几只餐,备了一点酒,欢宴我们敬爱的何校长,聊表庆贺之热忱,何校长欣然应邀并偕夫人和女儿何淑馨同学一起莅临袁家祠食堂赴宴,受到全体同学的热烈欢迎,席间何校长慈祥地向在座的同学们问寒问暖,对同学们的生活,关怀备至,给我们留下了极具深刻的印象。”①何炳松与200多名毕业同学欢聚,每位毕业生“奉半觞为寿”,何炳松“一一尽之无难色”。② 在童游文庙举行的何炳松长校10周年纪念大会上,何炳松致词。③ 在庆典晚会节目安排上,考虑到何炳松对昆曲有特殊研究与兴趣,于是1945届毕业班同学将晚会的节目定为与昆曲相似的平剧,几经商讨,节目排定为《群英会》、《庆顶珠》,均由大学生演出。晚会在暨大礼堂大成殿举行,观众达五六百人。“舞台是将讲台加高扩展,舞台前挂吊着几盏打气煤油灯,加上舞台后的新绣大红天幕,将大礼堂布置得明亮耀目,富丽堂皇。”何炳松与建阳警备司令邹文华坐在前排正中,演出活动气氛热烈而欢畅。据当时参加过庆

---

① 董福景:《我们宴请何校长》,载《何炳松纪念文集》,华东师范大学出版社1990年版,第571页。

② 俞剑华:《何师柏丞在建阳》,载《何炳松纪念文集》,华东师范大学出版社1990年版,第257页。

③ 房鑫亮:《何炳松年谱》,载《何炳松论文集》,商务印书馆1990年版,第577页。

祝活动的学子回忆："何校长更是笑口常开，整个戏剧演出，因为戏装艳丽，演唱特别卖力，台上的锣鼓与台下的叫好声打成一片。这是笔者爱唱戏以来最兴奋、最精彩的一次演出，也是暨大平剧社最成功的演出。"①同年 6 月 28 日，何炳松在暨大 1944 年度第二次校务会议上，对全校师生举办庆祝活动的盛意表示了深深的感谢。②

（二）追悼会上的追思

然而，谁也未曾料到何炳松竟在长校十周年纪念会后的翌年病逝。那时，纪念会的喜庆气氛还在校园中洋溢、回荡！师生们对何炳松的病逝感到无比痛心。

1946 年 5 月中旬，暨大迁沪复校工作基本完成，教育部却突然在报纸上刊登调何炳松任国立英士大学校长的通知。教育部的任命事先根本没有通知何炳松本人，这让人颇为费解。本来，何炳松主持暨大迁沪之事，又兼任教育部甄审委员会主任、兼管上海商学院复校工作，已颇感身体吃不消。据何淑馨回忆："1945 年 10 月，父亲来沪筹备复校。由于种种原因，一些原以为极其简单的事（如寻找校舍等）竟然极其复杂难办。……由于父亲还兼任教育部甄审委员会主任，并兼管上海商学院复校工作，至 1946 年 4 月他已筋疲力尽。父亲开始躺在床上会客……"何炳松得知教育

① 徐克仁：《庆祝何校长长校十周年平剧晚会》，载《何炳松纪念文集》，华东师范大学出版社 1990 年版，第 568～570 页。

② 国立暨南大学《校务会议纪录》（1942—1946），原件藏上海档案馆档案号：Q240－1－32。

部任命后，他不愿离开暨大，加上他身体条件也不允许其去主持一所几乎一无所有的大学。于是，他以病情为由，向教育部部长朱家骅辞职。教育部不允，何炳松在病中答应赴任："鞠躬尽瘁，死而后已。"①

接到任命通知后，何炳松病情曾一度加重。据阮毅成回忆："六月十七日上午十一时，我到上海中华学艺社去看他，虽则已经不能起床，但精神还好，他告诉我两腿不能行动，痰吐中咳血……"②何炳松离沪赴任前，在其朋友的劝说下，于7月15日上午11时走进被国民政府接收不久的中美医院检查身体。中午他躺在床上，含着烟斗批阅文件。下午，医院一名护工背何炳松去拍X光片，不小心把何的腿部撞伤，护工扔下何炳松一人便独自跑了。两个多小时后，何夫人及何淑馨才在X光室门口外的推床上找到何炳松。由于这起医疗事故，第二天何炳松就不能进食，更不能吸烟批阅文件。第三天起，开始昏迷，病情越来越严重。22日，暨大校医梁俊卿来医院探望何炳松，才在病历卡上发现何炳松昏迷的原因在于医院使用了过量的麻醉药。何炳松家属当即要求医院让何出院。回家后，前来探望的人纷纷为何炳松推荐名医。但为时已晚，25日凌晨3点，何炳松逝世。逝世前一刻，何炳松似乎突然清醒过来，眼角流下了两行热泪。

---

① 何淑馨：《忆父亲何炳松》，未刊稿。

② 阮毅成：《悼惜何伯丞先生》，刘寅生等：《何炳松纪念文集》，华东师范大学出版社1990年版，第239页。原载《读书通讯》第117期，1946年9月。

对何炳松的去世，不少时人感到惊讶。谁会料到，起初不过去医院检查身体的人，竟在短短十天内，就永远离开了人世！

何炳松的去世牵痛了很多人的心。9月，《读书通讯》第117期“何炳松追悼专刊”出版。该杂志主编刘百闵系何炳松生前好友，刘认为追悼专刊的文字，字字含泪，句句伤心：“在这里边写的一字一句，都是在流着泪，都是和他有几十年的交谊，焉得而不伤！”①该追悼专刊刊登的文章计有：

金兆梓：《何炳松传》，

钱唐、孙智敏：《金华何君柏丞墓表》，

盛俊等：《祭何柏丞先生文》，

周予同：《哀悼何伯丞先生》，

郑振铎：《悼何柏丞先生》，

阮毅成：《悼惜何伯丞先生》，

刘百闵：《哭何伯丞先生》，

傅东华：《与我相处大半世的何伯丞》，

杜佐周：《我与何伯丞先生》，

俞剑华：《何师柏丞在建阳》，

马均权：《我的校长——何伯丞》。

周予同作为何炳松的学生及商务印书馆、暨大时期的得力助手，在悼念文章中哀痛莫名：“看到先生的死，真个刻骨蚀心地感到了人生的寂寞！……先生竟被那种无聊的人事所纠缠，所刺激，所压迫，好象有意被糟蹋着死去……亲

① 刘百闵：《哭何伯丞先生》，刘寅生等：《何炳松纪念文集》，华东师范大学出版社1990年版，第237页。原载《读书通讯》第117期，1946年9月。

耳听到先生含糊不明的呓语，亲眼看到先生瘦骨嶙峋的遗体，当我拜奠时，哀乐未奏，双泪已落，先生，你竟这样寂寞地死去吗！”①曾受何炳松暗中保护过的郑振铎也说：“有好些人实在曾经做过不大对得起他的事情，但事情一过去，他更不念旧恶，依然好好的接待着，帮助着他们。在我们的许多朋友们之中，象他那样心胸广大的人殊不多见。他的失去，使我们非常的伤心，象这样心胸广大、宽容、开明的人，在如今黑暗而狭窄的世界上还有谁呢？特别，我们在时时受到他暗中庇护的朋友们，都有一种茫茫之感！”②

当时不少学生深受何炳松校长人格魅力的熏陶，并直接、间接受过何校长的帮助，他们对何校长的病逝感到非常悲痛。

1946 年 12 月，由学生自治会组织召开“何炳松校长追悼大会”。据与金尧如一同考取建阳暨大的学生王益治于 1989 年 8 月 16 日在上海回忆：“何校长追悼会在上海宝山路原暨大二院礼堂举行，礼堂二侧挂满了挽联、悼幛……”③1943 年考进暨南大学文学院史地系的学生钱国屏也于 1989 年 9 月在中央教育科学研究所详细回忆了当时追悼大会的情景：“暨南大学 1946 年从建阳复员上海。为

① 周予同：《哀悼何伯丞先生》，刘寅生等：《何炳松纪念文集》，华东师范大学出版社 1990 年版，第 233～235 页。原载《读书通讯》第 117 期。

② 郑振铎：《悼何伯丞先生》，刘寅生等：《何炳松纪念文集》，华东师范大学出版社 1990 年版，第 237 页。原载《读书通讯》第 117 期，1946 年 9 月。

③ 王益治：《从何校长的追思会想起的》，刘寅生等：《何炳松纪念文集》，华东师范大学出版社 1990 年版，第 576 页。

复员耗尽心力的何炳松校长，在一切安排妥当的时刻，却被国民党教育部一纸公文，调离暨大。他身心受到严重打击，不久含恨去世。何炳松校长去世的消息传到暨大，来自建阳的、二年级以上的学生无不怀念有学者风度、开明的何校长，纷纷要求召开追悼会。当时，以金尧如为主席的学生自治会是在建阳学生民主运动中诞生的，得到极大多数同学的拥护。于是，学生自治会在大家支持下，冲破重重人为障碍，在1946年12月召开了何炳松校长追悼会。宝山路二院礼堂里挂满了挽联。其中一幅挽联是：'八年辛苦，身殉文教；三千桃李，泪满江南。'一个学生社团送来了一个无字挽联，既是沉痛哀悼，也是激烈抗议。各学生社团都出了怀念何炳松校长的壁报。……追悼会气氛隆重、严肃、热烈。一切由学生自治会操办主持，不让他人插手，给学校的反动势力一个下马威。"①1944年秋考入建阳暨大的学生沈涌也详细回忆了这次追悼会的情形："以金尧如为主席的学生自治会决定，在12月20日召开'何炳松校长追悼大会'，挽联挂满大礼堂。除本校学生之外，各界人士也踊跃参加，灵堂庄严、肃穆，哭泣声此起彼伏。会议开得隆重、严肃、热烈，扬'何'而抑'李'的气氛极为强烈，这实际是给李寿雍一个下马威。"②另外，学生傅以兰回忆："校长是1946年7月25日在上海逝世的，时暨大尚未复员，师生分散各地。十

① 钱国屏：《校长和学生》，刘寅生等：《何炳松纪念文集》，华东师范大学出版社1990年版，第527页。

② 沈涌：《难忘母校恩和校友情》，马兴中：《暨南往事》，暨南大学出版社2006年版，第199页。

一月廿七日，才正式复员上海开学。十二月二十日，暨南全体师生始得隆重举行追悼会。尔时情景，宛若眼前：悲壮肃穆。在场师生悲怀流涕者有之，愤慨呼号者有之。宝山路礼堂气氛，难以形容。四壁挽联，满眼皆是，我当时且读且泣……”①

以王世杰等二百余教师发起的治丧委员会在《何伯丞先生追悼会通启》中，要求前来凭吊的人员“概送现金，俾遗族教养，有所藉乎”②。原因系何炳松虽然贵为国立大学校长，但他把所有精力都用在办好暨大上，以致抗战胜利迁校回沪后，他没有金条购买房子住，没有金钱支付医药费，甚至连病逝后收殓费用都没有留下，所以，他的朋友决定借追悼会捐献现金以帮助何炳松的家人。此外，据何淑馨回忆：在上海殡仪馆举行的其父追悼会上，“来追悼的人中有一部分是那些平日为父亲做事的，比如为他做过衣服的裁缝、办公室的清洁工等。他们在灵堂里个个嚎啕大哭”③。“父亲出外随时随地能交上朋友，因而死后前来殡仪馆瞻仰遗容的人中，除著名的学术界朋友外，还有裁缝、工友以及轿夫等。那天大家哀痛逾常，这是各界人士对他待人以诚的表露。”④

---

① 傅以兰：《永恒的哀思》，刘寅生等：《何炳松纪念文集》，华东师范大学出版社1990年版，第557页。

② 王伯祥：《何伯丞先生追悼会通启》，刘寅生等：《何炳松纪念文集》，华东师范大学出版社1990年版，第438页。

③ 何淑馨：《忆父亲何炳松》，未刊稿。

④ 何淑馨：《怀念父亲》，刘寅生等：《何炳松纪念文集》，华东师范大学出版社1990年版，第588页。

有的人逝去了，但他仍然活着。后人没有忘记何炳松先生。1986 年 10 月，与何炳松共事过的朋友、教师，以及他当年的学生在上海举行了何炳松逝世 40 周年追思会，并于 1990 年举行何炳松诞辰 100 周年学术讨论会和纪念会。2006 年，暨大百年校庆前夕将其列为“暨南六先贤”之一纪念。2008 年，金华成立“何氏三杰陈列馆”。何炳松的人格魅力在其亲人、朋友、师生点点滴滴的回忆中得到永存。

附录一

忆父亲何炳松

何淑馨

欣悉由著名历史学家与教育家章开沅先生、教育史专家余子侠先生主编的《中国著名大学校长书系》，将父亲何炳松列为丛书第二辑传主，该书由暨南大学博士生导师夏泉研究员主持撰写，山东教育出版社出版。作为女儿，我倍感欣慰，不禁追忆起了父亲生活的点点滴滴。

一、父亲与暨南大学

民国年间，暨南大学是国内唯一的华侨大

学。1935年，由于学生中有钱子弟多，纪律涣散，学校急需一个有管理能力的学者出任校长，父亲就是在这种情况下临危受命的。当时他在商务印书馆任编译所所长。有人劝他别去，理由是如果他留在商务印书馆可以写出更多的学术著作。但他毫不动摇，因为他认为教育对国家和人民非常重要，此外他的一些学生如郑振铎、周予同等也愿意跟他一起去暨南大学。父亲担任校长后，经过两年的整顿，学校的情况有了明显的好转。高宗靖校友曾对我说：何校长来了以后，学生才感到真正在课堂上学到知识。

两年后，日本帝国主义发动侵略战争，父亲及时把暨南大学迁到法租界，后来又迁入公共租界继续办学。1940年春，汪精卫在南京就任伪职，下令上海各校放假一天以示庆祝。学校里各派学生代表要父亲表态，他的答复是十个字，“曹汉不两立，忠奸不并存”，拒不放假。1941年12月8日凌晨，在公共租界当华人总办的堂兄何德奎来电话告诉父亲，银行里有钱的话赶紧取出来。得到消息后，父亲抢在上海沦陷之前，令人立即把学校存在银行里的钱全部取出。当时，局势很紧张，父亲召开会议，商定只要学校门前出现一个日本兵，出现一面日本旗，学校就停课内迁。日本军队占领租界后，银行被封。来不及提款的学校没有经费内迁，而父亲则顺利地率领师生内迁，保存了学校的实力。当时，暨南大学是上海唯一一所完整内迁的学校。

二、鞠躬尽瘁，死而后已

父亲在暨南大学工作11年（1935—1946），其中8年是抗日战争时期。从“孤岛”办学到内迁建阳，父亲带领师生员工度过了学校最艰难的岁月。1945年10月，父亲来沪筹备复校。由于种种原因，一些原以为极其简单的事（如寻找校舍等）竟然极其复杂难办。多年来父亲始终对学生感到内疚的是，因为学校地处偏僻的闽北山城建阳，交通不便，时局不稳，很难请到名师。回上海后为了实现夙愿，他把聘请师资作为头等大事来抓。由于父亲还兼任教育部甄审委员会主任，并兼管上海商学院复校工作，至1946年4月他已精疲力尽。父亲开始躺在床上会客，而这些来客多半是有可能接受聘请来暨南大学共展宏图的老朋友。1946年5月报载教育界人事变动，父亲改任英士大学校长。事先父亲对此事一无所知。他实在不愿离开刚有起色的暨南大学，他的身体也不允许他去一个校址尚未择定的新学校。他当即给教育部发了电报：因身体有病，请准许病假两年。教育部回电不准。父亲随即回电：松力疾拜命，鞠躬尽瘁，死而后已。

后来有朋友建议他离沪前最好去医院检查一下身体，于是他于7月15日上午11时去了刚由国民政府接管的中美医院。谁料到当天中午父亲尚能躺在床上，含着烟斗批阅文件，7月25日上午竟已被送进了殡仪馆。这一突然病变的起因是一起医疗事故。那天下午父亲去拍X光片，没想到两小时后还没有回来。母亲和我找到 X 光室，只见他独自躺在门外推床上，额头上冒着豆大的汗珠。原来护工在背父亲的时候，把父亲腿部撞伤了，当天 X 片没拍成。第二天父亲就不能进食，更不能吸烟批阅文件。第三天起父亲开始昏迷，病情愈来愈重。当时暨南大学校医梁俊卿来医院探访，从病历卡上发现医院麻醉药使用过量，导致父亲昏迷。我们当即要求出院，这天是 7 月 22 日。回家后亲戚朋友老师学生都感到意外，因为只听说父亲去医院体检，是为去外地就职做准备。大家纷纷推荐中外名医，但为时已晚。当时我们借住在回上海以后的第四个临时住所——中华学艺社，在那两三天里，由会议室改成的父亲的临时卧室里和走廊里挤满了焦急万分的探望者。7 月 25 日凌晨两点半，父亲似乎突然清醒过来。他的眼神显示出对周围的一切有所了解，但就是说不出话。接着两行眼泪从眼角流下来，大家知道他还有许多许多心愿未了。30 分钟后父亲逝世，享年 57 岁。

三、关心他人

父亲生前总是教育我们特别要关心那些比自己不幸的人，他自己也是这么做的。我外婆家在浙江金华的曹宅，离城 35 里路，到那里需要坐轿子。一路上父亲总是经常叫抬轿的人停下来歇歇，请他们吃点东西。父亲从不打骂我们，但是要求很严格。在上海时家里雇有保姆，可吃饭的时候，父亲不允许我们伸手叫保姆添饭。有一次，有位在上海邮局工作的同乡来访。那天正好我们从外面吃饭回来，还买回了一个草莓蛋糕，我和姐姐切了蛋糕请客人吃。等客人走后，父亲责问我们凭什么看不起别人，我们不知道他说这话是什么意思。后来才知道，原来父亲发现给客人装蛋糕的盘子比我们自己用的小一些，也旧一些，蛋糕切得也不够大。

父亲是位极重感情的人。他有位朋友叫李石岑，很早就因病去世，留下妻子和几个孩子，生活比较艰难。父亲就把他的妻子安排在暨南大学图书馆工作，每年春节第一个到他家拜年。父亲去世时，在上海殡仪馆举行的追悼会上，来追悼的人中有一部分是那些平日为父亲做事的，比如为他做过衣服的裁缝、办公室的清洁工等。他们在灵堂里个个嚎啕大哭。

四、严格要求亲人

至今我还记得当年投考大学的事。1941 年日本兵进入上海租界，暨南大学内迁至福建建阳。当时我离高中毕业还有两个月，就随父亲到了建阳。当地没有高中，按当时的政策，可以按同等学历报考大学。我想报考父亲当校长的暨南大学，但是父亲不同意，认为我的成绩没有达到高中毕业的水平。后来，我瞒着父母报考了离建阳 3 个小时车程的之江大学，并被录取了。在那个大学读书的一个学期中，父亲写了 5 封信给我，要我尊重老师，对同学要友爱，生活上对自己不要太苛刻，对同学不要太吝啬。在有一封信中，父亲回忆他自己在美国留学时是如何想家的。他说："你比我当时年纪更小，一个人在外读书很不容易。到春假的时候我和你母亲会搭便车来看你。"从字里行间，可以看出父亲其实是很疼爱我的。在之江大学就读一个学期后，父亲终于同意我报考暨南大学，但条件是必须进行补习。后来，父亲请了文学院的许杰老师和理学院的江之永老师为我补课，然后让我参加暨南大学的入学考试。1986 年，我去广州参加母校 80 周年校庆，校长办公室马兴中主任讲他在父亲的档案中看到过这两位老师给我写的补课成绩单，当时还搞不懂是怎么回事。

五、永远割舍不了的乡情

父亲生前在上海工作时，虽然工作繁忙，但每年都要抽空回金华拜访长辈，为父母扫墓。每次回金华，父亲总要带我们到双龙洞或尖峰山走一走，看一看。因此父亲去世后，我们把他的墓地选在尖峰山脚下的道院塘。双龙洞和尖峰山是父亲最喜欢的两个地方，也是我们全家人最喜欢的两个地方。

对金华的山山水水、饮食小吃以及金华佛手与金华火腿等特产，父亲都很有感情。我们虽然离开了金华，可还常常吃到金华的饮食。妈妈经常做金华菜，有藕肉丸、酱肉、干菜肉，还有萝卜丝和肉做的半圆形的馅饼。金华干菜酥饼特别好吃，非常香。家乡有人来上海时都会给我们带，我们全家都特别喜欢。

在家里父母都讲金华方言。虽然我出生在上海，在金华的时间也不多，但是我和姐姐都会讲金华话。

六、湮没四十年

从父亲去世到1986年长达40年的时间里，父亲的名字似乎被湮没了，报刊杂志有时不得不提到他的地方也用X代替了。1986年是暨南大学80年校庆，我也收到了请柬。季振宇校友问我去不去参加，我说不去。从上海去广州路费要300多元，再说去了也只是听大家批判父亲如何反动。他说："你得出了一个完全错误的结论。老校长高风亮节，同学们聚在一起常讲如果没有老校长，就没有我们大家的今天。"1986年9月，暨南大学80周年校庆，很多海内外校友都来参加。当他们得知历任校长中任期最长、工作环境最艰难的老校长至今"身份不明"，感到非常遗憾。于是他们白天参加庆祝活动，晚上聚在一起谈老校长，回忆和老校长一起的时光，讨论如何恢复老校长的名誉。校友们还捐了很多钱用于修复他的故居，再版他的著作等。当时我不知道这么做是否符合国家的政策？如果这些钱留在我这里怎么办？于是就去拜见当时也来广州参加校庆的中共中央顾问委员会副主任王震。他说："你们完全可以做起来。这件事政府早就该做。实在要做的事太多。"有了他的话，我心里就踏实了。1986年10月，上海举行了父亲逝世40周年的追思会。1990年是父亲诞辰100周年，在中央和地方的大力支持下，上海、金华两地举办了为期7天的关于父亲的学术讨论会和纪念会。

在筹备1990年父亲诞辰100周年纪念会期间，海内外校友捐款出版了多种父亲的论文集和纪念文集。父亲生前是个埋头工作、不谈自己的人，在家也不谈自己干了多少事。很多事连我也是读了校友们在纪念文集中发表的回忆文章才知道。父亲有不少学生在海内外当过几十年的大学校长，其中单绳武校友就对我说过，他很想学老校长待人接物的风范，可是就是学不了。他清楚地记得当年在建阳，从学生宿舍到学校的路上每次遇到校长，总能感受到校长眼神中流露出的对学生真诚的关心，那时候的事他一辈子也忘不了。

2006年11月，暨南大学在100周年校庆时，举行了隆重的包括父亲在内的“暨南六先贤”的半身铜像揭幕典礼。在金华市区道院塘父亲墓址附近的生态公园里，有关部门要建立一所何炳松纪念馆。西市街的“何氏三杰陈列馆”（何炳松、何炳棣、何德奎）已建成，2008年对外开放。作为我国杰出的爱国人士、史学家、教育家、出版家和翻译家，父亲受到越来越多的人们尊崇。他的论著汇辑成五卷本的《何炳松文集》，已由商务印书馆出版；而《新史学》、《浙东学派溯源》和《通史新义》等单行本则由多家出版社多次再版。近若干年来，研究他的学术成就的著述日渐增多。继2006年房鑫亮教授所著《忠信笃敬——何炳松传》（浙江文化名人传记丛书，浙江人民出版社出版）及以方竟成为主任的政协金华市委员会文史资料委员会所编《何炳松与故乡图文集》出版后，2007年12月15日，《中国著名大学校长书系》

（第二辑）编委会在武汉决定将父亲列为第二辑传主之一，由夏泉研究员主持撰写、山东教育出版社负责出版的《忠信笃敬，声教四海——暨南大学校长何炳松》一书也将问世。作为他的后代，我们在感到无比欣慰的同时，也对国家和人民至今不忘父亲对我国文教事业所作的贡献表示感谢。

（作者何淑馨为何炳松次女。记者吴频频曾根据对作者的采访于 2006 年 2 月 7 日在《金华日报》发表了《尖峰山下忆父亲何炳松》一文。作者在写作本文时参考了该文，在此对吴频频表示感谢。）

附录二

何炳松生平大事记

1890年（清光绪十六年）1岁

10月18日，出生于浙江金华北乡后溪河（今属婺城区）。

1894年（清光绪二十年）5岁

在父亲教授下，开始识字。

1896年（清光绪二十二年）7岁

被送到金华某先生家读了3天书，之后由父亲教授，直至14岁。

1903 年(清光绪二十九年)14 岁

春,首次参加县试。揭榜,以高第补“博士弟子”(生员),俗称秀才。

秋,入金华府中学堂乙班读书。

1904 年(清光绪三十年)15 岁

在金华府中学堂乙班学习。

1905 年(清光绪三十一年)16 岁

在金华府中学堂升入甲班。

1906 年(清光绪三十二年)17 岁

冬,因成绩优异,未毕业即被金华府中学堂保送入浙江高等学堂预备科。

1907 年(清光绪三十三年)18 岁

春,入浙江高等学堂预备科学习。

1909 年(清宣统元年)20 岁

升入浙江高等学堂正科。

1910 年(清宣统二年)21 岁

因成绩优异被学校授予第一名奖。

1911 年(清宣统三年)22 岁

因成绩优异再被学校授予第一名奖。

1912 年(民国元年)23 岁

10 月 20 日,与同乡曹绿芝结婚。

因成绩优异被学校授予第一名奖。

冬,从浙江高等学校毕业,名列第一类最优等六名学生之首,遂由浙江省以公费资送美国留学。

回乡省亲,并应金华中学之聘,教授英语,颇受学生欢迎。

1913 年(民国二年)24 岁

2 月初,入伯克利加利福尼亚州立大学学习。

13 日,请假离校。

夏,考入威斯康辛大学政治系。向《留美学生季报》投稿,与时任该报编辑的胡适成为笔友,并加入全美中国留学生会。

1914 年(民国三年)25 岁

开始做论文,并应聘为系助教,负责搜集有关远东和中日关系史料。

当选为《留美学生季报》编辑兼干事,任期一年,自次年始任威斯康辛大学中国学生会副会长。

1915 年(民国四年)26 岁

1 月 1 日,就任《留美学生季报》编辑和干事。

3 月,在《留美学生季报》民国 4 年春季第 1 号上发表《课余杂录》。

6 月,威斯康辛大学中国学生会以《男女应享同等参政权》为题举行第一次辩论会,为裁判之一。

夏,从威斯康辛大学毕业,获政治科学士学位及荣誉奖,毕业前与傅东华开始通信。

秋,考入普林斯顿大学研究院,专攻现代史与国际政治。

1916 年(民国五年)27 岁

1 月 1 日,所任《留美学生季报》编辑和干事届满卸职。

5 月,获普林斯顿大学论文第一名奖。

夏,从普林斯顿大学研究院毕业,获政治科硕士学位,毕业论文为《中国古代国际法》。

因父母严函催促,启程回国。7 月 5 日,向留美学生监督严恩棫呈验毕业证书。

9 月,回国,任浙江省长公署助理秘书。

不久,回乡省亲,并应金兆梓之邀到金华第七中学讲学,该校前身即金华府中学堂。

1917 年(民国六年)28 岁

3 月 12 日,任浙江省教育厅视学,上任后即赴山区视察教育。

4 月 27 日，长女淑涟在金华出生。

5 月 23 日，北京高等师范学校聘先生为史地部兼任教员，讲授西洋历史。

8 月 9 日，收到北京大学校长蔡元培函聘，担任文科预科讲师，请于 9 月 10 日前到校。

9 月 1 日，辞浙江省教育厅视学后北上。

1918 年(民国七年)29 岁

1 月 1 日，就北大决定减发讲义复函蔡元培，表示赞同，但因所授《西洋文明史》无适当教材，除三年级用英文本外，其他年级仍须编印中文讲义，直至次年 6 月。

2 月 27 日，加入北大进德会，为甲种会员。

4 月 15 日，北高师历史教员黄人望南返，所任课程暂由其他教员代授，分担西洋史和外国地理。

9 月，改任北大史学系讲师。

本年，兼代北高师史地部教务主任。并经胡适介绍，与吴梅认识，从此对昆曲产生兴趣。

1919 年(民国八年)30 岁

2 月 22 日，被北高师聘为英语部教务主任。

夏，著《美国学制述略》，在《北京大学日刊》及北京高师《教育丛刊》陆续发表。

9 月，与陈宝泉、邓萃英代表北高师加入新教育共进社主办的《新教育》月刊编辑部。

11 月，在《法政学报》第 2 卷第 1 期上发表《中国政党小史》。

12 月，在《教育丛刊》第 1 集发表《美国学制述略》，此后又连载 2 期。本月，被《法政学报》聘为名誉社员。

本年，任北大史学系教授，并兼任北高师国文部主任。

1920 年(民国九年)31 岁

3 月，在《新教育》第 3 卷第 3 期发表译作《美国大学》。

5 月 30 日，《法政学报》第 2 卷第 5 期刊登先生硕士论文《中国古代国际法》。

6 月 10 日，北高师史地部师生组织的史地学会出版《史地丛刊》第 1 期，任编辑部主任，并作《发刊辞》。同时，发表《西史小记》。

夏，在北大开设《历史研究法》课程，以美国史学家鲁滨逊(James Harvey Robinson)的《新史学》(The New History)英文本为课本。

12 月，在《教育丛刊》第 4 集发表译作《美国大学选课制》，同期还刊载译作《美国大学教授法》。《美国教育制度》由商务印书馆出版。

1921 年(民国十年)32 岁

1 月，在《史地丛刊》第 2 期发表译作《从历史到哲学》。

2 月，开始翻译《新史学》。

4 月，北大等北京八所国立专科以上学校发起声势浩大的“索薪运动”，是北高师七名代表之一。

6 月 29 日，北大、北高师、女高师、尚志学会、新学会等五团体公饯杜威夫妇，与邓萃英代表北高师致辞。

8 月，《新史学》译毕，送朱希祖和张慰慈审定。

12 月 15 日，出席实际教育调查社在北京的讨论会。

1922 年(民国十一年)33 岁

1 月，在《教育丛刊》第 2 卷第 7 集发表《西洋中小学中的史学研究法》。

2 月，在《史地丛刊》第 1 卷第 3 期发表《读章学诚(文史通义)札记》。

3 月 20 日，北高师历史地理学会召开全体大会，被选举连任《史地丛刊》编辑部主任。

6 月，在《史地丛刊》第 2 卷第 1 期发表《新史学导言》，准备参与整理清内阁档案。

7 月 3 日上午，参加中华教育改进社第一届年会。会议分 20 个组分别讨论有关议题，任历史教学组书记。下午，历史教学组召开第一次会议，提出"编辑或讲授历史应以说明历代社会状况之进化，使学生明白现代状况如何递嬗而来为标准"。5 日上午，中华教育改进社在商埠召开社务会议，下午，历史教学组召开第三次会议，经公决被选为筹备员，负责北京的筹备工作。

9 月 7 日，就任浙江省立第一师范学校校长。

11 月，为《浙江第一师范学校学生自治会会刊》创刊 3 周年作《对于浙江省立第一师范学校学生自治会三周年纪念之感想》。

本年，浙江省筹划成立本省第一所大学，命名杭州大

学，与蔡元培等人被聘为筹备委员。

1923 年(民国十二年)34 岁

1 月，杭州大学董事会成立，是 10 位校董会成员之一。

3 月 10 日，浙一师发生严重食物中毒事件，为此数度辞职。12 日，在《教育杂志》第 15 卷第 3 号发表《我国教育的墙和我的拆墙主义》。本月，又在《教育丛刊》第 3 卷第 1 集发表《西洋史与他种科目的关系》。

4 月 1 日，下午 1 时，浙一师在大礼堂为惨死者举行追悼会，致祭文。

6 月，《浙江省立第一师范学校毒案纪实》编纂结束，蔡元培题签，胡适做序。同月，参加中华学艺社。

7 月，为《浙江省立第一师范学校毒案纪实》作《弁言》，并撰《一师毒案之回顾》。任浙一师和浙一中合并后的新浙江省立第一中学校长。

12 月 3 日，《浙江一中周刊》第 10 号刊载论文《古代中国国际法》，此后连载。同月，撰成《中古欧洲史・弁言》。

1924 年(民国十三年)35 岁

6 月 1 日，在《民铎杂志》第 5 卷第 4 号发表《民国十三年来之回顾及吾人应有之觉悟》。辞浙一中校长职。16 日，《浙江一中周刊》终刊。旋进入商务印书馆。

7 月，《新史学》由商务印书馆出版，为《北京大学丛书》第 10 种。

9 月 20 日，在《教育杂志》第 16 卷第 9 号发表《浙江小学教育的现状及其罪人》。

10月6日，所撰《中国西洋史学界与陈衡哲之高中西洋史》在《教育与人生》第51期发表。

1925年(民国十四年)36岁

1月1日，在《民铎杂志》第6卷第1号发表《〈史通〉评论》。

2月1日，在《民铎杂志》第6卷第2号发表《章学诚史学管窥》。同月，在《教育杂志》第17卷第2号发表《历史教授法》。

3月1日，在《民铎杂志》第6卷第3号发表《元史外纪·译者导言》。

4月5日，为《学生杂志》第12卷第5号撰文，题为《改造学风的管见》。13日，次女淑馨在上海出生。

5月1日，《民铎杂志》第6卷第5号刊载《五代时之文化》一文。

7月，在《小说月报》第16卷第7期的《五卅》专辑上发表《人类史上的惨杀案》，抨击帝国主义残杀中国人民。

8月10日，在《东方杂志》第22卷第15号发表《蒙古史导言并序》。

9月9日，与堂侄何德奎出席光华大学开学典礼，两人均被聘为教授，自本月始，为光华大学学生授历史课。又兼任大夏大学等校教授。

10月，在《史地学报》第3卷第8期发表《拟编中国旧籍索引例议》。

1926 年(民国十五年)37 岁

1 月,译作《历史教学法》由商务印书馆出版,系《现代教育名著》丛书之一种。

4 月 10 日,在《醒狮周报》第 78 号发表《帝国主义与国家主义》。

12 月 10 日,在《东方杂志》第 23 卷第 23 号发表与程瀛章合撰的《外国专名汉译问题之商榷》。

1927 年(民国十六年)38 岁

4 月 12 日,蒋介石发动政变,屠杀共产党人。郑振铎等人联名写公开信,对国民党右派屠杀民众表示强烈抗议。郑振铎等人在何炳松的极力疏释下免于被捉。同月,《醒狮社丛书》出版,内收其《现代西洋国家主义运动史略》一文。

7 月,《历史研究法》由商务印书馆出版,为《百科小丛书》之一种。

10 月,在《民铎杂志》第 9 卷第 2 期发表《"五"的哲学与中国文化》(上)一文。

1928 年(民国十七年)39 岁

2 月,《教育大辞书》编成,系此书特约编辑及撰稿人,负责撰写历史等方面的条目。

6 月,在《史学与地学》第 3 期发表译文《拉施特元史考》,原作者为法国白罗舍。

夏,赴庐山讲学 10 余日。

8 月 7 日,应王云五邀请,在上海尚公学校为暑期图书馆讲习所学生讲授《历史研究法》。

秋，受大学院之托，与顾颉刚、陈训慈起草《初中历史课程标准》。

11 月，所撰《增补章实斋年谱序》在《民铎杂志》第 9 卷第 5 期发表。

12 月，《初中历史课程标准》草案完成。

冬，应上海中国公学史学会邀请，就中国史学演化作讲演。开始探究宋元学术思想，为写《中国史学史》作准备。

1929 年(民国十八年)40 岁

1 月 1 日，在《民铎杂志》第 10 卷第 1 号发表《历史研究法》。10 日，在《小说月报》第 20 卷第 1 号发表应郑振铎请求而作之《论所谓"国学"》。25 日，在《东方杂志》第 26 卷第 2 号发表《中华民族起源之神话》。同月，在《史学与地学》第 4 期发表《历史上演化问题及其研究法》。

8 月 7 日，为《西洋史学史》作《译者序》。

9 月，任商务印书馆编译所所长。

1930 年(民国十九年)41 岁

4 月，《新史学》收入《万有文库》出版。

5 月，《东方杂志》第 27 卷第 9、10 号连载其所撰《程朱辨异》。

6 月，《东方杂志》第 27 卷第 11、12 号续载《程朱辨异》。所著《通史新义》由商务印书馆出版。

11 月，中华学艺社筹备第 4 届年会，为讲演股职员。

12月6日，中华学艺社第4届年会闭幕。会议期间，有公开讲演会，在教育学院讲《整理中国史之我见》。

1931年(民国二十年)42岁

1月9日，商务印书馆编译所职员群起反对新颁布的《编译工作标准章程》，职员或辞职，或回原部工作。14日，编译所职工会召开全体会员大会，决议拒绝《标准章程》，请先生保持所长职权等四事项。19日，编译所职工会召开上海各界人士招待会，宣言反对《科学管理法》，并请各界主持公道。21日，经调解，王云五宣布撤回《标准章程》，调解成立。

9月，为商务印书馆创立30周年纪念刊《最近三十五年之中国教育》撰稿，题为《三十五年来中国之大学教育》。

12月25日，在《东方杂志》第28卷第24号发表《东三省的国际关系》。

1932年(民国二十一年)43岁

1月28日，商务印书馆被日机炸毁。

2月，商务印书馆董事会成立特别委员会办理善后，委员会决定成立善后办事处，先生参加清理各种契约、交际工作，主持清理存稿存版及版税、清理图书馆、保管、宣传等工作。

3月，办事处第4号通告规定，先生负责签发已经誊正的关系稿件的英文版；办事处通告，确定下属机构名称，先生负责稿版处、保管处、图书馆清理处、宣传处工作。

7月20日，总管理处一号通告公布任事：任命先生为秘书之一，并为首席秘书兼人事委员会主任、编审委员会编审员。

8月1日，商务印书馆复业。

9月4日，商务印书馆召开股东临时会议，先生与童世亨等十名股东提出《修正减少资本办法案》，经投票通过。11日，为《浙东学派溯源》作序。

10月11日，商务印书馆举行谒师礼。先生任主席，并代表馆方致辞。16日，在《东方杂志》第29卷第4号撰文，题为《商务印书馆被毁纪略》。

12月，《浙东学派溯源》由商务印书馆出版，为《国学小丛书》之一种。

本年，膺选为中国建设学会理事。

1933年（民国二十二年）44岁

1月，“中国教育学会”成立，先生膺选为理事。

4月1日，在《东方杂志》第30卷第7号发表《国民教育与制宪》。

5月1日，撰成复兴初级中学教科书《外国史·编辑大意》，同日，又撰复兴高级中学教科书《外国史·序言》。本月，初中《外国史》由商务印书馆出版。

6月1日，因肺病请假6个月，9月病愈。

10月，所撰《秦始皇帝》由商务印书馆出版。

1934 年(民国二十三年)45 岁

2 月 3 日，中华学艺社董事会第八次常务会议通过人事咨询所章程并推举所务委员，和舒新城为出版咨询组组长。

5 月 28 日，致函刘英士，为即将复刊的《教育杂志》约稿。

6 月，因公抵南京，访问罗家伦、陈裕光等人。

8 月，高中《外国史》由商务印书馆出版。

9 月 10 日，《教育杂志》复刊，先生兼任主编，写复刊辞《本杂志的使命》。

10 月 10，在《文化建设》第 1 卷第 1 期发表《中国的风俗》。

11 月，在《出版周刊》新 102 号发表《中国史学之发展》。

12 月，膺选为中华学艺社理事。

1935 年(民国二十四年)46 岁

1 月，在《东方杂志》第 32 卷第 1 号发表《随遇而安》。与王新命、章益、陈高傭、陶希圣、孙寒冰、萨孟武、樊仲云、黄文山、武堉幹在上海各日报及《文化建设》月刊第 1 卷第 4 期发表《中国本位的文化建设宣言》。中华学艺社新任理事在本社会议室开第一次理事会，当选为理事长，并被推选为由 27 人组成的董事会董事。中国文化建设协会召开“中国本位文化建设座谈会”，任主席，并致开会辞。

2 月，在南京大高同学会举行中华学艺社第一次董事会议。决定创办国乐研究所，由先生等人负责筹办。中国文化建设协会读书竞进会第一次筹备会议举行，先生出席并被选为筹委。

4月，在武昌主持中华学艺社第六届年会。在上海大夏大学就“本位文化建设问题”作演讲。同日，《中国社会》第1卷第4期刊登先生《文化建设方式与路线》。在中华学艺社会议室主持召开第四次理事会，决定创办自然科学研究所和中学科学实验馆，充实图书馆，添设各种文库。《大夏周刊》第11卷第34期发表先生在大夏大学的讲演记录稿《建设中国本位文化问题——并答胡适之先生》。

5月，在《文化建设》月刊第1卷第8期发表《论中国本位文化建设答胡适先生》(即在大夏大学的讲演稿)。同期刊载与王新命等九人联署的《我们的总答复》，又刊登《怎样研究史地》。本月，在上海市教育局大礼堂做讲演。

6月，为庆祝光华大学成立十周年而作的《十年来之世界》发表在《光华大学半月刊》第3卷第9、10期合刊上。在《中国新论》杂志第3期发表《中国文化西传考》。

7月，任国立暨南大学校长。

12月9日，北平爆发反对日本侵略，要求停止内战的爱国学生运动，上海等地学生群起响应。当月，与上海各大学校长会见上海市长吴铁城，表示反对华北伪自治运动，要求保持行政统一，领土完整，言论自由，外交公开。

1936年(民国二十五年)47岁

1月，应行政院院长蒋介石召，赴南京。

2月，在青年会9楼主持召开暨大第2次校务会议。《暨南学报》创刊，由开明书店出版，并撰写《发刊词》，发表

《我国史前史的轮廓》。

4月，由先生等组成的北平教育考察团自上海抵平。孑民美育研究院筹备委员在上海八仙桥青年会举行首次筹备会，先生为发起人之一，并为常委。

5月，暹罗中华总商会中华中学祖国观光团到暨大参观，先生在欢迎会上致辞并报告了本校经过"一·二八"事变后的状况。

6月，主持暨南大学成立九周年即创校30周年庆祝会。为《暨南大学一九三六届毕业同学纪念册》写《弁言》。

7月，中华学艺社第7届年会在江西省大礼堂开幕，先生报告社务，并宣读论文《国史整理问题》。

12月，在《时事新报》上撰文，评论《西安事变》。在本月出版的《中华学艺社报》第九卷第四期发表《中华学艺社的责任和前途》。

1937年（民国二十六年）48岁

4月，浙江省教育厅在绍兴举行中等教育研究会年会，应邀到会作专题讲演。暨大海外文化事业部与华侨互济社联合在新亚酒店宴请爪哇华侨青年祖国团，与总务长杜佐周等出席，并致欢迎辞。

5月，为暨大《一九三七届毕业纪念刊》撰《序言》。

6月，在暨大网球场西举行体育馆破土典礼。

7月，作为上海代表参加在上海举行的中国文化建设协会成立三周年纪念暨第一届全国代表大会。出席蒋介石主持的第一期庐山谈话会。

8 月 13 日，日军进攻上海的中国军队，抗日战争全面爆发，连夜率全校师生从真如校区到位于法租界的中华学艺社。

10 月，租借公共租界侨光中学及附近民房上课。

11 月，忙于迁校江西事宜。

12 月，南京沦陷，重新考虑迁校，又拟迁校桂林，拟定《国立暨南大学战时迁校桂林计划》。

1938 年(民国二十七年)49 岁

1 月初，接教育部令，暨大暂时留在租界办学。上旬，赴赣、湘、鄂三省勘察校址，到达长沙，在天心阁化龙池紧急召见正在南昌办迁校事宜的俞寿松。

3 月，在汉口主持召开中华学艺社理事会，议决总社迁重庆。

10 月，暨大被迫迁出法租界，借公共租界福煦路 384 号暨大附中校舍上课。后又借重庆路新寰中学上课。

11 月，在上海公共租界工部局副总办何德奎帮助下，租得康脑脱路(今康定路)528 号为校舍。

1939 年(民国二十八年)50 岁

3 月，由蔡元培领衔，先生等全国各大学校长联名致电美国参众两院，对《中立法》提出建议。

8 月，在《时代精神》第 1 卷第 1 期发表《中国文化的发展及其前途》。秋，经香港飞往重庆述职。

1940年(民国二十九年)51岁

1月,得悉日伪绑架上海文化界救亡协会负责人的阴谋,打电话向被列入黑名单的郑振铎示警,郑因此幸免于难。与张元济、张寿镛、郑振铎等人联合分别致电教育部和中英庚款委员会,建议搜购上海地区流出的珍本古籍。旋朱家骅和教育部长陈立夫联名电复先生等人,同意购书,但要自行筹款。

3月,汪精卫伪政权在南京宣告成立,上海市伪政府发通告,令上海的大中小学一律放假一天,以示"庆祝"。先生以"汉曹不两立,忠奸不并存"两句话表明自己的立场,暨大拒不放假。

6月,为《国立暨南大学二十八年度毕业纪念刊》题签并撰写《弁言》。复函上海法政学院,允任该校毕业考试委员,届时前往。

11月,《学林》月刊第1辑出版。该刊由中英庚款委员会出资,先生与金兆梓、杜佐周等为经办人。该刊既是为了"振导学风",也是为了资助在孤岛上的学者。《学林》自创刊至次年停刊,共出版10期,刊载了很多知名学者的学术论文。

1941年(民国三十年)52岁

3月,在清华同学会主持召开暨大1940年度第5次校务会议。

夏,为《国立暨南大学二十九年度毕业纪念刊》题签,并题校训"忠信笃敬"。

7 月，教育部令暨大在福建设分校。

8 月，派暨大商学院院长周宪文、训导长吴修到福建筹办分校，遂择建阳县城城郊童游镇为校址，以文庙为校舍，旋登报招生。

12 月，日军占领上海租界，暨大停课关闭，举校内迁。

1942 年(民国三十一年)53 岁

1 月，教育部电令成立东南联合大学筹备委员会，为主任。本月起，组织师生分批离沪，内迁建阳。

3 月，携眷秘密内撤。

4 月，抵金华，当即指示暨大接待站应办事宜。多次主持东南联大筹委会会议。金华地方政府曾邀先生参加抗日应变会议。

5 月，回金华主持联大。本月，被任命为国民党福建省执行委员会教育研究委员会委员。

6 月，暨大内迁完毕，呈准教育部，暨大正式迁闽，取消分校。东南联大亦设于建阳。

11 月，东南联大将全部在册学生和考取新生函送暨大借读。暨大、联大开始合并上课。

12 月，暨大成立军训总队，兼任总队长。

1943 年(民国三十二年)54 岁

5 月，校刊复刊，改名《暨大校刊》，作《复刊辞》。

6 月，东南联大文、理、商学院并入暨大，法、艺两院科并入英士大学。

7 月，月底，东南联大筹委会正式结束。同月，在建阳聚奎阁撰《东南联合大学筹备委员会同学录序》。

1944 年(民国三十三年)55 岁

1 月，暨大成立公利互助社，任监事长。

5 月，福建省第 3 区行政督察专员曾建平提请暨大协助办理童游示范乡并组织设计委员会，先生为主任。

6 月，校刊建阳第 2 期出版，恢复《暨南校刊》名，撰《卷首语》。

1945 年(民国三十四年)56 岁

10 月，先行回沪联系暨大迁校事宜，建阳校务由沈炼之代理。因真如校舍被毁，为解决校舍问题历经波折。

11 月，致电暨大，学校新校址定在南京，先在上海度过 3 年。电告陈远喜等附读生，明年 5 月才能迁校。

抗战胜利后，先生曾制定学校五年计划，拟扩大南洋研究馆，搜罗研究南洋问题的专家，设研究院，招研究生。不但作理论研究，而且作具体考察。

1946 年(民国三十五年)57 岁

2 月，教育部函聘先生为国立上海商学院筹备委员会主任委员。先生和顾毓秀任正副主任的上海区甄审委员会迁设于暨大宝山路校舍。

3 月，上海市临时参议会成员名单公布，先生列候补之首。上海市临时参议会召开预备会，被选为主管教育的教育文化的第三审查委员会委员。

5月,行政院第742次会议免去先生暨大校长职,旋被任为英士大学校长。

6月,当选为上海市第一届候补参议员。

7月25日3时零7分,在中华学艺社宿舍内病逝。

(以上主要参考下述资料:房鑫亮:《何炳松年谱》;刘寅生、房鑫亮:《何炳松文集》第四卷,商务印书馆1997年版;刘寅生、房鑫亮:《何炳松文集》第二卷,商务印书馆1997年版;刘寅生等:《何炳松纪念文集》,华东师范大学出版社1990年版;张晓辉、夏泉等:《百年暨南史》,暨南大学出版社2006年版。谨致谢忱!)

主要参考文献

1. 刘寅生、房鑫亮. 何炳松文集(第一卷). 北京:商务印书馆,1996.
2. 刘寅生、房鑫亮. 何炳松文集(第二卷). 北京:商务印书馆,1997.
3. 刘寅生、房鑫亮. 何炳松文集(第三卷). 北京:商务印书馆,1996.
4. 刘寅生、房鑫亮. 何炳松文集(第四卷). 北京:商务印书馆,1997.
5. 刘寅生、房鑫亮. 何炳松文集(第五卷). 北京:商务印书馆,1997.
6. 刘寅生、谢巍、何淑馨. 何炳松纪念文集. 上海:华东师范大学出版社,1990.
7. 刘寅生、谢巍、房鑫亮. 何炳松论文集. 北京:商务印书馆,1990.
8. 房鑫亮. 忠信笃敬——何炳松传. 杭州:浙江人民出版社,2006.
9. 政协金华市委员会文史资料委员会编. 何炳松与故乡图文集. 金华:政协金华市委员会文史资料委员会, 2006.
10. 吕林. 北京大学/世界著名学府. 长沙:湖南教育出版社,1989 .
11. 梁柱. 蔡元培与北京大学. 银川:宁夏人民出版社,1983.
12. 王学珍等. 北京大学纪事(1898—1997). 北京:北京大学出版社,1998.
13. (美)周策纵. 五四运动史. 长沙:岳麓书社,1999.
14. 刘乃和等. 陈垣年谱配图长编(上册). 沈阳:辽海出版社,2000.
15. 江渤. 马叙伦. 沈阳:辽宁教育出版社,1987.
16. 欧阳哲生. 胡适文集(第 11 册). 北京:北京大学出版社,1998.
17. 高平叔. 蔡元培年谱. 北京:中华书局,1980.
18. 张人凤. 智民之师·张元济. 济南:山东画报出版社,2001.

19. 张元济.张元济书札.北京:商务印书馆,1981.
20. 耿云志.胡适遗稿与秘藏书信.合肥:黄山书社,1994.
21. 商务印书馆编.商务印书馆九十五年:我和商务印书馆.北京:商务印书馆,1992.
22. 李家驹.商务印书馆与近代知识文化的传播.北京:商务印书馆,2005.
23. 周一萍.书剑吟.北京:解放军文艺出版社,1993.
24. 刘建.大潭书.北京:文物出版社,1994.
25. 许杰口述,柯平凭撰写.坎坷道路上的足迹.上海:华东师范大学出版社,1997.
26. 刘建.南阙里纪事——中国一个县的教育史话.北京:华艺出版社,2001.
27. 许玄.绵长清溪水——许杰纪传.太原:山西人民出版社,2000.
28. 王建辉.文化的商务——王云五专题研究.北京:商务印书馆,2000.
29. 苏智良等.去大后方——中国抗战内迁实录.上海:上海人民出版社,2005.
30. 王云五.岫庐八十自述,台湾:商务印书馆,1967.
31. 中共建阳县委党史研究室编.暨南大学在建阳.建阳:中共建阳县委党史研究室.1998.
32. 钟业坤主编.暨南人(第一集).广州:暨南大学出版社,1996.
33. 邢致中.邢致中作品选.广州:暨南大学出版社,1996.
34. 李一南.建阳革命史,北京:中央文献出版社,2005.
35. 涂文学、邓正兵.抗战时期的中国文化.北京:人民出版社,2006.
36. 陈立夫.战时教育行政回忆.台北:商务印书馆,1973.

37. 强重华编著,中国抗日战争史学会、中国人民抗日战争纪念馆编. 抗战时期重要资料统计集. 北京:北京出版社,1997.
38. 马长林. 租界里的上海. 上海:上海社会科学院出版社,2003.
39. 浦江清. 清华园日记·西行日记. 北京:三联书店,1987.
40. 国立中央研究院历史语言研究所集刊编辑委员会编辑. 中央研究院历史语言研究所集刊(第 51 本第 2 分册). 台北:国立中央研究院历史语言研究所出版,1980.
41. 史全生. 中华民国文化史(下). 长春:吉林文史出版社,1990.
42. 张晓辉、夏泉等. 百年暨南史. 广州:暨南大学出版社,2006.
43. 刘海峰、庄明水. 福建教育史. 福州:福建教育出版社,1996.
44. 袁成毅. 浙江通史. 杭州:浙江人民出版社,2005.
45. 李勇. 鲁滨逊新史学派研究. 合肥:安徽人民出版社,2004.
46. 黄俊杰. 史学方法论丛. 台北:台湾学生书局,1981.
47. 朱希祖著,周文玖选编. 朱希祖文存. 上海:上海古籍出版社,2006.
48. 卢绍稷. 史学概要. 上海:商务印书馆,1930.
49. 张越. 新旧中西之间——五四时期的中国史学. 北京:北京图书馆出版社,2007.
50. 蒋俊. 中国史学近代化进程. 济南:齐鲁书社,1995.
51. 胡适. 中国哲学史大纲. 石家庄:河北教育出版社,2001.
52. 梁启超:饮冰室合集(第 10 册·专集 73·中国历史研究法). 北京:中华书局,1989.
53. 梁启超:饮冰室合集(第 5 册·文集 40·研究文化史的几个重要问题). 北京:中华书局,1989.
54. 梁启超:饮冰室合集(第 12 册·专集 99·中国历史研究法). 北京:

中华书局,1989.

55. (法)朗格诺瓦、瑟诺博司著,李思纯译.史学原论.上海:商务印书馆,1926.

56. 汪朝光主编.20世纪中华学术经典文库·历史学·中国近代史卷.兰州:兰州大学出版社,2000.

57. 何炳松.通史新义.桂林:广西师范大学出版社,2005.

58. 金毓黻.中国史学史.石家庄:河北教育出版社,2000.

59. 姚名达.邵念鲁年谱.台北:台湾商务印书馆,1971.

60. 胡适.章实斋、齐白石年谱.合肥:安徽教育出版社,1999.

61. 政协建阳县委员会文史资料研究会.建阳文史资料(第七辑),1987.

62. 何炳棣.读史阅世六十年.桂林:广西师范大学出版社,2005.

63. 马兴中.暨南往事.广州:暨南大学出版社,2006.

64. 新加坡暨南校友会编辑委员会编.新加坡暨南校友会四十四周年纪念特刊.新加坡:新加坡暨南校友会,1984.

65. 暨南大学华侨研究所编.暨南校史资料选辑第一辑(1906—1949).广州:暨南大学华侨研究所,1983.

66. 暨南大学华侨研究所编.暨南校史资料选辑第二辑(1906—1949).广州:暨南大学华侨研究所,1983.

67. 吴梓明、梁元生.中国教会大学历史文献纵览.香港:香港中文大学崇基学院宗教与中国社会研究中心,1998.

68. 浙江省政协文史资料委员会.浙江文史资料选辑(第43辑浙江近代学术名人).杭州:浙江人民出版社,1990.

69. 浙江省政协文史资料委员会.浙江文史资料选辑(第45辑浙江近代著名学校和教育家).杭州:浙江人民出版社,1991.

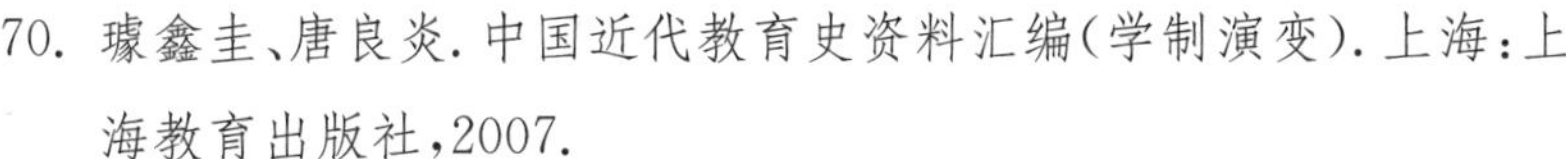

70. 璩鑫圭、唐良炎. 中国近代教育史资料汇编(学制演变). 上海:上海教育出版社,2007.
71. 张静庐辑注. 中国现代出版史料(乙编). 北京:中华书局,1955.
72. 上海市档案馆编. 日伪上海市政府. 北京:档案出版社,1986.
73. 中国第二历史档案馆编. 中华民国史档案资料汇编第五辑第二编教育(一). 南京:江苏古籍出版社,1997.
74. 中国第二历史档案馆编. 中华民国史档案资料汇编第五辑第三编教育(一). 南京:江苏古籍出版社,2000.
75. 教育年鉴编纂委员会. 第二次中国教育年鉴(第一编总述). 台北:文海出版社,1986.
76. 中国人民政治协商会议全国委员会文史资料委员会. 文史资料存稿选编. 北京:中国文史出版社,2002.
77. 国立暨南大学档案全宗. 上海市档案馆藏.
78. 国立暨南大学档案. 中国第二历史档案馆藏.
79. 国立东南联合大学档案. 中国第二历史档案馆藏.
80. 暨南校史资料. 暨南大学综合档案室藏.
81. 北京大学日刊.
82. 申报年鉴.
83. 申报.
84. 东方杂志.
85. 暨大校友总会编. 暨南校友.
86. 暨南大学闽北校友会编. 暨南潭讯.
87. 暨大建阳时期校友会编. 暨大建阳通讯.
88. 麻新甫. 何炳松与《史地丛刊》. 暨南学报(哲学社会科学版),1991年第2期.

89. 韩文宁. 东南联合大学创设始末. 档案与史学,1998 年第 3 期.
90. 王建辉. 中国现代学术文化的双子星座——北京大学与商务印书馆. 北京大学学报(哲学社会科学版),1999 年第 2 期.
91. 张帆、魏惠卿. 孤岛时期的上海租界教育. 江苏大学学报(社会科学版),2005 年第 2 期.
92. 夏泉. 试论抗日战争时期的国立东南联合大学. 民国档案,2006 年第 3 期.
93. 夏泉. 百年孔子学院的世纪声望. 北京:光明日报出版社,2010.

后记

“暨南大学者，政府特为侨居海外侨民之子弟而设者也。”1990年初，我获南京大学历史学硕士学位后，告别古都南京南下广州，进入“华侨最高学府”暨南大学工作。由于工作关系，我接触到了何炳松先生留下的丰富资料，深深为其人其事所吸引、所感动。在百年暨南史上，何炳松是主持校政时间最长的一位，也是历经抗战坚持办学、建树卓越、影响深远的一任校长。我先后在《教育评论》、《民国档案》、《暨南学报》、《东南亚研究》、《温州大学学报》、《光明日报》、《教育史研究》、《暨南教育》等报刊上发表研究何炳松先生的相关论文多篇，并指导李莉、岳颖两位同学，分别以何炳松主持筹办的国立东南联合大学、何炳松教育思想为题，撰写硕士学位论文。

浪淘尽风流人物，在历史的灿烂星空里，可以说，何炳松是一位耀眼的星星，也是一位在历史上留下深深印迹的人物，其在学术上的贡献与主政暨南大学的功绩，业已为后人认可与铭记。自 1990 年以来，商务印书馆、华东师范大学出版社、广西师范大学出版社等出版机构编印了其文集和纪念文集等，还召开了专题学术研讨会。2006 年 11 月 16 日，暨南大学在建校百年之际，隆重举行了包括何炳松在内的"暨南六先贤"铜像揭幕礼；2008 年 5 月 20 日，金华市政府还举行了"何氏三杰陈列馆"开馆仪式。

尤为令人感佩的是，由章开沅先生、余子侠先生主持的"中国著名大学校长书系"编委会，在 2007 年 12 月 15 日于武汉举行的编委会上，决定将何炳松先生列为该丛书第二辑传主。接受传主撰写这一光荣而又艰巨的任务后，在既往研究的基础上，我与我的几位研究生经过大半年的爬梳史料与笔耕，终于如期完成了书稿的撰写任务。全书由夏泉主编、主持撰写，负责拟定书目大纲、撰写第五章，修订初稿和最后统稿；蒋超负责第一、二章初稿撰写，编辑何炳松生平大事记、主要参考文献；曾金莲担任副主编，负责第三、四章(1937—1941年)和第八章初稿撰写;李莉负责第六章初稿撰写;岳颖负责第四章(1935—1937)和第七章初稿撰写。

书稿能如期付梓出版,是多方鼎力襄助的结晶。首先我要感谢章开沅先生、余子侠先生的知遇之恩与信任,以及对书稿的认真审定;感谢华中师范大学田彤教授的引荐,暨南大学校长胡军教授、党委书记蒋述卓教授的厚爱,以及贾益民副校长、林如鹏副校长对书稿撰写的关心指导;感谢山东教育出版社对文教事业的热心执着与李广军编审等的关心指导,将拙作列入丛书出版;还要特别感谢何炳松先生次女何淑馨女士不顾高龄,多次来函来电指导、鼓励书稿撰写工作,并为本书出版专门撰写《忆父亲何炳松》一文;最后我要感谢曾金莲、蒋超、李莉与岳颖同学的积极参与,梁斌同志协助编辑图片、佘晓敏同志协助编辑文稿,以及妻邹红英女士、女夏梦真共同构造的温馨的家庭氛围。

本研究计划很荣幸获得国家教育部、财政部"质量工程"项目"国家人才培养模式创新实验区"之"港澳台侨生文化素质教育与人才培养模式创新实验区"课题资助,特此致谢。书名"忠信笃敬"源自《论语·卫灵公》,是建校伊始即为暨南师生奉为圭臬的校训,亦是暨南精神的重要组成部分;"声教四海"源自《尚书·禹贡》之"朔南暨,声教讫于四海"典故,是暨南校名之由来,亦是暨南这所"百年孔子学院"向海外传播中华文化之立校使命。本书引用了大量何炳松论著、档案、纪念文集等资料，借鉴了已有的研究成果，特此致谢。囿于时间仓促与学识，书中错漏之处，尚祈方家雅正。

又及：根据丛书主编审稿意见，于暑假寒假两度对拙稿进行认真修订。

夏　泉

2008 年 6 月 28 日一稿

2008 年 9 月 20 日二稿

2009 年 5 月 30 日三稿于暨南园

主编　章开沅，浙江吴兴人，1926年生。1948年11月于南京金陵大学历史系肄业。1951年在华中师范大学任教至今。现任华中师范大学中国近代史研究所教授、博士生导师，兼任中国教会大学史研究中心主任。1984—1990年任华中师范大学校长，1983—1990年兼任国务院学位委员会历史学科评议组成员、召集人。1990—1995年，历任美国普林斯顿大学历史系与普林斯顿神学院客座研究员、耶鲁大学历史系鲁斯学者、加州大学圣地亚哥分校历史系客座教授、台湾政治大学历史所客座教授、香港中文大学第14届“黄林秀莲访问学人”等。美国奥古斯坦那大学授予荣举博士学位，田纳西州长授予荣誉市民证书。撰著及主编的主要学术著作：《辛亥革命史》《辛亥革命与近代社会》《张謇传》《离异与回归——传统文化与近代化关系试析》《中国教会大学的历史地位》《从耶鲁到东京——为南京大屠杀取证》《实斋笔记》《鸿爪集》等。

主编 余子侠（余子峡），湖北蕲春人，1953年生，恢复高考后首届大学本科毕业生，先后获得哲学学士、史学硕士及博士学位，现为华中师范大学教育学院教授、两级研究生指导教师、教育部人文社会科学重点研究基地中国近现代史研究所兼职教授，主要从事中国教育史、中外教育交流史研究。在《教育研究》、《历史研究》、《近代史研究》等刊物发表学术论文七十余篇，独撰及合著《山乡社会走出的人民教育家：陶行知》等学术专著多部，主编（合作）《中国著名大学校长书系》、《日本侵华教育全史》、《湖北考试史》等大型学术著述多套，另参加《陶行知教育学说》等学术著作的编撰。

本书著者　夏泉，男，1966年3月出生，湖南临澧人，现系广州暨南大学党委宣传部部长兼校文化素质教育办公室主任，历史学博士，研究员，中国近现代史专业博士生导师，入选广东省委宣传部“十百千工程”培养对象。主要从事中国近现代教育史(高等教育史、基督教教会教育)、粤港澳近现代史研究。主持省部厅级与澳门基金会课题15项，参与国家社科基金课题1项。获省部级社科优秀成果奖一等奖三项。出版专著有：《明清基督教教会教育与粤港澳社会》(列入岭南文库，广东人民出版社2007年版)，合著《百年暨南史》(副主编，主要撰写者，暨南大学出版社2006年版)，《太平天国战争全史》(主要撰写者，南京大学出版社2002年版)。在《新华文摘》、《近代史研究》、《高等教育研究》、《世界宗教研究》、《清史研究》、《江西社会科学》、《广东社会科学》、《民国档案》、《学位与研究生教育》、《中国高等教育》、《江苏高教》、《暨南学报》、《东南亚研究》、《澳门研究》、澳门《文化杂志》、《中国史研究动态》、《高等理科教育》、《教育评论》、《中国青年研究》等报刊上发表学术论文百余篇。

本书著者 李莉(右二)，女，1980年12月出生，暨南大学历史学硕士。现在广州白云山风景管理局工作，参加《百年暨南史》等撰写。

岳颖(左一)，女，1985年8月出生，暨南大学历史学硕士。现在深圳市委办公厅工作，在《澳门研究》等刊物上发表论文多篇。

曾金莲(左二)，女，1984年1月出生，暨南大学中国近现代史专业2007级硕士研究生，在《东南亚研究》、《民国档案》、《广东史志》等刊物上发表论文多篇，现系澳门大学历史系2010级博士生。

蒋超(右一)，男，1982年11月出生，暨南大学中国近现代史专业2007级硕士研究生，在《澳门研究》、《东南亚研究》、《岭南文史》、《澳门日报》等报刊上发表论文多篇，现系甘肃河西学院教师。